DIREITO SOCIETÁRIO

Fusões, Aquisições, Reorganizações Societárias e *Due Diligence*

série **GVlaw**

Dinir Salvador Rios da Rocha
Larissa Teixeira Quattrini
Coordenadores

DIREITO SOCIETÁRIO
Fusões, Aquisições,
Reorganizações Societárias
e *Due Diligence*

Ana Rita Picolli Gomes de O. Ramos
Arthur Ridolfo Neto
Bruno Macorin Carramaschi
Cristiano Zanin Martins
Dinir Salvador Rios da Rocha
João Carlos Mascarenhas Horta
José Eduardo Tellini Toledo
Larissa Teixeira Quattrini
Luis Alberto Martins
Marcelo Galiciano Nunes
Rodrigo Pasin
Roy Martelanc
Vicente Bagnoli

1ª edição
2012

2ª tiragem
2014

 **Saraiva** 100 ANOS

▼ FGV DIREITO SP

Editora Saraiva

Rua Henrique Schaumann, 270, Cerqueira César — São Paulo — SP
CEP 05413-909
PABX: (11) 3613 3000
SAC: 0800 011 7875
De 2ª a 6ª, das 8:30 às 19:30
www.editorasaraiva.com.br/contato

Diretor editorial *Luiz Roberto Curia*
Gerente de produção editorial *Lígia Alves*
Editora *Thaís de Camargo Rodrigues*
Assistente editorial *Aline Darcy Flôr de Souza*
Produtora editorial *Clarissa Boraschi Maria*
Preparação de originais *Ana Cristina Garcia*
                         Camila Bazzoni de Medeiros
                         Raquel Benchimol Rosenthal
Arte e diagramação *Cristina Aparecida Agudo de Freitas*
                       Edson Colobone
Revisão de provas *Rita de Cássia Queiroz Gorgati*
                      Regina Machado
Serviços editoriais *Elaine Cristina da Silva*
                        Vinicius Asevedo Vieira
Produção gráfica *Marli Rampim*
Impressão *Sermograf*
Acabamento *Sermograf*

ISBN 978-85-02-16955-5

Dados Internacionais de Catalogação na Publicação (CIP)
(Câmara Brasileira do Livro, SP, Brasil)

Direito societário : Fusões, aquisições, reorganizações
societárias e *due diligence* / Dinir Salvador Rios da Rocha,
Larissa Teixeira Quattrini, coordenadores. — São Paulo :
Saraiva, 2012. — (Série GVlaw)
    Vários autores.
    1. Administração de empresas - Brasil 2. *Due diligence*
3. Empresas - Aquisição 4. Empresas - Cisão 5. Empresas -
Fusão e incorporação 6. Negócios I. Rocha, Dinir Salvador
Rios da. II. Quattrini, Larissa Teixeira. III. Série.

12-03985   CDU-34:658.16(81)

Índice para catálogo sistemático:

1. Brasil : Empresas : Reestruturação societária : Direito
    empresarial   34:658.16(81)

Data de fechamento da edição: 25-4-2012

Dúvidas?
Acesse www.editorasaraiva.com.br/direito

Aos alunos do Programa de Pós-Graduação
Lato Sensu da FGV DIREITO SP (GVlaw).

SUMÁRIO

7

4 *DUE DILIGENCE* TRABALHISTA
Ana Rita Picolli Gomes de O. Ramos

5 AUDITORIA SOCIETÁRIA
Larissa Teixeira Quattrini

6 RESPONSABILIDADE CIVIL DOS ADMINISTRADORES EM OPERAÇÕES DE FUSÕES & AQUISIÇÕES
Larissa Teixeira Quattrini

7 IMPLICAÇÕES TRIBUTÁRIAS EM OPERAÇÕES DE M&A
Bruno Macorin Carramaschi

11

8 CONSIDERAÇÕES SOBRE OPERAÇÕES DE REORGANIZAÇÃO SOCIETÁRIA NO CONTEXTO DE TRANSAÇÕES DE FUSÕES E AQUISIÇÕES
João Carlos Mascarenhas Horta

9 PESQUISA E SELEÇÃO DE EMPRESAS-ALVO PARA AQUISIÇÕES E TIPOS DE CONSULTORES

Rodrigo Pasin

Roy Martelanc

Luis Alberto Martins

13

10 FUSÕES, AQUISIÇÕES, REORGANIZAÇÕES SOCIETÁRIAS E *DUE DILIGENCE*: O CONTROLE DO CADE
Vicente Bagnoli

11 *DUE DILIGENCE* TRIBUTÁRIA
José Eduardo Tellini Toledo

12 A AQUISIÇÃO DE ATIVOS EM PROCESSOS DE RECUPERAÇÃO JUDICIAL
Cristiano Zanin Martins

A Escola de Direito de São Paulo da Fundação Getulio Vargas (FGV DIREITO SP) nasceu com a preocupação de implementar um projeto inovador para o ensino jurídico no país, apresentando-se como alternativa a formas tradicionais de pensar e ensinar o Direito.

Esse compromisso fundamental se consubstanciou na construção de diferenciais teóricos e práticos prezados pela Escola. São eles marcas que identificam a FGV DIREITO SP e criam condições para o aperfeiçoamento constante do projeto. O investimento na ampla difusão do conhecimento produzido na Escola e o emprego de métodos participativos de ensino são duas dessas marcas.

A Série GVlaw, editada pelo Programa de Pós-Graduação Lato Sensu da FGV DIREITO SP (GVlaw), concretiza esses sinais distintivos: publica material bibliográfico que assume a complexidade do fenômeno jurídico e que estimula o ensino a partir do enfrentamento de problemas concretos. Além disso, serve de suporte para uma prática pedagógica que aposta na autonomia discente, buscando superar a visão que assume o professor como detentor de todas as respostas e o aluno como espectador passivo de conhecimentos transmitidos por seus mestres.

Produzida por profissionais altamente qualificados, a Série GVlaw completou cinco anos em 2011: o sucesso editorial e a influência na prática jurídica mostram que foi acertada a aposta do

GVlaw em convidar seu distinto corpo docente para investir num novo tipo de material didático para um novo tipo de ensino.

Emerson Ribeiro Fabiani
Coordenador Executivo do Programa de Pós-Graduação
Lato Sensu da FGV DIREITO SP (GVlaw)

A parceria FGV DIREITO SP/Saraiva publica livros didáticos, acadêmicos e voltados para a prática profissional. As obras da parceria foram organizadas em três Coleções que contam com rigorosos critérios de seleção para garantir a originalidade dos temas abordados, a alta qualidade dos textos e a inovação nos métodos de pesquisa e nas metodologias de ensino que orientam a elaboração de seus livros didáticos.

O rigor nos critérios de seleção e na produção dos livros é a garantia de que essa parceria seja veículo para um conhecimento sobre o Direito em constante transformação, capaz de acompanhar as questões jurídicas atuais com a seriedade e a qualidade exigidas dos juristas e demais estudiosos do tema.

A Coleção *Direito, Desenvolvimento e Justiça* é acadêmica e está aberta a autores de todo o Brasil. Seus livros são selecionados por um Conselho Editorial composto por professores renomados, oriundos de instituições de vários Estados brasileiros. A Coleção pretende contribuir para a reflexão e o aperfeiçoamento do Estado de Direito brasileiro com a análise de temas como a promoção e a defesa dos direitos fundamentais, inclusive no que se refere à justiça social, e o desenvolvimento do Brasil, compreendido simultaneamente como avanço econômico e realização da liberdade. Além disso, as obras da Coleção pretendem discutir o ensino jurídico de forma crítica e divulgar materiais de ensino inovadores, inclusive baseados em métodos de ensino participativos. Afinal, para pensar criticamente as instituições é preciso ensinar o Direito criticamente.

A Coleção *Direito em Contexto* publica obras úteis à atividade profissional para além das rotinas estabelecidas. A busca de soluções novas implica ampliar os conhecimentos no campo do Direito, mas também arriscar-se em outras áreas do pensamento e dialogar com outras maneiras de pensar. Por essa razão, a Coleção incluirá obras que estabeleçam ligações entre os problemas práticos do Direito e da sociedade, sem deixar de lado a especificidade do Direito em sua dimensão profissional. Os livros dessa Coleção veicularão trabalhos de professores e pesquisadores selecionados com o auxílio de um Conselho Editorial formado por profissionais renomados em suas áreas de atuação.

A Série GVlaw tem como referência os temas dos cursos oferecidos pelo Programa de Pós-Graduação Lato Sensu da FGV DIREITO SP (GVlaw). Seu objetivo é refletir a dinâmica de seus cursos em artigos que contemplem tanto o rigor acadêmico como a prática jurídica, voltados para os profissionais de Direito que têm sua atuação pautada pela complexidade de questões contemporâneas. O material bibliográfico é selecionado por uma Comissão Editorial, e uma equipe de revisores, mestrandos e doutorandos, é responsável por supervisionar a produção dos textos. Os autores são professores do GVlaw, todos eles mestres, doutores, pós-doutores, livre-docentes e profissionais que se destacam no mercado e no meio jurídico por sua competência prática e acadêmica.

Este exemplar integra a Série GVlaw e apresenta como linha de pesquisa "Direito e Desenvolvimento", a mesma adotada pela Escola de Direito de São Paulo da Fundação Getulio Vargas — FGV DIREITO SP. A coordenadora de publicações, Andrea Zanetti, acompanha a produção do livro e a montagem dos *originais*, garantindo o padrão dos livros da Série.

Por meio dessas medidas, os livros adquirem autonomia em relação aos cursos, convertendo-se em material para ampla divulgação de ideias, conhecimentos e discussões jurídicas de questões atuais.

1 INTRODUÇÃO ÀS OPERAÇÕES DE FUSÕES, AQUISIÇÕES E REESTRUTURAÇÃO SOCIETÁRIA. MÉTODOS MAIS UTILIZADOS PARA A PRECIFICAÇÃO DE EMPRESAS

Arthur Ridolfo Neto

Professor do Programa de Educação Executiva da DIREITO GV (GVlaw);
professor da Escola de Direito de São Paulo da Fundação Getulio Vargas —
Direito GV; professor adjunto da Escola de Administração de Empresas de
São Paulo da Fundação Getulio Vargas — EAESP; doutor e mestre
em Administração pela Escola de Administração de Empresas
de São Paulo da Fundação Getulio Vargas — EAESP.

1.1 Introdução

Fusões e aquisições são operações em que uma empresa adquire outra, ou duas ou mais empresas se fundem para criar outra. Essas operações podem ser um "casamento voluntário" entre empresas iguais, uma aquisição amigável de uma empresa por outra ou uma aquisição hostil de uma empresa por outra.

Neste capítulo serão apresentados a origem e os aspectos históricos das operações de compras e fusões de empresas, os tipos de operações, os motivos pelos quais as empresas fazem essas operações, a evolução dessas operações no Brasil e no mundo, as perspectivas futuras de tais operações e métodos de determinação de valor de empresas.

1.2 Origem e aspectos históricos

As origens das operações de fusões e aquisições de empresas remontam à própria história da atividade empresarial. Ou seja, desde que se iniciou a separação entre proprietários e empresas e as sociedades empresariais foram constituídas, pode-se afirmar que existem operações de aquisições e vendas de empresas.

É um assunto que atrai muito interesse, sendo inclusive tema ou pano de fundo de vários filmes americanos, sendo os mais conhecidos *Wall Street*, *Barbarians at the Gate*, *Other's People Money* e *Pretty Woman*.

Podemos encontrar registros de um grande movimento de fusões nos Estados Unidos no final do século XIX e início do século XX. Durante esse período, pequenas empresas com participações reduzidas de mercado realizaram operações de concentração com empresas semelhantes, formando instituições grandes e poderosas que dominaram os seus mercados.

Os bancos ingleses criaram um grande movimento de fusões e incorporações entre 1890 e 1914, em que os bancos privados pequenos e médios foram absorvidos por grandes sociedades anônimas que, em efeito, constituíam conglomerados de grupos de banqueiros reunidos num empreendimento com vistas a interesses comuns.

Nos últimos trinta anos, com mercados mais competitivos, as empresas passaram a buscar nessas operações ganhos de escala, ampliação de atuação geográfica, acesso a novos produtos, mercados e tecnologias e obter sinergias.

O processo de estabilização econômica e a abertura da economia brasileira favoreceram as operações de fusões e aquisições através da desregulamentação dos mercados locais, associada às tendências internacionais em direção à globalização, permitindo que as empresas estrangeiras adquirissem empresas brasileiras. Outro fator relevante foram os programas de privatização que criaram oportunidades para que muitas empresas estrangeiras e brasileiras adquirissem grandes operações nos setores de energia, de telecomunicações e bancário. A elevada competição internacional, associada à acelerada mudança tecnológica, obrigou empresas domésticas a se fundirem ou a adquirirem umas às outras.

1.3 Tipos de operações

Venda/Aquisição

É a transferência da propriedade de uma empresa para outra. A operação pode ser estruturada como venda de ações da empresa ou venda de ativos.

Fusões

São operações em que duas ou mais empresas se fundem para criar uma pessoa jurídica (fusão por união) ou uma ou mais empresas são absorvidas por outra (fusão por incorporação).

Aporte de ativo, *spin-off* e troca de participações

Operações que incluem em geral aporte de ativo empresarial e/ou *spin-off* deste, recebendo em troca ações das empresas envolvidas nas operações.

Reestruturação societária

Operação residual como as anteriores, mas que, em última instância, provoca alteração na estrutura acionária de uma empresa, seja por variação das cotas detidas pelos antigos acionistas, seja pela entrada de novos investidores no capital da empresa

1.4 Motivos

O objetivo de qualquer empresa é a maximização da riqueza de seus acionistas, seus proprietários. As empresas buscam atuar em negócios com perspectivas contínuas de geração de valor aos seus acionistas.

Dessa forma, podemos elencar os principais motivos de as empresas efetuarem operações de fusões e aquisições.

Redirecionamento estratégico

As empresas com diversificação de negócios podem identificar novos nichos a serem explorados ou que mereçam reforço nas operações, ao mesmo tempo que determinadas operações, mesmo que tenham resultados positivos, não tenham volume ou escala que façam sentido para a empresa se manter. Dessa maneira, uma empresa pode vender determinadas operações em produtos/setores e, com os valores obtidos, adquirir outras operações, que façam parte das novas estratégias traçadas. Esse é um dos mecanismos de execução de estratégias corporativas.

Necessidade de crescimento

Uma grande empresa pode ser capaz de reduzir os custos unitários através da utilização de excesso de capacidade ou distribuição de custos fixos entre mais unidades. Isso é particularmente importante para setores que exigem altos investimentos em pesquisa e desenvolvimento e estrutura produtiva que somente se torna viável com uma grande escala de produção. A aquisição ou fusão com uma empresa é, logicamente, um caminho mais rápido ao crescimento vegetativo.

Concorrência

Muitas operações de fusões e aquisições buscam aumentar o poder de uma empresa com relação aos seus concorrentes ou simplesmente antecipar-se a movimentações de concorrentes que visam a uma mesma empresa.

Conhecimento

Aquisição de uma empresa muitas vezes ocorre em virtude de conhecimento tecnológico, de mercado e de canais de distribuição. Ou seja, uma empresa que tenha interesse em determinados ativos tangíveis ou intangíveis pode desenvolvê-los internamente ou obtê--los de maneira mais rápida por meio da aquisição de uma empresa.

Sinergias

O valor da fusão pode exceder a soma de empresas individuais. Esse é o fator que tem grande peso na avaliação de uma empresa objeto de aquisição ou fusão. As sinergias podem surgir de economias operacionais, economias financeiras, diferenciais na eficiência administrativa, aumento do poder no mercado (tanto de compra como de venda).

Combinação de recursos complementares

A fusão pode resultar no preenchimento de "espaços vazios" de uma empresa com atributos e talentos de outra empresa.

Utilização de recursos disponíveis

Se a empresa está em um setor maduro, com poucas alternativas viáveis de investimentos, a aquisição de uma empresa pode ser a melhor maneira de utilização dos fundos disponíveis.

1.5 Números das fusões e aquisições no Brasil e no mundo

O número de operações de fusões e aquisições no Brasil, a

partir de 1994, ano que marcou a estabilização econômica do Brasil, tem se mostrado crescente, com algumas quedas devido às conjunturas locais (2002) e mundiais (2009).

Podemos visualizar abaixo a quantidade de operações efetuadas no período de 1994 a 2010:

Tabela 1 — Quantidade de operações de fusões e aquisições efetuadas entre 1994 e 2010 no Brasil

Ano	Total	Domésticas[a]	Cross Border[b]
1994	175	81	94
1995	212	82	130
1996	328	161	167
1997	372	168	204
1998	351	130	221
1999	309	101	208
2000	353	123	230
2001	340	146	194
2002	227	143	84
2003	230	116	114
2004	299	100	199
2005	363	150	213
2006	473	183	290
2007	699	351	348
2008	663	379	284
2009	454	219	235
2010	726	333	393

Fonte: KPMG[1].

25

[1] Disponível em: <http://www.kpmg.com/BR/PT/Estudos_Analises/artigosepublicacoes/Paginas/CFinance_FusoeseAquisiçoes10_4otrim.aspx>. Acesso em: 2 mar. 2011.

(a) Domésticas: Comprador e vendedor são empresas brasileiras.

(b) Cross Border: Comprador ou vendedor é empresa estrangeira.

No quadro a seguir temos o detalhamento das operações efetuadas no ano de 2010:

Tabela 2 — Detalhamento das operações de fusões e aquisições realizadas no Brasil no ano de 2010

Posição	Setor	Quantidade
1º	Tecnologia de informação (TI)	85
2º	Alimentos, bebidas e fumo	42
3º	Imobiliário	41
4º	Companhias energéticas	35
5º	Petróleo e gás	34
6º	Serviços para empresas	31
7º	Instituições financeiras	28
	Telecomunicações e mídia	28
9º	Açúcar e álcool	26
	Publicidade e editoras	26
11º	Mineração	24
12º	Educação	20
	Shopping Centers	20
14º	Produtos químicos e petroquímicos	19
15º	Produtos químicos e farmacêuticos	18
16º	Higiene	16
	Seguros	16
	Transportes	16
19º	Construção e produtos para construção	15
	Lojas de varejo	15
	Produtos de engenharia	15

22º	Metalurgia e siderurgia	14
23º	Hospitais e laboratórios de análises clínicas	13
	Serviços portuários e aeroportuários	13
25º	Hotéis e restaurantes	12
	Partes e peças automotivas	12
27º	Eletrônicos	11
28º	Aviação	10
	Cimento	10
30º	Madeira e papel	9
31º	Serviços públicos	8
32º	Embalagens	7
	Fertilizantes	7
	Vestuário e calçados	7
35º	Supermercados	5
36º	Têxteis	3
37º	Indústria extrativista	2
	Revenda de automóveis	2
	Ferroviário	1
	Montadoras de veículos	1
41º	Outros	9
	TOTAL	**726**

Fonte: KPMG[2].

Globalmente, as operações de fusões e aquisições atingiram valores de US$ 2,8 trilhões em 2010, apresentando um crescimento em relação a 2009, com o valor de US$ 2,3 trilhões.

Os Estados Unidos foram o país com o maior número de operações de fusões e aquisições em 2010, num total de 9.676 ope-

27

[2] Disponível em: <http://www.kpmg.com/BR/PT/Estudos_Analises/artigosepublicacoes/Paginas/CFinance_FusoeseAquisições10_4otrim.aspx>. Acesso em: 2 mar. 2011.

rações que atingiram o valor de US$ 894,7 bilhões, apresentando um crescimento em relação ao ano de 2009 quando foram efetuadas 7.338 operações num valor total de US$ 797,1 bilhões. A Inglaterra ficou em segundo lugar em termos de valores, enquanto a China ficou em segundo lugar em número de operações. O Brasil se destacou, ficando em 4º lugar em termos de valores de operações.

Quadro 1 — Quantidade e valores envolvidos nas operações de fusões e aquisições

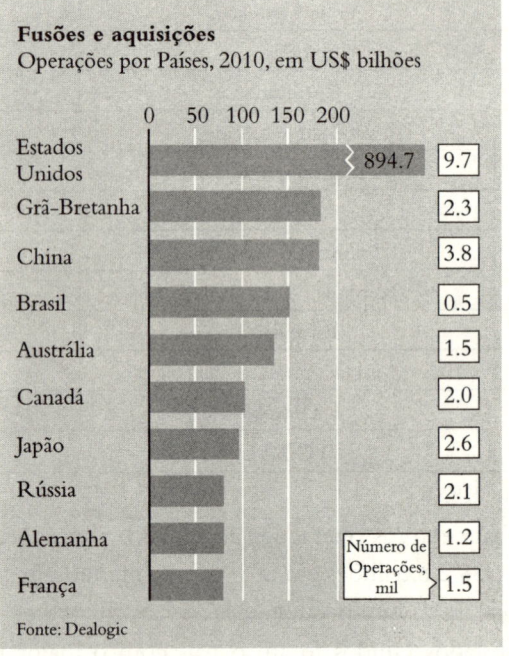

Fonte: *The Economist*, January 8th–14th, 2011, p. 94.

No quadro a seguir podemos observar a evolução das operações de fusões e aquisições no mundo no período de 2000 a 2010 (1º semestre).

Quadro 2 — Evolução das operações de fusões e aquisições no mundo entre 2000 e 2010 (1º semestre)

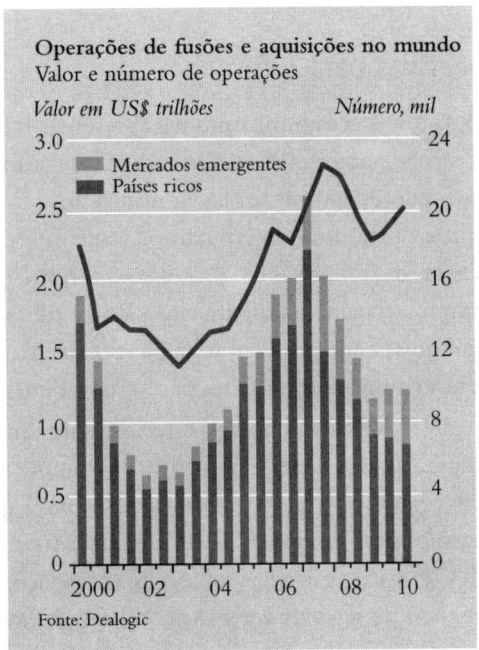

Fonte: *The Economist*, July 3rd-9th, 2010.

Na edição de 3 de julho de 2010, a revista *The Economist* publicou o quadro acima com análises da Dealogic, uma empresa de pesquisas econômicas. Segundo ela, ocorreram cerca de 2.000 operações de fusões e aquisições no mundo no 1º semestre de 2010. Isso representa crescimento de cerca de 10% em relação ao mesmo período do ano de 2009. O valor das operações cresceu 6,2%, totalizando US$ 1,2 trilhão, permanecendo abaixo da metade dos valores atingidos no pico pré-recessão que foi de US$ 2,6 trilhões. A análise da Dealogic destaca que o crescimento ocorreu de forma desproporcional em países fora do mundo desenvolvido. As operações efetuadas nos mercados emergentes cresceram em valor 59%, perfazendo 30% do total de operações no 1º semestre de 2010. Uma década atrás os países emergentes responderam por menos de 10% do total de operações.

1.6 Perspectivas para o futuro

Á medida que a economia mundial apresentar recuperação, as operações de fusões e aquisições irão naturalmente aumentar, como reflexo da atividade econômica. Elas continuarão a fazer parte da atividade empresarial no mundo em ritmo crescente, devido às mudanças estratégicas das empresas existentes e ao surgimento de novos negócios e empresas, principalmente nos setores de tecnologia de informação, pesquisas em biotecnologia, alternativas energéticas e agricultura que, em algum momento, irão se consolidar.

Os Quadros 1 e 2 apresentados anteriormente mostram o aumento da participação dos países emergentes no volume total de operações de fusões e aquisições e especificamente do Brasil, que ficou em 4º lugar em termos de volume em 2010. Dessa forma, o Brasil apresenta condições de participar ativamente nessas operações no futuro, como consequência de seu crescimento econômico e estabilidade.

1.7 Iniciação à precificação de empresas

A atribuição de valor é elemento central na negociação de empresas. Existem várias abordagens com relação à obtenção do valor de uma empresa, desde as baseadas em valores contábeis, como aquelas que consideram o valor futuro dos benefícios que a empresa irá gerar aos seus proprietários.

Os modelos mais conhecidos são os múltiplos de transações comparadas e fluxo de caixa descontado.

A grande popularidade da avaliação por múltiplos se deve a sua simplicidade, bem como à necessidade de poucas informações. Uma avaliação baseada em múltiplos necessita apenas de dois dados, quais sejam, um indicando o valor de uma empresa semelhante e outro indicando um valor de referência tais como faturamento, lucro ou EBITDA[3].

Os passos para utilização dos múltiplos são:

1º — definir o múltiplo;

2º — descrever o múltiplo, compreender a forma de cálculo e analisar os fundamentos;

3º — analisar o múltiplo, compreendendo as relações entre as variáveis utilizadas;

4º — aplicar o múltiplo, certificando-se de que as variáveis são comparáveis e controlando eventuais diferenças.

Múltiplo de vendas/faturamento é aquele que relaciona o valor da empresa com o valor de seu faturamento. Ele é obtido através de informações de operações passadas com empresas similares. O seu cálculo seria:

Valor de venda de uma empresa

$\div$

Faturamento

=

Múltiplo

Dessa forma, temos o fator com a relação valor/faturamento. Com esse fator podemos avaliar empresas similares. Se o resultado da divisão for, por exemplo, 4,0 (quatro), o valor de uma empresa similar seria quatro vezes o faturamento. Esse método é muito utilizado na avaliação de pequenas atividades comerciais.

Múltiplo de lucro é aquele no qual se relaciona o preço da ação ou valor de uma empresa com seu lucro (por ação ou total se a empresa for sociedade anônima). O seu cálculo seria em uma empresa sociedade anônima:

---

[3] EBITDA — Earnings Before Interest, Taxes, Depreciation and Amortization (Resultados antes de Juros, Impostos, Depreciação e Amortização).

Preço da Ação

÷

Lucro Por Ação

= Múltiplo

Ou, no caso de uma companhia fechada:

Preço da Empresa

÷

Lucro Total

= Múltiplo

Com isso, temos o fator com a relação valor/lucro. Com esse fator podemos avaliar empresas similares. Se o resultado da divisão for, por exemplo, 6,0 (seis), o valor de uma empresa similar seria seis vezes o lucro.

Um múltiplo muito utilizado é aquele que relaciona o valor da empresa com a sua geração de caixa, medida pelo EBITDA, que é lucro antes dos juros, tributos sobre o resultado, depreciação e amortização. O cálculo seria:

Valor de mercado da empresa (cotação das ações × quantidade)

÷

EBITDA

Se o resultado dessa divisão for, por exemplo, 5,0 (cinco), o valor de uma empresa similar seria o resultado de seu EBITDA vezes cinco.

Desde o início dos anos 1990, a ênfase dos modelos de avaliação tem sido a de projetar o valor futuro dos benefícios que a empresa será capaz de gerar, mais especificamente as entradas de caixa futuras que a sociedade proporcionará aos seus proprietários.

Os modelos baseados em fluxo de caixa têm como principal vantagem o fato de refletirem todos os ativos, tangíveis e intangíveis da empresa, bem como suas deficiências. Ou seja, o valor de uma empresa decorre de sua capacidade de geração de fluxos de caixa.

Um modelo que tem sido bastante utilizado nas avaliações de empresas é o "Fluxo de Caixa Livre", que é a geração operacional de caixa por parte da empresa após a dedução dos impostos, investimentos em ativos permanentes e no capital de giro. É o montante que os acionistas terão disponível para a retirada ou para fazerem investimentos no crescimento futuro da empresa.

O Fluxo de Caixa Livre é obtido da seguinte forma:

Receita Líquida de Vendas

(-) Custos e despesas operacionais (que implicam saída de caixa)

= Lucro antes dos juros, tributos sobre o resultado, depreciação e amortização (EBITDA)

(-) Tributação sobre o resultado

= Fluxo de Caixa Operacional

(-) Investimentos

= Fluxo de Caixa Livre

Esse fluxo de caixa é projetado em um horizonte de tempo, que, teoricamente, seria até o infinito, dado que as empresas não têm uma data determinada de encerramento de suas atividades, exceto aquelas com propósito específico ou com concessões por data determinada. Para contemplar o horizonte infinito os avaliadores de empresas utilizam o conceito de perpetuidade.

O fluxo de caixa é calculado no momento da aquisição da empresa. Ou seja, os valores futuros de caixa são transformados em valores presentes, através da utilização de uma taxa de desconto.

O modelo de avaliação pelo método do fluxo de caixa descontado calcula o valor de uma empresa através do desconto de fluxos de caixa futuros pelo WACC (*Weighted Average Cost of Capital* ou Custo Médio Ponderado de Capital). O WACC é determinado pela média ponderada dos custos de dívida e de capital próprio na estrutura de capital mais indicada para a empresa e está diretamente relacionado ao risco associado aos fluxos de caixa futuros.

O custo ponderado de capital é determinado pela média ponderada dos custos de capital próprio e de dívida da empresa. Tais custos recebem um peso relativo à proporção de capital próprio e dívida na estrutura de capital da empresa, de acordo com a seguinte fórmula:

WACC = (We × Ke) + (Wd × Kd (1 — t))

Onde: We = proporção de capital próprio na estrutura de financiamento da empresa;

·Ke = custo do capital próprio;

·Wd = proporção de dívidas na estrutura de financiamento da empresa;

·Kd = custo das dívidas (capital de terceiros);

·T = alíquota de imposto de renda.

Por trás da aparente simplicidade na sua obtenção, o modelo de fluxo de caixa livre contempla um desafio muito grande para os profissionais que avaliam uma empresa. É necessária a formação de uma equipe com conhecimentos de economia, *marketing*, vendas, operações, compras, custos, logística e finanças.

1.8 Considerações finais

As operações de fusões e aquisições de empresas fazem parte do dinamismo das empresas, no sentido de serem um dos mecanismos de execução de estratégias corporativas.

O volume de operações efetivadas no mundo e no Brasil é crescente, em termos físicos e em termos de valores monetários envolvidos, como consequência da recuperação econômica mundial.

O Brasil terá um papel importante nessas operações devido à atual estabilidade econômica e ao crescimento do país.

REFERÊNCIAS

KPMG. **Pesquisa de fusões e aquisições 2010 — 4º trimestre**. Disponível em: <http://www.kpmg.com/BR/PT/Estudos_Analises/artigosepublicacoes/Paginas/CFinance_FusoeseAquisicoes10_4otrim.aspx>. Acesso em: 2 mar. 2011.

The Economist, July 3ʳᵈ –9ᵗʰ, 2010.

The Economist, January 8ᵗʰ –14ᵗʰ, 2011, p. 94.

Valuation: measuring and managing the value of companies: McKinsey & Company Inc., Tim Koller Marc Goedhart, David Wessels. Wiley Finance.

2 VISÃO GERAL DE *DUE DILIGENCE*: BREVES ASPECTOS TEÓRICOS E PRÁTICOS

Dinir Salvador Rios da Rocha[1]

*Coordenador e professor do Programa de Educação Executiva da DIREITO
GV (GVlaw); mestre em Direito das Relações Econômicas Internacionais
pela Pontifícia Universidade Católica de São Paulo;
LL.M. pela Universidade de Londres.*

---

[1] O autor agradece ao acadêmico de Direito da Universidade de São Paulo, Jonathas
Lima Soler, o auxílio nas pesquisas para a elaboração do presente artigo.

2.1 Introdução

A dinâmica do capitalismo atual determina a criação constante de novos métodos, formas, produtos e redes com uma intensidade que confere vida própria ao ambiente de atuação de empresários e de investidores. Essa constante mutação e esse ritmo alucinado exigem que muitos deles venham a se unir por meio de fusões, alienem o controle de suas empresas, comprem aquela que esteja despontando ou aquela que já tenha despontado.

Muito embora, na maioria das vezes, esses empresários e investidores estejam na linha de frente em processos de fusões e aquisições (ou pelo menos se tornem aqueles com a maior visibilidade após a conclusão de alguma operação), eles contam com o auxílio de vários profissionais tais como empresas de auditoria, consultoria e escritórios de advocacia.

Esse auxílio é evidenciado na maioria das vezes pela auditoria, cuja função é coletar, organizar e analisar informações das empresas com as quais se realiza uma operação societária para orientar os interessados quanto à oportunidade do negócio, a fim de evitar possíveis e futuros passivos, vislumbrando ativos e avaliando o investimento, sendo que esses profissionais auxiliares têm um papel importante nessa fase.

Em nosso estudo, procuraremos tratar brevemente das informações disponíveis no mercado e da sua relação com os custos de transação, lembrados pela Nova Economia Institucional, pois acreditamos que esse estudo é premissa fundamental para entendermos o papel da *due diligence* nas operações societárias.

Posteriormente analisaremos de forma geral os objetivos e elementos da *due diligence* que julgamos importantes. Interessante notar que nossa abordagem não tratou de repetir o que é largamente utilizado pela doutrina nacional: a mera repetição ou a confecção de um *check list* do que deve ser analisado em uma auditoria jurídica, pois, a nosso ver, *there is no cook book for due diligence* (BAINBRIDGE, 2009, p. 74) — cada uma deve ser realizada casuisticamente. Nosso enfoque primou por um viés um pouco mais científico — com alguns toques práticos.

2.2 Assimetria de informações, custos de transação e *due diligence*

2.2.1 Assimetria de informações

No mercado atual, a informação tem peso de ouro. Os negócios envolvem muito mais do que os instrumentos jurídicos usados para concretizá-los. Assim, não podemos tratá-los de forma isolada do mundo real no qual eles se desenvolvem[2]. O empresário precisa *buscar* o negócio, antes de documentar em um contrato uma transação comercial, por exemplo. Ou seja: descobrir o que negociar, com quem, como, em que circunstância, a qual preço etc. Todas essas informações, ao contrário do que os neoclássicos imaginavam, não estão concentradas nem mesmo disponíveis a todos os agentes do mercado[3]. Como

---

[2] Nesse sentido, veja o que diz ARAGÃO (2005, p. 58): "E, aqui, a assimetria informacional, ao implicar aumento dos custos de transação, visto que o comportamento racional da parte será, antes de tudo, de precaução, revela a face incompleta do contrato, o instrumento jurídico-obrigacional de circulação de riqueza por excelência, para antever, definir, regular e dirimir todos os efeitos".

[3] Segundo Aragão (2005, p. 56), informação "é, portanto, a expressão cognoscível de um dado, de algo presente no mundo fático, e, também, a transmissão deste dado nas relações humanas, consubstanciando-se em uma das molas propulsoras de todo

lembra Eduardo Filho (2005, p. 29; 31), "é uma característica do mundo a dispersão de informações. Elas não costumam ficar organizadas, acessíveis a qualquer um e a qualquer hora e lugar", mas se apresentam "dispersas, fracionadas e frequentemente contraditórias".

Trata-se da *assimetria de informações*, no linguajar econômico. Consubstancia-se essa na dispersão das informações no ambiente em que os negócios se dão, fazendo com que alguns agentes tenham maiores prejuízos ou lucros em função da quantidade e qualidade de informações de que dispõem para a concretização dos negócios. Segundo Leandro Aragão (2005, p. 58), uma das causas de tal assimetria se dá em virtude da dificuldade natural que tem o ser humano em externar a sua vontade[4]. Ou seja: nem tudo o que o agente no mercado diz é exatamente o que ele quis dizer.

Esse fator é ainda complementado por outro aspecto: a limitação da racionalidade do ser humano. Segundo Oliver Williamson (apud FILHO, 2005, p. 43), o agente econômico tem "uma condição de capacidade cognitiva limitada para receber, armazenar, extrair, e processar informação. Todos os contratos complexos são inevitavelmente incompletos em razão dos limites da racionalidade".

Assim, mesmo que tivéssemos uma grande e organizada oferta de informações transmitidas perfeitamente pelos agentes do mercado, estas teriam que ser filtradas por nós, de acordo com nossa racionalidade. Essa tarefa de discernir quais informações seriam verdadeiras, pertinentes e úteis para os negócios seria mais bem desempenhada por alguém mais experiente. No campo das *mergers and acquisitions*, tal análise deve ser feita por um auditor.

41

---

o procedimento de conduzir-se segundo a vontade própria, posto representar o comburente na equação da liberdade humana".

[4] Segundo o autor: "que os seres humanos (...) não estabelecem um perfeito fluxo informacional recíproco, visto que nem todos os elementos formadores de um ambiente ideal para perfeita declaração de vontade na celebração de um negócio jurídico (...) são perceptíveis, facilmente, (...) pela outra parte contratante".

Nesse aspecto temos dois quadros apontados por Eduardo Filho (2005, p. 47): (i) a abundância de informações, que podem ser destinadas a algum leigo no assunto — o qual não aproveitará a disponibilidade delas; e (ii) a oferta de informações relevantes e irrelevantes — o que implicaria maiores entraves na percepção e no entendimento das que fossem relevantes.

Diante desse quadro no qual as informações do mercado estão dispersas e dependem da capacidade cognitiva dos agentes do mercado, nascem os *custos de transação*[5].

2.2.2 Custos de transação

Segundo Douglas North (1990, p. 24), "custos de transação incluem os custos associados em obter o ganho no comércio: os custos de medir e definir os atributos dos bens e serviços trocados e as performances dos agentes assim como os custos de tornar eficazes acordos com respeito aos contratos que são feitos"[6]. Pode-se ainda entendê-los como os custos "a) de elaborar e negociar os contratos (...); b) de mensuração e fiscalização dos direitos de propriedade; c) de monitoramento do desempenho dos parceiros contratuais (...)" (ARAGÃO, 2005, p. 65-66). Como bem exemplificou Eduardo Filho (2005, p. 37), "estes custos de transação corresponderiam aos custos de obtenção de informação sobre os melhores preços, bem como os custos de negociação e formação de um contrato para cada transação econômica realizada". Em palavras mais simples, são todos

[5] Apoiamo-nos na lição de ARAGÃO (2005, p. 65): "As informações assimétricas e, ressalve-se, a capacidade limitada do ser humano em processar as informações disponíveis, mesmo que elas fossem plenas, são, portanto, elementos imbricados nos custos de transação".

[6] Originalmente: "Transaction costs include the costs associated with capturing the gains from trade: the costs of measuring and defining the attributes of the goods and services being exchanged and the performance of agents as well as the costs of enforcing agreements with respect to the contracts that are made".

os custos inerentes à formação, manutenção e efetivação do negócio, como apontado no início deste tópico.

Para ilustrar, pensemos na contratação de um funcionário por um empresário (AKERLOF, 1970). É muito mais fácil que venha a admitir pessoas que tenham indicações de amigos ou colegas de trabalho, pois as informações do contratado seriam fornecidas por aqueles. Quando não há qualquer indicação, outros critérios são utilizados, como a formação intelectual do candidato: diante de uma vaga para a qual dois profissionais com níveis de escolaridade diferentes se candidatam, prefere-se a contratação daquele que é mais graduado — pressupondo que é mais competente.

Um empresário que se encontre *isolado* no mercado, sem qualquer tipo de assessoria ou empresa que dê suporte às suas decisões, incorre nesses custos de transação sempre que deseja negociar. Por vezes, a exemplo da escolha do profissional acima apresentada, esse empresário tenderá a escolher para a compra a empresa que melhor *se vender* — e não necessariamente essa será a melhor escolha.

Porém, esses custos podem ser reduzidos com a utilização da estrutura da empresa como apregoou Ronald Coase, ainda no começo do século passado: "a operação dos custos da transação mediante uma organização permitirá ao empresário direcionar os recursos, poupando certos custos de transação" (1937, p. 392)[7].

A empresa permite que os negócios tenham maior sucesso em razão da diminuição dos seus custos preliminares (ou de transação), pois sua atividade profissional consiste no gerenciamento de contratos e operações, cujos custos são diluídos, também, em razão do *know-how* adquirido e da repetição deles. A empresa cria todo um aparato burocrático capaz de administrar as operações com a maior eficácia possível. É claro que a manutenção desse pessoal e equipamentos implica dispêndio de recursos, mas, em razão do número de negócios e da habitualidade com que são celebrados pelas empresas diariamente, eles acabam sendo diluídos.

---

[7] Em tradução livre dos autores.

Nas palavras de Eduardo Filho (2005, p. 311):

Profissionais ou empresas, por exemplo, realizam suas transações reiteradamente. Acumulam informações, adquirem experiência sobre como lidar com as demais pessoas, aprendem a se defender das armadilhas das pessoas. Além de já terem bastante informação, também têm maiores condições de obter e processar novas informações. Estão muito treinadas e habituadas para isso. Neste caso, é bem provável que com o mero adimplemento do ônus de se informar, obtenham informações relevantes para o fechamento do negócio.

Segundo Grundmann, os "profissionais têm custo de aquisição de informação menor que o não profissional" (2001, p. 276, *apud* EDUARDO FILHO, 2005, p. 311).

2.2.3 A conexidade com a *due diligence*

Nesse âmbito empresarial, dentre os custos necessários para obter informações da empresa com quem se contrata — também chamados de *custos de aquisição de informações* — encontramos os referentes ao desenvolvimento da *due diligence*. Há momentos nos quais nem mesmo o vendedor de uma empresa, por exemplo, sabe o valor da companhia que está vendendo, ou se o negócio trará, por exemplo, prejuízos ou benefícios do ponto de vista legal[8].

A *due diligence* integraria, principalmente, o rol dos custos que antecedem a formação do contrato (pré-contratuais), como "a) custos de redação do contrato; b) custos de negociação do contrato; c) custos de salvaguarda do contrato" (WILLIAMSON apud FILHO, 2005, p. 43).

---

[8] Conforme nota Eduardo Filho (2005, p. 37): "há situações em que nem mesmo o vendedor sabe os atributos do bem que está vendendo. A aquisição de uma empresa, por exemplo, é um exemplo disso. É preciso conferir, por meio de auditorias jurídica e contábil, o ativo e o passivo da empresa, e se está em dia com suas obrigações legais, e quais as chances de sofrer condenações judiciais. Isso exige a contratação de advogados e contadores, é, portanto, muito custoso".

Ainda neste ponto, é importante notar que a *due diligence* não é uma simples liberalidade das partes ou mera burocracia. Ela nasce e se desenvolve com fundamento na redução de riscos e prejuízos futuros oriundos da tal assimetria de informações, buscando-se o lucro de forma alicerçada e segura. Além disso, trata-se de um *ônus* às partes contratantes: "Nesse sentido continua válida a regra do *caveat emptor*. Cada qual tem um ônus de se informar" (FILHO, 2005, p. 305). Esse dever de se informar, segundo o mesmo autor, "tem por objetivo corrigir distorções no momento da formação e execução dos contratos, quando informações necessárias para pôr fim à assimetria de informação entre as partes não aparecem espontaneamente durante a relação jurídica" (FILHO, 2005, p. 305).

Concluindo essa relação entre os custos de transação e a *due diligence*, usemos a observação feita por Leandro Aragão (2005, p. 81):

> (...) o procedimento preparatório (*due diligence*), então, reveste-se como um importante mecanismo de redução das assimetrias informacionais, já que se destina a perquirir todas as informações fornecidas pela sociedade a ser adquirida, e, precipuamente, de conduta preventiva com o escopo de mitigação de comportamentos indesejados (o *moral hazard*).

Assim, ela — embora se constitua inicialmente de um relevante custo na realização da transação entre as empresas — mostra-se como um ônus àquelas partes, para a maximização dos lucros futuros, oriundos da transação comercial em discussão. E é dela que trataremos a seguir.

2.3 A *due diligence*

2.3.1 Visão geral

O auditor jurídico[9] tem a tarefa de analisar documentos, colher

---

[9] Neste estudo focaremos o papel do auditor jurídico em detrimento de outros tipos de auditores como, por exemplo, o auditor contábil.

informações, consultar certidões e órgãos governamentais ou extra-governamentais, consultar possíveis processos judiciais e administrativos enfrentados pelas partes, a regularidade das empresas perante os órgãos comerciais — como as Juntas Comerciais —, a legalidade das patentes detidas pelas empresas, uma infinidade de contratos com outras empresas, analisando a vigência, as obrigações e os créditos deles decorrentes, solvabilidade perante os credores, garantias reais e pessoais detidas ou suportadas pelas empresas, pactos de não concorrência, dentre outros muitos aspectos que merecem análise, para finalmente concluir todas aquelas informações e apreciação — feitas a partir daquelas — apresentando-as ao cliente, o qual — sem sombra de dúvida — dará a palavra final na efetivação daquela transação.

Todas essas tarefas devem, ainda, obedecer a um método pre-definido, adquirido e formatado ao longo de toda a experiência do auditor. Não seria possível analisar tamanha quantidade de informações sem uma sistematização bem orientada, partindo de auditores com larga experiência e domínio da matéria. Daí a necessidade do estabelecimento de um método, com a fixação de prazos, atribuições e centralização de conclusões.

2.3.2 Visão histórica

A busca de informações sobre com quem e o que se contrata é feita desde que o homem decidiu contratar comercialmente. Buscava-se aferir o maior número possível de informações sobre com quem se comercializava, o que e em que condições, para que os riscos assumidos pelas partes fossem reduzidos — como tratamos no começo deste estudo. Alguns autores, como Alessandra Lajoux e Charles Elson (apud ROSA, 2002, p. 5), acreditam que a auditoria deriva do preceito romano *diligentia quam suis rebus* (diligência de um cidadão em gerenciar suas coisas). Seria adequado que o comerciante buscasse agir com toda a diligência — assim, poderia usar de sua conduta como um meio de defesa perante eventuais conflitos judiciais.

Mas a *due diligence*, como a conhecemos hoje, tem seu embrião no *Securities Exchange Act*, lei promulgada nos Estados Unidos da América em 1934. Tal ato previa que aqueles que ofertassem a compra de ações no mercado de capitais seriam responsabilizados pela inexatidão ou falsidade nas informações que prestassem. Segundo Sergio Bruna e Edmundo Nejm (2002, p. 205-206), esta lei foi editada durante

(...) as sombras da quebra da Bolsa de Nova Iorque em 1929 e da crise econômica mundial que eclodiu a partir deste evento. O *Securities Act* estabeleceu que uma companhia emissora de títulos, seus conselheiros e diretores, assim como os terceiros por eles envolvidos em ofertas públicas de tais títulos e valores mobiliários, teriam responsabilidade pelo conteúdo das declarações contidas nas informações apresentadas sobre a companhia emissora (...) por ocasião do registro de tais declarações perante a SEC [órgão semelhante a nossa Comissão de Valores Mobiliários — CVM].

Em razão dessa exigência, "tornaram-se comuns no mercado de capitais os procedimentos de auditoria voltados à documentação dos esforços de investigação e divulgação das informações coletadas, necessários a limitar ou exonerar, conforme o caso, a responsabilidade dos participantes da emissão" (BRUNA; NEJM, 2002, p. 205-206).

Servia então a *due diligence* não só como um meio de conhecer a outra parte com quem se contratava, mas também como meio de defesa perante terceiros — quando era aplicada ao mercado de capitais, por exemplo. Assim, após a publicação de um prospecto de oferta de ações, o emissor teria o relatório da auditoria como prova de que teria agido com cautela e diligência, informando-se e informando os investidores de todos os dados essenciais da empresa. Da mesma forma, a auditoria poderia servir para garantir defesas contra situações futuras que se mostrassem contrárias às declarações feitas pelo vendedor ao comprador em uma operação societária.

Em 2002, editou-se a *Lei Sarbanes-Oxley* nos Estados Unidos da América. Tratava-se, em suma, de norma que obrigava as companhias daquele país a prestarem informações periódicas sobre as empresas, sob pena de responsabilização civil e criminal dos seus diretores. Com tal regra, a auditoria jurídica ganhou terreno também neste campo. Passaram a ser utilizadas para se certificar de que as informações compiladas e publicadas não implicaram a temida responsabilização dos diretores.

No Brasil, essa tendência americana se revelou com a instituição do Novo Mercado na Bolsa de Valores de São Paulo (BMF&Bovespa). Em breves linhas, trata-se de um segmento de mercado no qual somente são oferecidas ações ordinárias das empresas que obedecem a uma série de normas (de adesão voluntária) que exigem publicidade e governabilidade da empresa através de todos os acionistas — e não somente através de alguns poucos. Segundo Nilson Junior (2005, p. 116), "os segmentos [incluindo o Novo Mercado] estão estruturados de forma a fornecer a possibilidade de haver um comprometimento gradual da companhia com as regras de governança corporativa, concentradas, em especial, sobre a transparência das informações e maior proteção dos acionistas minoritários". Eis, então, mais um campo de aplicação da *due diligence* — afinal a inexatidão das informações poderá implicar a exclusão da empresa de tal segmento refinado.

Vale notar que essa disponibilização de informações auxilia os agentes de mercado na sua atuação, pois a obtenção delas se torna menos custosa: é a redução dos custos de transação, por excelência, e a consequente diminuição da assimetria de informações. Não é possível concluir com propriedade os efeitos dessa nova tendência, não só pela contemporaneidade do assunto, mas porque foge ao nosso escopo de estudo. Cabe apenas lembrar que se trata de uma importante mudança que implicará uma reformulação da aparência do mercado.

Em resumo, a *due diligence* tem suas raízes em tempos remotos, sendo que, no trato diário dos comerciantes, passou a ser aplicada da forma que a conhecemos hoje com a edição do *Securities Exchange Act*, ganhando novo campo de aplicação com as tendências do *Novo Mercado*.

2.3.3 Definição

A sua definição doutrinária não é expressa e bem pacificada. Alguns autores, a exemplo de Howard Sher (1998, p. 15), veem a auditoria jurídica como uma "simples investigação feita por um comprador sobre um leque de assuntos". Outros, como Alberto Mori (apud ROSA, 2002, p. 6), entendem a *due diligence* como um "procedimento sistemático de revisão e análise de informações e documentos, visando à verificação — sob um escopo predefinido — da situação de sociedades, estabelecimentos, fundos de comércio ou de parte significativa dos ativos que os compõem". Para José Sampaio (apud ROSA, 2002, p. 6):

> (...) é um procedimento de análise levado a cabo normalmente pela compradora com a colaboração da vendedora e tem por finalidade verificar e avaliar a situação das empresas e/ou dos negócios a transacionar, seja para determinação do real valor das empresas e seus activos, verificação do funcionamento da empresa e do cumprimento das regras legais, avaliação dos riscos inerentes, garantias a prestar, determinação de responsabilidades ou outras, consoante cada caso concreto.

Nós entendemos a *due diligence* da mesma forma que Rosa (2002, p. 6): trata-se de um método utilizado para analisar o negócio e as partes que dele fazem parte com o intuito de se prevenir diante de possíveis e futuras contingências advindas daquela transação, bem como aferir o valor daquele negócio e das empresas que nele estão inseridas.

É um procedimento que, em essência, guarda o grau de zelo necessário que todo comerciante deve ter, sob pena de sofrer prejuízos se não o aplicar nos seus negócios. Cabe aqui lembrarmos um julgamento do Tribunal de Justiça de São Paulo, na Apelação Cível n. 928699-0[10]. Nela, os autores desejavam a decretação da nulidade

---

[10] SÃO PAULO. Tribunal de Justiça do Estado de São Paulo. **Apelação n. 928699-0/6**. 36ª Câmara de Direito Privado. Des. Relator Jayme Queiroz Lopes.

de uma operação societária, alegando que foram omitidos alguns passivos da empresa adquirida por culpa dos vendedores. Disse o desembargador a respeito que "tivessem sido cautelosos os apelantes, *deveriam ter levado a efeito uma auditoria na empresa*, sendo certo, por outro lado, que parte da documentação poderia ter sido por ele facilmente obtida (...)", e mais adiante, alerta que os *passivos* encontrados na empresa "poderiam ser facilmente obtidos pelos autores, caso tivessem agido com cautela, o que não ocorreu e foi reconhecida pela sentença" (grifo nosso). Como se vê, a diligência não só é necessária, como pode servir de argumento diante de possíveis conflitos entre as partes — eis, então, uma amostra do largo campo de aplicação da *due diligence*.

A definição da auditoria perpassa o dever de boa-fé que as partes têm na sua conduta para com a outra parte — em expor os dados essenciais na oferta de ações ou em informar a outra parte a respeito de dados importantes da empresa objeto da alienação, por exemplo. Há laços fortes entre o dever de informar e a boa-fé, como lembra Menezes Cordeiro (2007, p. 648): "A actuação de boa-fé concretiza-se através de *deveres de informação e lealdade*, de base legal, que podem surgir em situações diferenciadas, onde as pessoas se relacionem de modo específico" (grifos nossos).

Concluindo, a *due diligence* deve ser vista como um método orientado pelo dever de probidade e boa-fé implícito a todas as transações comerciais. Trata-se de uma arte e de uma ciência (SHERMAN, 2006, p. 71).

2.3.4 Tipos

As auditorias jurídicas podem ser classificadas em alguns tipos, de acordo com o enfoque que lhes é aplicado. Podem ser voltadas

J. em: 6-8-2009. Disponível em: <https://esaj.tjsp.jus.br/cjsg/getArquivo.do?cd Acordao=4013213&vlCaptcha=vscar>. Acesso em: 4 abr. 2011.

para (i) o mercado de capitais, (ii) o mercado financeiro e (iii) as operações societárias.

No mercado de capitais, a *due diligence* se ocupará principalmente em compilar todas as informações necessárias para a publicação da oferta de ações nesse mercado. A falsidade ou incompletude das informações pode acarretar sérias consequências aos administradores e à própria companhia, conforme é prescrito na Instrução da Comissão de Valores Mobiliários n. 400/03 (BRASIL, 2003)[11]. Da mesma forma, sem tais informações relatadas pela auditoria, o investidor não saberia se o seu capital seria aplicado em uma boa empresa — que pudesse lhe trazer lucros. É nesse tipo que vemos a aplicação da *Lei Sarbanes-Oxley* e os princípios do Novo Mercado, como pontuamos anteriormente.

No mercado financeiro a *due diligence* terá por função a averiguação da *higidez legal* da empresa tomadora dos recursos (empréstimos), analisando a atividade desenvolvida pela tomadora do empréstimo, os bens que possui, as limitações legais que poderá sofrer — como dívidas fiscais etc. Assim, as instituições financeiras correrão menores riscos de inadimplência ao saber com quem estão contratando, de quais garantias poderão dispor, entre outras informações, possibilitando juros menores e maior facilitação na obtenção do crédito.

51

---

[11] *In verbis*: "Art. 56. O ofertante é o responsável pela veracidade, consistência, qualidade e suficiência das informações prestadas por ocasião do registro e fornecidas ao mercado durante a distribuição. § 1º A instituição líder deverá tomar todas as cautelas e agir com elevados padrões de diligência, respondendo pela falta de diligência ou omissão, para assegurar que: as informações prestadas pelo ofertante são verdadeiras, consistentes, corretas e suficientes, permitindo aos investidores uma tomada de decisão fundamentada a respeito da oferta; e as informações fornecidas ao mercado durante todo o prazo de distribuição, inclusive aquelas eventuais ou periódicas constantes da atualização do registro da companhia e as constantes do estudo de viabilidade econômico-financeira do empreendimento, se aplicável, que venham a integrar o Prospecto, são suficientes, permitindo aos investidores a tomada de decisão fundamentada a respeito da oferta".

Por sua vez, a auditoria realizada nas operações societárias responde pela maioria das *due diligences*, em razão do vasto campo de aplicação: a aquisição do controle societário, aquisição de parte do capital social, fusão, cisão e incorporação de empresas — tipo que vem sido tratado primordialmente em nosso estudo.

Com o crescente número de fusões e aquisições, notório na mídia especializada, tende a crescer o número de tais auditorias — as quais buscam, em sua maior parte, avaliar a empresa objeto da transação, identificando os riscos da compra e venda e mitigando-os, como apresentamos até aqui[12].

2.3.5 Funções e objetivos

Nas operações societárias, a *due diligence* tem duas funções primordiais: (i) obter o maior número de informações para ajudar na quantificação de ativos e passivos da sociedade objeto da aquisição para adequar o preço da oferta; (ii) identificar possíveis passivos futuros que estão inseridos na vida da sociedade alienada, regulando as indenizações que lhe sejam aplicáveis (além de ajudar a estruturar a própria operação de compra, incluindo as condições suspensivas e declarações e garantias). Nesse sentido, Andrew Sherman (2006, p. 68): "A *due diligence* jurídica foca em potenciais assuntos e problemas jurídicos que podem se tornar possíveis impedimentos para a transação. Ela também sinaliza como as transações deverão ser estruturadas e o conteúdo dos documentos do negócio, tais como as declarações e garantias"[13].

---

[12] Segundo relatório publicado pela empresa de auditoria KPMG, no ano de 2010 foram realizadas mais de 700 fusões e aquisições. KPMG. **Pesquisa de fusões e aquisições 2010 — 4º trimestre**. Disponível em: <http://www.kpmg.com.br/publicacoes/fusoes_aquisicoes/2010/FA_4otrim_2010.pdf>. Acesso em 6 mar. 2011.

[13] Originalmente, "The legal due diligence focuses on potential legal issues and problems that may prove to be impediments to the transaction. It also sheds lights

Segundo Howard Sher (1998, p. 15), podemos ainda apontar outros objetivos:

(i) auxiliar o potencial comprador na avaliação do negócio--alvo, (ii) prover informação para o comprador se tornar capaz de aferir uma avaliação correta do objeto da transação, (iii) ajudar o comprador a encontrar tesouros escondidos, evitar armadilhas ocultas, e entender o panorama financeiro e econômico que os números apresentam, (iv) identificar algumas das vantagens ou riscos associados com a potencial aquisição, (v) identificar qualquer problema que pode não estar aparente para o comprador e que pode afetar o acordo de compra e, em alguns casos, ou até mesmo transformar o objeto da compra em uma aquisição inadequada, e (vi) terminar aquelas matérias que deveriam ser objeto de negociações ou sobre as quais os compradores deveriam procurar garantias e indenização do vendedor[14].

Sergio Bruna e Edmundo Nejm (2002, p. 208) sintetizam os objetivos nos seguintes propósitos: "(i) o levantamento de informa-

---

on how the transaction should be structured and the contents of the transactions documents, such as the representations and warranties".

[14] Originalmente: "(...) assisting the potential buyer to gain a better understanding of the target business; providing information to the buyer to enable a proper evaluation of the target business; helping the buyer to find pitfalls, and understand the financial and economic picture that the numbers portray; identifying some of the advantages or risks associated with the potential acquisition. Identifying any problems which may not be apparent to the buyer and which may affect the purchase agreement and, in some cases, may even make the target an unsuitable acquisition; and determining those matters which should be the subject of negotiations or on which the buyer should seek warranties and indemnities from the seller (...)". As declarações feitas nos instrumentos de compra e venda de ações, por exemplo, podem representar o que foi encontrado na *due diligence*. Assim, caso o quadro fosse alterado — ou as conclusões da auditoria se revelassem falsas, em razão de falsos documentos —, o negócio não seria concluído.

ções sobre as entidades envolvidas na operação de captação de recursos (...), e (ii) a reunião e documentação de elementos de defesa para utilização no caso de eventuais questionamentos formulados por investidores ou terceiros que venham a julgar-se prejudicados (...)".

Resumindo as excelentes conclusões dos autores apontados, podemos apontar como funções da *due diligence*: a obtenção de informações para (i) garantir que o negócio buscado pelas partes nas transações — em razão das alegações das partes sobre o estado da empresa alienada — seja aquele encontrado *de fato* na empresa que é objeto da transação; (ii) proteger-se, assim, de possíveis contingências futuras, com a regulação de indenizações e garantias aplicáveis; e (iii) avaliar a empresa que é objeto da transação.

2.3.6 Momento de realização

Em razão dos objetivos da auditoria jurídica, é sempre recomendável que ela seja feita antes da conclusão da transação comercial. Assim, será possível usar os resultados obtidos no estabelecimento de novas cláusulas contratuais. Por exemplo, ao identificar um passivo em dívidas fiscais, seria possível pactuar entre as partes que tal montante haveria de ser descontado do preço pago pelo comprador ao vendedor da empresa. Como notam Sergio Bruna e Edmundo Nejm (2002, p. 214), "Quando a *due diligence* ocorre antes da assinatura do respectivo contrato ou da determinação do preço, a parte adquirente (ou, em muitos casos, a parte vendedora) terá a oportunidade de maximizar sua posição durante as negociações, já que será possível aferir-se a real situação da empresa objeto de exame".

Neste sentido, a *due diligence* encontra outras condições para a conclusão do negócio, como a manutenção do estado de tudo o que foi relatado. Como mostrou William Carney (2009, p. 91), "uma das condições típicas para as obrigações do comprador para fechar o negócio serão aquelas que não tenham sido mudadas completamente no negócio, contas, clientes ou certificados do vendedor (...)"[15].

Mas, a nosso ver, o quadro pode ser bem diferente por estar a *due diligence* no âmbito da autonomia das partes em contratar. Nada impede que ela seja feita *a posteriori*. É plenamente possível realizar uma auditoria jurídica após a operação societária — tal como a aquisição de quotas de uma empresa — desde que a função da auditoria ainda seja realizável.

Como mostramos acima, as principais funções ou objetivos da auditoria jurídica nas operações societárias são a obtenção de informações necessárias e suficientes que permitam conhecer o real *status* daquela empresa comprada e regular possíveis contingências que se apresentem, prevendo formas de garantia e indenização no contrato.

Assim, caso o contrato permita que as indenizações decorrentes de possíveis passivos sejam pagas pelo vendedor — através de outros instrumentos jurídicos, como a *conta vinculada*, por exemplo —, a auditoria ainda seria realizável e cumpriria o seu papel na transação; daí sua possibilidade.

Apesar dos argumentos apontados, a aplicação de uma *due diligence a posteriori* pode não ter a eficácia esperada daquela realizada previamente à assinatura do contrato.

Em Apelação[16] ao Tribunal de Justiça de São Paulo, encontramos essa tendência em ver a realização da *due diligence* possível somente em momento anterior à assinatura do contrato. Nesse caso, a

---

[15] Originalmente, "one of the typical conditions to the buyer's obligations to close the transaction will be that there have been no material adverse changes in the seller's business, assets, or prospects, and certificates (...)".

[16] SÃO PAULO. Tribunal de Justiça do Estado de São Paulo. **Apelação n. 994.06.018072-0**. 6ª Câmara de Direito Privado. Des. Relator Paulo Alcides. J. em: 8-12-10. Disponível em: <https://esaj.tjsp.jus.br/cjsg/getArquivo.do?cdAcordao=4866265&vlCaptcha=nrsru>. Acesso em: 4 abr. 2011.

apelante requeria o desfazimento do negócio (compra e venda de quotas), pois embora tivesse assinado tal contrato, alegava que as partes só efetivariam o negócio após a avaliação fiscal e contábil da empresa — o que não ocorreu. Apesar dos argumentos apresentados, o magistrado corroborou a decisão em primeiro grau, usando, inclusive, as razões apontadas pelo julgador primário:

> (...) a obrigação de proceder ao registro da alteração social passou a existir quando subscreveram o documento de alteração, eis que, não estava concorde ou primeiro quisessem conhecer a situação da empresa, deveria ter tomado tal providência anteriormente ao contrato de alteração, quer através do contador da empresa ou através da regular auditoria. Não tendo tomado essa providência, assumiram conscientemente o risco desta conduta, mesmo porque, tendo referido documento força de contrato, o mesmo faz lei entre os contratantes e deve ser cumprido como nele restou estipulado (...).

Mais à frente, o próprio desembargador resumiu seus argumentos: "A alegada *due diligence* deveria ter sido realizada antes da alteração contratual".

Como se vê, embora nossa tese tenha argumentações bem fundamentadas, talvez, por prudência, seja melhor não abusarmos dessa interpretação, razão pela qual o momento mais plausível para a condução da *due diligence* preceda a celebração do contrato de compra e venda.

2.3.7 Fases

Tomando por premissa a auditoria jurídica como um método, e não como uma instituição jurídica com regulação própria, ela se apresenta em fases.

Segundo Rosa (2002, p. 6), cuja divisão nós adotamos, a *due diligence* é organizada em cinco etapas: (i) declaração de intenção de compra, (ii) envio de *check list*, (iii) fornecimento/obtenção das informações, (iv) consolidação das informações, e (v) confecção e entrega do relatório final. Salienta-se que, ainda na fase pré-

-contratual, tem-se a celebração do acordo de confidencialidade (também conhecido como *non disclosure agreement*).

A declaração de intenção de compra é ponto fundamental e inicial na *due diligence*. Até este momento, tudo o que houve entre as partes foram simples cogitações, encontros informais para alguns ajustes, como almoços de negócios e conversas telefônicas, cuja proteção e segurança jurídica ainda não foram aplicadas em sua totalidade, pois não houve manifestação expressa de vontade das partes em estabelecerem uma vinculação entre si.

A partir da declaração da intenção de compra, as partes assumiram um compromisso formal, que se iniciou com a assinatura de uma Carta de Intenções[17]. As tratativas tomadas nessa fase passarão a ser tuteladas com mais força pela ordem jurídica, como vemos, por exemplo, na regulação dada ao contrato preliminar, conforme prescrito nos arts. 462 e seguintes do Código Civil. Para Bainbridge (2009, p. 71), o documento traz uma obrigação moral para as partes e provê um panorama do que será abordado na *due diligence*[18].

De maneira oposta, William Carney (2009, p. 97) entende que é possível que tal instrumento não vincule as partes através de duas formas: (i) expressando que aquele instrumento é sujeito à execução de outro instrumento que então vinculará as partes, ou (ii) expressando que simplesmente memoriza o que as partes tenham discutido até então. O mesmo autor vê fragilidade nessa argumentação,

57

---

[17] Na prática nacional e internacional existem vários nomes para esse documento, tais como *Letter of Intention*, Memorando de Intenções, *Memorandum of Understandings*, Term Sheet etc. O importante para fins do Direito Brasileiro é o conteúdo de referido documento.

[18] *In verbis*: "(…) it creates a sense of moral obligation during the lengthy process of negotiating a full agreement. Second, it provides a framework and context for further negotiations and *due diligence*". (Tradução livre: "cria-se um senso de obrigação moral durante o processo de negociação de todo o acordo. Segundo, provê um panorama e contexto para negociações futuras e *due diligence*".)

destacando que "este tipo de cláusula corre o risco de uma corte considerar a real intenção das partes a ser encontrada"[19], o que tomamos como verdadeira, razão pela qual entendemos que tal *letter of intent* tem a capacidade de vincular as partes, desde que essa seja sua real intenção.

Ainda nessa fase inicial, para que as partes tenham acesso às informações da parte oposta, elas precisam assumir um compromisso de que aqueles conhecimentos serão usados pela parte oposta na medida necessária para a concretização do negócio e, caso este não seja realizado, tem-se a garantia de que tais informações serão destruídas e protegidas de terceiros. Tal compromisso, conforme mencionado mais acima, é chamado de acordo de confidencialidade.

Esse acordo revela o alto valor dos documentos envolvidos. A parte que tem sua *intimidade* violada sabe que o uso daquelas informações em outras esferas — ou por empresas concorrentes — implicará grandes perdas materiais. Em alguns casos, a parte compradora poderá usar da má-fé: alegando que deseja comprar tal empresa, usará dos privilégios intrínsecos ao processo de *due diligence* para obter tantas informações quantas forem necessárias para lucrar com isso (através da venda das informações sigilosas para concorrentes, por exemplo)[20].

Após a assinatura de tais documentos, a parte que deseja conhecer determinadas informações da outra, deve solicitar que esta as disponibilize — através de documentos, livros, arquivos, dentre outros meios. Esse envio ocorre a partir do recebimento de um *check list*,

---

[19] Originalmente, "this type of clause runs the risk that a court may still find a meeting of the minds and an intent to be found".

[20] Como diz William Carney (2009, p. 81): "The seller also faces de risk that the prospective buyer may use the information to formulate an uninvited bid or to hire away key employees of the target". (Tradução livre: "O vendedor também encara o risco de que o promitente comprador use as informações para formular uma oferta indesejada ou contratar os empregados da empresa objeto da venda".)

termo que designa a lista de documentos solicitados pela outra parte que julga necessários para a realização da *due diligence*.

A parte que recebeu esse *check list* deve enviar para a outra os documentos solicitados — inclusive quaisquer outros que julgar correlatos e conexos — para que esta os analise.

A análise de tais informações será feita pelos auditores legais, conforme o escopo do trabalho, reunindo os pontos mais importantes em um documento único: o relatório, que será entregue ao cliente para sua análise e julgamento quanto à oportunidade do negócio.

Stephen Bainbridge (2009, p. 74-6) faz uma abordagem um pouco mais sucinta do desenvolvimento da *due diligence*. Segundo o autor, a auditoria seguiria os seguintes passos: familiarização dos auditores com a empresa objeto do negócio, através de contato direto com a instituição, seus procedimentos e políticas internas; elaboração de um questionário a ser respondido pelos diretores daquela empresa, para que eventuais dúvidas sejam sanadas de imediato; montagem de uma *document list*, na qual os *experts* apontarão quais documentos (contratos, atas, certidões etc.) serão necessários para realizar a auditoria e que deverão ser enviados pela outra parte; a análise de tais documentos; e, finalmente, a confecção de um relatório final, no qual serão apontados os pontos relevantes do negócio — cumprindo os objetivos da *due diligence*.

2.3.8 *Timing*

A auditoria tem o seu começo e fim bem definidos. Como mostramos, a *due diligence* começa na carta de intenções e se estende até a entrega do relatório final. Mas quanto tempo tudo isso deve ou pode levar?

O tempo de execução da *due diligence* dependerá da complexidade do negócio, da quantidade e qualidade de informações disponibilizadas, do escopo do trabalho, da capacidade técnica dos auditores, da verba destinada para a empreitada e das circunstâncias daquele negócio em particular.

Na prática, uma *due diligence* em uma operação societária pode levar de quinze dias a três meses; mas, é claro, que dependerá em grande parte da necessidade de se concluir a transação comercial.

2.3.8.1 Complexidade do negócio

O negócio sob análise poderá envolver empresas grandes, cuja gama de contratos aos quais é vinculada é complexa e vasta, ou se relacionar a empresas pequenas — que dominam, por exemplo, um mercado específico. Da mesma forma, pode ocorrer em um plano nacional como internacional; cuidar de *holdings* ou de sociedades de propósitos específicos; empresas novas ou velhas. Enfim, a complexidade do negócio está intrinsecamente ligada ao *tamanho* das partes.

2.3.8.2 Know-how *dos auditores*

A capacidade técnica dos auditores é outro ponto que pode levar a *due diligence* por toda uma eternidade. Como lembra Howard Sher (1998, p. 15), "habilidades multidisciplinares são necessárias para avaliar os diversos aspectos da transação"[21]. Ou seja: o auditor jurídico não poderá deter somente conhecimentos legais. É fundamental que tenha visão do negócio em um plano maior, seguindo a lógica do comerciante.

Douglas Godfrey (2009, p. 357) também mostra que a qualidade dos auditores é fator tão crucial que o trabalho jamais poderia ser realizado por alguém com menor experiência, como estagiários, por exemplo. Não seria possível que alguém inexperiente detectasse erros ou omissões em contratos comerciais que se mostrassem *enrustidos*. Nas palavras dele, "o objetivo primário da *due diligence* é

---

[21] Originalmente, "multidisciplinar skills are needed to assess the various aspects of the transaction".

encontrar problemas escondidos e, por definição, um advogado de primeiro ano não terá a experiência para identificar tais problemas"[22]. Entretanto, embora haja a ressalva do autor em questão, sabemos que não é isso o que ocorre na prática. Muitas vezes, a quantidade de documentos a ser analisada é tão grande que somente com profissionais extremamente experientes e familiarizados com a matéria seria possível acelerar o processo. É claro que a contratação de advogados com essa *expertise* pode se revelar economicamente desvantajosa; assim, é uma solução comum, e nem tanto genial, usar uma mão de obra *mais barata* (CARNEY, 2009, p. 87)[23].

2.3.8.3 *Aspectos econômicos*

Da mesma forma, a *due diligence* depende do fator econômico. Ela se estenderá em tempo, complexidade e conteúdo de acordo com a disposição do cliente em pagar pela realização do serviço (SHER, 1998, p. 17). É até mesmo intuitivo saber que auditorias jurídicas, por moverem muitas pessoas e tempo, não são vendidas no varejo como ofertas. Trata-se, como apontamos, de custos de transação, relevantes — na maior parte das vezes.

2.3.8.4 *Disponibilidade das informações*

Muito mais do que esses fatores apontados, a *due diligence* é

---

[22] Originalmente, "the primary purpose of due diligence is to find hidden problems, and by definition, a first-year lawyer is not going to have the experience to identify those types of issues".

[23] "Too often young lawyers are thrown into *due diligence* with little or no instruction or supervision. The author recalls a third-year student who, during her summer internship, was told to look to 'go look for anything important'." (Tradução livre: "Muito cedo advogados novados são jogados na *due diligence* com pouca ou nenhuma instrução ou supervisão. O responsável contrata um terceiro-anista de faculdade que durante suas férias de verão foi orientado a 'buscar qualquer coisa que pareça importante'".)

fortemente influenciada pela quantidade e qualidade das informações que são prestadas pelas partes.

Se o objetivo da auditoria tem por premissa o uso de documentos, informações, livros, arquivos etc., é claro que a disponibilidade de informação para a parte — compradora, na maioria das vezes — se torna um dos principais fatores para a realização da auditoria, como salienta Maristela Abla (2005, p. 116):

> O processo de *due diligence* envolve basicamente a coleta de informações a fim de realizar levantamentos e análises detalhadas acerca da atual situação do negócio a ser adquirido. Quanto maior a quantidade de informação e os detalhes obtidos, mais preciosos serão os subsídios e elementos para realização de projeções de natureza financeira, econômica, jurídica e estratégica quanto ao futuro do negócio adquirido, após o fechamento da operação.

A obrigação de revelar as informações que a empresa detém tem natureza contratual, porém, amparada pelo princípio da boa-fé e solidariedade (como preceituados no Código Civil [BRASIL, 2002], art. 113; e inciso I, do art. 3º da Constituição Federal [BRASIL, 1988], respectivamente). Como nota Valéry Marc (2003, p. 215):

> (...) a prática internacional desenvolveu um código próprio de boa-fé, que vincula as partes na fase pré-contratual e que se manifesta particularmente na obrigação de disponibilizar de forma completa informações à outra parte. Essa obrigação de informação tem se desenvolvido de forma notável nas negociações de compra de participação societária em uma sociedade (tradução livre dos autores).

A posição da autora quanto ao dever de informar é acompanhada também por outros nomes, a exemplo de Eduardo Filho (2007, p. 298), que vê o dever de informar conexo com outros secundários: "em matéria de dever de informar, não basta somente a transmissão da informação, sua transmissão deve ser completa, sob pena de inadimplemento da obrigação. (...) Estas [informações] devem ter três qualidades: veracidade, relevância e clareza".

Como se vê — para não citar exaustivamente outros autores que seguem a mesma linha destes — o dever de informar e a obtenção de informações são pontos cruciais da *due diligence*, sem os quais sua realização não é possível. Assim, em razão dessa dependência do fornecimento das informações, a falta com este dever em qualquer aspecto (na limitação ao acesso, na falta de veracidade ou clareza das que são disponibilizadas) pode ensejar indenização pela parte que se sentir lesada.

2.4 Considerações finais

As transações comerciais ocorrem a todo o momento no mercado. São os elementos que caracterizam esse ambiente, dinâmico, cosmopolita e único. Porém, não podemos vê-las isoladas e perfeitamente arquitetadas. A conclusão dos negócios exige esforços de diversas partes, acarreta custos e movimenta um número significativo de institutos jurídicos, tais como os acordos de confidencialidade, o princípio da boa-fé, o ônus de se informar etc.

Para a realização de um negócio, o empresário precisa se informar a respeito da parte com quem contracena, o objeto da transação, como se relacionar, de que forma investir, dentre outros aspectos. Tudo isso decorre da assimetria de informações que caracteriza o mercado: os agentes não dispõem de tantas informações suficientes para a celebração das transações comerciais e não têm a perfeita capacidade a fim de processá-las em tempo hábil para a conclusão de todos os negócios que praticam.

A obtenção das informações é um ônus imposto aos contratantes, em razão das prescrições legais que podem aplicar penalidades àqueles que deixarem de cumpri-lo, como mostramos a respeito do mercado de capitais, no qual a empresa que faz a oferta de ações deve assegurar-se de que a informação passada ao investidor é a mais correta e ampla possível, assim como ocorre também no âmbito da *Lei Sarbanes-Oxley* e no *Novo Mercado* brasileiro.

Com o fim de se informarem quanto a esses aspectos, os agentes incorrem em custos, chamados de *custos de transação*. Tais despesas podem ser reduzidas por meio da utilização da própria empresa, a qual realiza operações reiteradamente — e por isso possui um *know-how* em driblar tais custos de maneira muito mais eficaz do que faria um empresário individual.

A *due diligence* se vê inserida nesse contexto. Trata-se de um método pelo qual, através da análise de documentos, livros, consultas a órgãos públicos, contratos celebrados pelas empresas etc., pode-se aferir o valor do objeto da transação — como ocorre, por exemplo, na alienação de controle societário — e identificar contingências possíveis, futuras e mediatas que acompanham aquela empresa, prevendo formas de mitigá-las ou torná-las indenizáveis, de acordo com disposições contratuais, como as *declarações e garantias* inseridas nesses instrumentos.

A aplicação da *due diligence* remonta às transações comerciais mais antigas, em razão da conduta tomada por todo empresário — que deve ser proba e diligente. Entretanto, nos moldes como a conhecemos hoje, resultou da imposição de responsabilidades pelas informações fornecidas, tais como no mercado de capitais, a exemplo do Novo Mercado.

São aplicadas em diversos ramos, classificando-se naquelas auditorias (i) do mercado de capitais, (ii) do mercado financeiro, e (iii) das operações societárias — estas últimas que merecem maior atenção, em razão do expoente número de fusões e aquisições que ocorrem atualmente em nosso país.

Via de regra, a *due diligence* é efetivada antes da realização das operações societárias, em função dos objetivos da auditoria. Entretanto, como apresentamos, é plenamente possível a sua realização em momento posterior, desde que as partes assim concordem. Como notamos, tal liberalidade pode ver-se desprotegida perante nossas cortes, que podem não dispensar essa interpretação à auditoria *a posteriori*.

Na sua realização, esse *método* obedece a fases: declaração das partes da sua intenção em celebrar negócio, envio de *check list* à outra parte para a remessa de documentos, o recebimento e a análise desses documentos, para a posterior elaboração de um relatório que será entregue ao cliente — para sua tomada de decisão e proteção contra possíveis prejuízos oriundos daquele negócio.

Todo esse processo pode levar entre quinze dias e três meses, em geral. Sem dúvida, o prazo dependerá, dentre outros fatores, da complexidade do negócio e do acesso às informações.

Portanto, essa prática empresarial se revela de fundamental importância na concretização dos negócios, de forma segura e lucrativa, em um mundo no qual as informações não estão tão explícitas e organizadas como se pode esperar.

REFERÊNCIAS

DOUTRINA

ABLA, Maristela Sabbag. Sucessão empresarial — declarações e garantias — o papel da legal *due diligence*. *In*: CASTRO, Leandro Santos de; ARAGÃO, Leandro Santos de (coords.). **Reorganização societária.** São Paulo: Quartier Latin, 2005, p. 100-121.

AKERLOF, George A. The Market for "lemons": quality uncertainty and the Market mechanism. **The Quarterly Journal of Economics**, 1970, v. 84, n. 3, p. 488-500.

ARAGÃO, Leandro Santos de. Dever de informar e operações de reorganização societária — procedimento preparatório e as informações assimétricas. *In*: CASTRO, Leandro Santos de; ARAGÃO, Leandro Santos de (coords.). **Reorganização societária.** São Paulo: Quartier Latin, 2005, p. 51-97.

AZEVEDO, Antonio Junqueira. **Negócio jurídico:** existência, validade e eficácia. 4. ed. São Paulo: Saraiva, 2002.

BAINBRIDGE, Stephen M. **Mergers and acquisitions**. 2. ed. New York: Foundation Press, 2009.

DINIR SALVADOR RIOS DA ROCHA

CARNEY, William J. **Essentials: mergers and acquisitions**. New York: Wolters Kluwer, 2009.

COASE, Ronald H. The nature of the firm. **Economica**. 1937, v. 4, n. 16, p. 386-405.

CORDEIRO, Antonio Manuel da Rocha e Menezes. **Da boa-fé no direito civil**. Lisboa: Almedina, 2007.

FILHO, Eduardo Tomasevicius. **Informação assimétrica, custos de transação, princípio da boa-fé**. Tese (Doutorado em Direito Civil) — Faculdade de Direito, Universidade de São Paulo, São Paulo, 2007.

GODFREY, Douglas. Transactional skills training: all about *due diligence*. **Journal of Business Law**, 2009.

LAJOUX, Alessandra; ELSON, Charles. **The art of M&A** *Due diligence*. [s.l.]:McGraw Hill, 2000.

LAUTENSCHLEGER JUNIOR, Nilson. **Os desafios propostos pela governança corporativa ao direito empresarial brasileiro:** ensaio de uma reflexão crítica e comparada. São Paulo: Malheiros, 2005.

MARC, Valéry Denoix de Saint. Confidentiality of arbitration and the obligation to disclose information on listed companies or during *due diligence* investigations. **Journal of International Arbitration**, n. 20, 2003.

MORI, Alberto. Afinal, o que é *due diligence*? Disclosure das transações financeiras. *In:* ANDRIETA, Maria Amábile. **Due diligence — segurança jurídica nas operações de fusão e aquisição de empresas:** uma abordagem empresarial. Disponível em: <http://www.franca.unesp.br/artigos/mariaam_bileandrietta.pdf>. Acesso em: 4 abr. 2011.

NEJM, Edmundo; BRUNA, Sergio Varella. *Due diligence* — identificando contingências para prever riscos futuros. *In:* SAADI, Jairo et al. (coord.). **Fusões e aquisições:** aspectos jurídicos e econômicos. São Paulo: IOB, 2002.

NORTH, Douglas. **Institutions, institucional change and economic performance**. Cambridge: Cambridge University Press, 1990.

SAMPAIO, José Maria Corrêa de. **Como reduzir os riscos de uma aquisição, fusão ou financiamento de uma empresa através de uma** *due diligence*. Disponível em <http://www.pacsa. pt/main_4.htm>. Acesso em 1º abr. 2002.

SHER, Howard. Due diligence investigations. **Juta's Bussiness Law**, 1998, v. 6, parte 1, p. 15-19.

SHERMAN, Andrew J. **Mergers and acquisitions — from a to z**. New York: Amacon, 2006.

WILLIAMSON, Oliver E. **The economic institutions of capitalism**. New York: Maximilliam, 1986.

67

LEGISLAÇÃO

BRASIL. **Constituição Federal de 1988** (CF/88). Disponível em: <http://www.planalto.gov.br/ccivil_03/constituicao/ constitui%C3%A7ao.htm>. Acesso em: 4 abr. 2011.

BRASIL. **Instrução Normativa n. 400, de 29 de dezembro de 2003**, da Comissão de Valores Mobiliários (CVM). Disponível em: <http://www.cvm.gov.br/asp/cvmwww/atos/exiato.asp?file=\inst\ inst400.htm>. Acesso em: 4 abr. 2011.

BRASIL. **Lei n. 10.406, de 10 de janeiro de 2002** (Código Civil). Disponível em: <http://www.planalto.gov.br/ccivil/leis/2002/ L10406.htm>. Acesso em: 4 abr. 2011.

OUTRAS REFERÊNCIAS

KPMG. **Pesquisa de fusões e aquisições 2010 — 4º trimestre**. Disponível em: <http://www.kpmg.com.br/publicacoes/fusoes_aquisicoes/2010/FA_4otrim_2010.pdf>. Acesso em: 6 mar. 2011.

SÃO PAULO. Tribunal de Justiça do Estado de São Paulo. **Apelação n. 928699-0/6**. 36ª Câmara de Direito Privado. Des. Relator Jayme Queiroz Lopes. J. em: 6-8-2009. Disponível em: <https://esaj.tjsp.jus.br/cjsg/getArquivo.do?cdAcordao=4013213&vlCaptcha=vscar >. Acesso em: 4 abr. 2011.

SÃO PAULO. Tribunal de Justiça do Estado de São Paulo. **Apelação n. 994.06.018072-0**. 6ª Câmara de Direito Privado. Des. Relator Paulo Alcides. J. em: 8-12-2010. Disponível em: <https://esaj.tjsp.jus.br/cjsg/getArquivo.do?cdAcordao=4866265&vlCaptcha=nrsru>. Acesso em: 4 abr. 2011.

3 *TERM SHEET* E CONTRATO DE COMPRA E VENDA DE AÇÕES OU QUOTAS

Dinir Salvador Rios da Rocha

Coordenador e professor do Programa de Educação Executiva da DIREITO GV (GVlaw); mestre em Direito das Relações Econômicas Internacionais pela Pontifícia Universidade Católica de São Paulo; LL.M. pela Universidade de Londres.

Marcelo Galiciano Nunes

Mestrando em Direito das Relações Econômicas Internacionais na Pontifícia Universidade Católica de São Paulo — PUCSP; pós-graduado (lato sensu) em Business Administration pela University of California — Berkeley / Estados Unidos; pós-graduado (lato sensu) em Direito Tributário pela Pontifícia Universidade Católica de São Paulo — COGEAE — PUCSP.

3.1 Introdução

O objetivo deste artigo é abordar, de forma breve, as principais características do *term sheet* e do contrato de compra e venda de ações e quotas, bem como algumas disposições consideradas essenciais para a consecução do negócio jurídico relativo à compra e venda de quotas ou ações.

De início, é importante mencionar que a alienação de ações ou quotas, em seu aspecto contratual, é juridicamente operada por um contrato de compra e venda, instrumento este que estabelece os direitos e deveres das partes. No entanto, anteriormente à celebração desse instrumento, há uma fase negocial, em que as partes comprometem-se a negociar de boa-fé as condições de tal negócio jurídico, sem estarem, porém, na maioria dos casos, obrigadas a realizá-lo.

Durante essa fase negocial as partes geralmente celebram um instrumento preliminar conhecido por *term sheet*, o qual, além de disciplinar os pontos acima mencionados, pode servir também de base para a fixação do conteúdo do contrato de compra e venda de ações ou quotas, na eventualidade de esse contrato vir a ser realmente celebrado entre as partes.

Esclareça-se, desde já, que ao utilizarmos a expressão *term sheet* também estamos nos referindo aos diversos instrumentos que possuem o mesmo objetivo desse documento, quais sejam, memorando de entendimentos (*memorandum of understandings* — *mou*), carta de intenções (*letters of intentions* — *loi*), protocolo de intenções etc. Muito embora tais instrumentos possam ter objetivos distintos em outras jurisdições, na legislação brasileira pouco importa o nome de cada instrumento, mas sim o seu conteúdo[1].

Assim, os instrumentos mencionados no parágrafo anterior tratam de atos negociais atípicos e de conteúdo não definido, não existindo, portanto, um rol taxativo de disposições que deva constar desses instrumentos. É justamente em função dessa atipicidade que podemos encontrar diversas denominações para esses instrumentos preparatórios.

3.2 *Term sheet*

3.2.1 Características gerais

Como é cediço, em operações de alienação de ações ou quotas é basilar a criação de acordos provisórios, preliminares ou preparatórios, os quais, de um modo geral, revelam a existência de uma negociação preliminar entre as partes interessadas.

Esses instrumentos, de um modo geral, preveem, dentre outros pontos, (i) os princípios gerais que nortearão o relacionamento entre as partes durante a negociação das condições do negócio jurídico que se pretende entabular; (ii) os dados das partes (empresa a ser alienada bem como vendedores e compradores[2]); (iii) a participação

---

[1] Rodrigo Bernardes Braga (Noções gerais sobre as cartas ou protocolos de intenção — **RDPRIV** 27/293, p. 293-302) discorre com propriedade sobre esse assunto ao afirmar: "bem de ver que antes de se chegar ao contrato propriamente dito, muitos são os caminhos e precauções a serem tomadas, sendo recomendável reduzi-las a termo com a assinatura de uma carta ou protocolo de intenção ou documentos assemelhados que recebem, na prática, inúmeras denominações: *letter of understanding, letter of intention, heads of agreement, memorandum of understanding, pledge of agreement*, acordo preliminar, *lettre d'intention, protocole d'accord, letterre d'intento, accordo di principio*".

[2] É comum nesse tipo de operação que o comprador tenha a possibilidade de fazer a aquisição por ele mesmo ou por qualquer empresa do seu grupo econômico.

a ser adquirida ou o valor máximo a ser adquirido caso a negociação avance; (iv) a eventual exclusividade em relação às negociações, visando à aquisição da participação societária, pelo que se obriga a vendedora a não alienar ou ofertar a terceiros a possibilidade de investimento na empresa durante um determinado período; (v) os eventuais direitos de voto e demais direitos políticos a serem inseridos no caso de celebração conjunta de acordo de acionistas e contrato de compra e venda de ações[3]; (vi) o direito do potencial comprador de efetuar auditoria contábil/financeira, ambiental, jurídica e operacional na empresa a ser alienada; (vii) a confidencialidade das negociações e das informações auditadas; (viii) o prazo de vigência do *term sheet,* bem como o cronograma a ser observado pelas partes, com indicação do prazo para auditoria e negociação do contrato de compra e venda de quotas ou ações (caso as negociações progridam); (ix) o foro e a jurisdição aplicável; (x) o eventual caráter não vinculativo entre as partes (na hipótese de inexistência de qualquer obrigação de exclusividade bem como outras obrigações vinculantes); (xi) a fixação de determinadas condições preliminares ajustadas entre as partes; (xii) a responsabilidade pelo pagamento dos custos e despesas decorrentes das negociações (sendo que na maioria dos casos cada parte arca com as suas próprias despesas); (xiii) a indicação das condições suspensivas e resolutivas a serem inseridas no contrato de compra e venda de ações, sem prejuízo de outras dessas condições a serem inseridas após a condução da *due diligence* e (xiv) a indicação da cláusula de indenização e, se possível, as regras básicas da sua operacionalização tais como prazo máximo, limites, formas de notificação etc., bem como eventual obrigação de não concorrência, tudo a ser inserido após negociações entre as partes no contrato de compra e venda de ações ou quotas. Na prática, sempre que

---

[3] Nos casos em que os vendedores permaneçam no capital social da empresa alienada, é também comum a disposição disciplinando eventual direito a dividendo mínimo.

os assessores do comprador identificarem alguma condição na transação que não lhes interessa antes da *due diligence*[4], tais como: a) algum imóvel no ativo da empresa a ser adquirida que os vendedores não queiram adquirir, b) algum passivo relevante já conhecido pelas partes pelo qual os compradores não queiram se responsabilizar (ainda que exista cláusula de indenização no futuro contrato) ou c) algum contrato relevante que esteja próximo ao termo final e para o qual o vendedor precise obter prorrogação, o comprador poderá declarar expressamente já no *term sheet* que algum ajuste posterior por parte dos vendedores será necessário para a consecução da transação.

De acordo com Stephen M. Bainbridge, "(o *term sheet*) cria entre as partes um senso de obrigação moral que deverá vigorar durante toda a extensão do processo de negociação[5]".

A dúvida que paira entre alguns estudiosos do tema, como Stephen M. Bainbridge, é se o *term sheet* criaria ou não um vínculo obrigacional entre as partes.

Segundo Bainbridge, as cortes americanas levam em consideração quatro fatores de teste para que se possa identificar se um *term sheet* teria ou não caráter vinculante, quais sejam: (i) se a carta de intenções possui ou não declaração expressa de ser vinculante entre as partes; (ii) se uma das partes realizou algumas de suas obrigações e a parte contrária concordou com a execução de tais obrigações; (iii) se existem pontos que continuam pendentes de negociação entre as partes e (iv) se o acordo envolve matérias complexas as quais somente poderiam ser estabelecidas no contrato escrito definitivo[6].

---

[4] O *term sheet* na maioria das vezes é celebrado antes da realização da auditoria.

[5] Em tradução livre dos autores: "A [Carta de Intenção] cria um senso moral de obrigação durante o longo processo de negociação de um contrato completo" (Stephen M. Bainbridge, p. 71).

[6] Em tradução livre dos autores: "(...) a corte adotou quatro fatores para determinar se uma carta de intenções é vinculante: (1) O documento contém uma declaração

Em relação especificamente ao direito brasileiro, a prática revela que estes atos preparatórios não necessariamente teriam um caráter vinculante, muito embora possam resultar na fixação irrevogável de determinados pontos ou cláusulas que deverão constar do contrato de compra e venda a ser posteriormente celebrado entre as partes interessadas.

Essa forma de determinação paulatina e sucessiva das cláusulas do contrato é muito comum na venda do controle acionário de uma empresa, justamente pelo fato de tais operações demandarem, por parte de quem se propõe a adquirir um acervo dessa natureza, uma cuidadosa análise das condições da empresa a ser adquirida.

Esse tipo de análise preliminar envolve investimentos tanto por parte da compradora quanto da vendedora. Por essa razão, é plenamente justificável que as partes estabeleçam desde logo algumas cláusulas que deverão constar do contrato que se deseja celebrar, muito embora não seja conveniente a sua celebração imediata, principalmente ao comprador. Isto porque, conforme dito anteriormente, será necessário informar-se sobre os dados da empresa que se deseja adquirir para que se possa avaliar, de forma concreta e segura, a viabilidade jurídica e econômica do negócio.

Essa decisão, é óbvio, somente poderá ser tomada após a conclusão do processo de *due diligence*.

Por essa razão, geralmente esses acordos provisórios não obrigam a celebração do futuro contrato. Contudo, não há qualquer vedação legal de as partes estabelecerem no *term sheet* a obrigatoriedade de celebrarem o contrato de compra e venda de ações ou quotas na eventualidade de serem confirmadas determinadas premissas estabelecidas no acordo preliminar. Ou, no mesmo sentido, a

---

expressa de intenção de ser vinculante por um contrato escrito? (2) Alguma parte cumpriu parcialmente e a outra parte aceitou tal cumprimento? (3) Existem pontos remanescentes a serem negociados? (4) O contrato envolve situações complexas onde os contratos definitivos são a regra?" (Stephen M. Bainbridge, p. 71).

obrigatoriedade da conclusão de tal contrato caso uma parte cumpra com todas as suas obrigações previstas no *term sheet* (nessa última hipótese, referido instrumento teria o caráter de um contrato preliminar, tal como estabelecido no art. 463 do Código Civil[7]).

Tal fato decorre do princípio da autonomia da vontade, por meio do qual é garantido aos particulares contratarem entre si a extensão, limites e efeitos de seus negócios jurídicos, ressalvadas algumas premissas de ordem pública previstas na legislação contratual. Um ponto a ser pensado entre as partes, caso algum *term sheet* tenha caráter vinculante[8], é a obrigatoriedade de se submeter a operação de compra e venda aos órgãos de defesa concorrencial no Brasil, pois o parágrafo 4º do art. 54 da Lei n. 8.884, de 11 de junho de 1994[9], cumulado com o art. 98 da Resolução do Conselho Administrativo de Defesa Econômica n. 45, de 28 de março de 2007[10], determinam que os atos de concentração (entre os quais se incluem as aquisições

[7] Art. 463. Concluído o contrato preliminar, com observância do disposto no artigo antecedente, e desde que dele não conste cláusula de arrependimento, qualquer das partes terá o direito de exigir a celebração do definitivo, assinando prazo à outra para que o efetive. BRASIL. **Lei n. 10.406, de 10 de janeiro de 2002 (Código Civil).** Disponível em: <http://www.planalto.gov.br/ccivil_03/leis/2002/L10406compilada.htm>. Acesso em: 14 set. 2011.

[8] Tem-se por prática celebrar *term sheet* com várias obrigações vinculantes entre as partes, mas ao final desse instrumento inserir uma frase genérica dizendo que ele não acarreta nenhuma obrigação vinculante entre as partes. Essa prática é questionável, pois a legislação brasileira dá mais valor à intenção das partes do que à linguagem acordada entre as partes (*vide* art.. 112 do Código Civil: "Nas declarações de vontade se atenderá mais à intenção nelas consubstanciada do que ao sentido literal da linguagem").

[9] BRASIL. **Lei n. 8.884, de 11 de junho de 1994**. Disponível em: <http://www.planalto.gov.br/ccivil_03/leis/L8884.htm>. Acesso em: 14 set. 2011.

[10] BRASIL. **Resolução n. 45, de 28 de março de 2007**. Disponível em: <http://www.cade.gov.br/upload/Resolu%C3%A7%C3%A3o%20n%C2%BA%2045,%20de%2028%20de%20mar%C3%A7o%20de%202007.pdf>. Acesso em: 14 set. 2011.

de participações societárias caso incidam nas hipóteses previstas no referido artigo) deverão ser submetidos aos órgãos de defesa da concorrência no prazo de 15 dias úteis após a sua realização (entendendo-se por realização a data da celebração do primeiro documento vinculativo entre as partes).

Dessa forma, dependendo do teor do clausulado, o *term sheet* poderá ser considerado como um contrato preliminar e, por conseguinte, obrigar as partes a celebrarem o contrato definitivo[11] (contrato de compra e venda de ações ou quotas). Destaque-se ainda que, para isso, não há necessidade de o *term sheet* conter a expressão "documento vinculante" (i.e. *binding*), bastando para tanto que as condições nele dispostas estejam claras no sentido de que as partes estariam obrigadas a levar adiante as negociações na eventualidade de serem confirmadas determinadas hipóteses previamente estabelecidas entre elas.

Nessa esteira, dependendo das condições que estiverem dispostas no acordo preparatório ou preliminar, as partes terão a facul-

---

[11] Rodrigo Bernardes Braga (in Noções gerais sobre as cartas ou protocolos de intenção — **RDPRIV** 27/293, p. 293-302) adverte: "deve-se ter muito cuidado, entretanto, com o uso indiscriminado das cartas de intenção, pois embora desprovidas de eficácia vinculante na generalidade dos casos, podem conter requisitos essenciais que as desnaturem, caracterizando-as como verdadeiros contratos, a depender de como estão redigidas as suas cláusulas (conteúdo) e de como o instrumento está revestido (forma)". Posteriormente, referido autor complementa: "a carta de intenção é mero documento preparatório, como visto. Não chega a conter todos os elementos do contrato, faltando-lhe declaração de vontade apta a produzir tais efeitos jurídicos. De outra parte, o contrato preliminar cria, para uma ou ambas as partes, a obrigação de celebrar o contrato definitivo (*pactum de contrahendo*). Sua força vinculante decorre da própria lei, porque se exige que o contrato preliminar, exceto quanto à forma, contenha todos os requisitos essenciais ao contrato a ser celebrado (art. 462 do CC/2002). (...) O contrato preliminar tem existência própria, não se submetendo à relação acessório-principal. Tanto assim que, esgotado o prazo assinado à parte devedora para outorgar o contrato principal, pode o Juiz, a pedido do interessado, conferir ao negócio preliminar o caráter de definitivo (art. 464 do CC/2002)".

dade ou a obrigação de celebrar o contrato de compra e venda de ações ou quotas. No caso de haver uma obrigação entre as partes no *term sheet* quanto à celebração do contrato de compra e venda, para uma parte compelir a outra, se faz necessário que a primeira parte cumpra com todas as suas obrigações previstas naquele instrumento preliminar. Nessa hipótese, o *term sheet* funcionaria de forma similar a um compromisso de compra e venda.

Não obstante a possibilidade de o *term sheet* ter um caráter vinculante entre as partes, a prática comercial determina que tal instrumento tenha várias condicionantes (principalmente para o comprador) para o negócio ser efetivado por meio do contrato de compra e venda de ações.

Tal prática justifica-se na medida em que as partes não pretendem criar algum documento vinculante entre elas para fins da legislação concorrencial, bem como muitas vezes o comprador não tem o conforto necessário para se vincular desde já a um contrato de compra e venda de ações/quotas antes da condução da *due diligence*. Essa faculdade de se contratar mediante várias condicionantes (como a condução da *due diligence* e a negociação do preço final de compra para a empresa a ser adquirida no contrato de compra e venda, entre outras) é lícita e plenamente justificável em razão da tradicional provisoriedade do acordo celebrado entre as partes durante a fase das negociações preliminares[12].

---

[12] No mesmo sentido, assevera Wanderley Fernandes: "Para evitar discussões inúteis e itens sobre os quais as partes já chegaram a um acordo, são elaborados documentos como cartas, atas de reuniões ou qualquer outra forma pelos quais ficam registrados os itens (pontos) sobre os quais as partes já chegaram a um acordo e que, concluído o contrato — ou melhor, concluído o acordo sobre os elementos essenciais do contrato —, já não seriam mais objeto de discussão entre as partes" (O processo de formação do contrato. *In:* FERNANDES, Wanderley (org.). **Fundamentos e princípios dos contratos empresariais**. São Paulo: Saraiva, 2007, v. 1, p. 223).

Todavia, é preciso esclarecer que, apesar da falta de obrigatoriedade de se levar o negócio entabulado no *term sheet* adiante (na ausência de obrigação vinculante no *term sheet*, tal como é a prática brasileira em grande parte dos casos), a não celebração do contrato de compra e venda de ações ou quotas, em determinados casos, poderá levar à responsabilização civil da parte que injustificadamente deixar de concluir o negócio.

Isso porque, muito embora as partes não estivessem obrigadas no *term sheet*, sob o ponto de vista contratual, a celebrar o contrato de compra e venda de ações ou quotas, caso uma delas tenha criado na outra uma expectativa e venha a desistir do negócio de forma injustificada e arbitrária, a parte prejudicada poderá pleitear o ressarcimento dos eventuais danos sofridos por ela.

Como é cediço, a relação estabelecida entre as partes em qualquer negócio jurídico regula-se pelo princípio da máxima boa-fé, ou seja, revela o dever de cada uma delas de pautar sua conduta com relação à outra parte sempre com honestidade, lealdade, integridade, probidade e transparência. Em função do acima descrito, o vendedor assim como o comprador devem confiar um no outro.

Por essa razão, dependendo das circunstâncias do negócio, a não celebração do contrato de compra e venda de ações ou quotas poderá levar à responsabilização civil da parte infratora, caso fique comprovado o comportamento ilícito de uma das partes durante as negociações, no sentido de que, sabendo que não realizaria o negócio, transmite à outra parte uma falsa expectativa[13]. Nesse caso, não se trata de responsabilidade contratual, mas sim aquiliana.

---

[13] BRASIL. Tribunal de Justiça do Estado de São Paulo. **Apelação n. 994.09.339794-0.** 4ª Câmara de Direito Privado. Relator Des. Enio Zuliani. São Paulo. J. em: 8-4-2010. Disponível em: <https://esaj.tjsp.jus.br/cjsg/getArquivo.do?cdAcordao=4449653&vlCaptcha=ctwuw>. Acesso em: 14 set. 2011.

3.2.2 Tratativas

Da visão do fenômeno contratual como sendo um processo[14], este se encontra dividido em três fases: a de formação, a de execução e a de extinção. Este item tem por objeto analisar a primeira delas, que compreende a fase pré-contratual. Esta é a fase em que se discutem os pontos relevantes à operação e que eventualmente comporão o conteúdo do contrato que se quer estabelecer.

A fase de formação se inicia com o primeiro contato entre as partes, envolve uma série de negociações e de tratativas e termina com a formação do contrato, que se caracteriza pelo consenso, ou seja, a partir do encontro de declarações de vontades[15] materialmente concretizadas. Nessa etapa, o relacionamento entre os sujeitos envolvidos é marcado por seu caráter dinâmico, dialético e gradual, em que as partes discutem, ofertam, rejeitam e acolhem pontos pertinentes à operação[16].

[14] COUTO E SILVA, Clóvis Veríssimo do. **A obrigação como processo.** São Paulo: Editora FGV, 2006.

[15] Sobre a formação dos contratos, segundo Orlando Gomes (**Contratos.** Rio de Janeiro: Forense, 2009, p. 12): "o mecanismo de formação do contrato compõe-se de declarações convergentes de vontades emitidas pelas partes. Para a perfeição do contrato, requerem-se, em primeiro lugar, a existência de duas declarações, cada uma das quais, individualmente consideradas, há de ser válida e eficaz; em segundo lugar, uma coincidência de fundo, entre as declarações. Por conseguinte, acordo de vontades para a constituição [modificação ou extinção] e disciplina de uma relação jurídica de natureza patrimonial".

[16] Em dissertação de mestrado para a Universidade de São Paulo, Mary Grün nos lembra o ensinamento de Roppo (**A eficácia dos documentos pré--contratuais.** Dissertação [Mestrado em Direito] — Faculdade de Direito, Universidade de São Paulo, São Paulo, 2006, p. 21): "as tratativas realizam-se através de um *continuum*, de um diálogo das partes feito de discussões e hipóteses, pesquisas e ofertas, concessões e repúdios sobre diversos pontos do contrato que está a caminho: uma série mais ou menos longa de passagens que as partes percorrem juntas antes de chegar à conclusão do contrato".

Embora o Código Civil de 2002[17] aponte em seus arts. 427 a 435 que a formação do contrato se aperfeiçoaria através de uma mecânica de proposta e aceitação, a prática contratual demonstra não ser este o meio habitual de desenvolvimento dos contratos, como é ínsito ao direito comercial.

Com efeito, diante do aumento da complexidade das operações, as negociações e as tratativas tornaram-se essenciais à constituição dos contratos[18]. A necessidade de consenso acerca dos diversos tópicos pertinentes a essas transações reclamam inúmeros ajustamentos preliminares, tal como ocorre com as reorganizações e reestruturações societárias[19].

Na visão de Fábio Konder Comparato, "os negócios de cessão de controle, pela sua complexidade e importância, costumam exigir um procedimento negocial mais longo, não podendo as partes determinar, desde logo, todos os seus elementos"[20].

---

[17] BRASIL. **Lei n. 10.406, de 10 de janeiro de 2002 (Código Civil)**. Disponível em: <http://www.planalto.gov.br/ccivil_03/leis/2002/L10406compilada.htm>. Acesso em: 14 set. 2011.

[18] Antônio Chaves (**Responsabilidade pré-contratual.** Rio de Janeiro: Forense, 1959, p. 57) leciona que "o progresso da técnica, a grande extensão dos negócios e a complexidade cada vez maior dos objetos que constituem matéria do comércio jurídico — adverte HILSENRAD —, fazem com que apareça, ao lado do relevante problema relativo à execução dos contratos, o não menos transcendental referente ao seu preparo".

[19] Waldirio Bulgarelli, sobre as fusões, asseverou: "Pois, sem dúvida, trata-se de um fenômeno complexo: a transposição patrimonial (complexo de relações ativas e passivas), e de um grupo de sócios, abalando as estruturas das sociedades participantes, infletindo sobre os direitos dos sócios e dos credores, afetando os terceiros que com elas mantinham relações, não pode ser vista como uma operação simples, como a de mera subscrição de ações e sua integralização *in natura*" (**Fusões, incorporações e cisões de sociedade.** 2. ed. São Paulo: Atlas, 1996, p. 38 e 39).

[20] COMPARATO, Fábio Konder. Reflexões sobre as Promessas de Cessão de Controle Societário. In: **Novos ensaios e pareceres de direito empresarial.** Rio de Janeiro: Forense, 1981, p. 244.

3.2.3 Acordo provisório *vis-à-vis*, contrato preliminar ou pré-contrato

Conforme mencionado anteriormente, o *term sheet*, via de regra, deve ser considerado um instrumento por meio do qual as partes simplesmente obrigam-se a negociar de boa-fé um negócio futuro, sem estarem, porém, obrigadas a realizá-lo.

Já o chamado "pré-contrato" ou "contrato preliminar"[21], que, embora não estabeleça por si só a realização do negócio pretendido, determina todas as condições para que tal negócio se realize no futuro e obriga as partes a realizá-lo, uma vez preenchidas certas condições[22].

O mais conhecido e corriqueiro destes pré-contratos é o chamado "compromisso de compra e venda de imóveis", que obriga e vincula as partes com relação ao negócio pretendido, desde que observadas determinadas condições livremente pactuadas pelas partes.

A doutrina e a lei reconhecem a validade e a eficácia desse tipo de documento, dando-lhe ainda o benefício da execução específica, nos termos dos arts. 462 a 464 do Código Civil[23].

Na lição de Maria Helena Diniz,

---

[21] Segundo Maristela Basso, quando tratou dos contratos preliminares ou pré--contratos, "[O] *pactum in contrahendo*, ou *pactum de ineundo contractu*, que recebeu dos alemães o nome de *Vorvertrag*, traduzido para o italiano como *contatto preliminare,* e para o francês como *avant-contrat*, pode também ser chamado de compromisso, ou mais precisamente de contrato-promessa de contratar". BASSO, Maristela. **Os contratos internacionais do comércio — negociação, conclusão e prática**. Porto Alegre: Livraria do Advogado Editora, 1994, p. 223.

[22] Conforme antes mencionado, há a possibilidade de que o *term sheet* tenha caráter de contrato preliminar. Contudo, como essa é a exceção, partimos da premissa de que o *term sheet* não possui natureza vinculante.

[23] BRASIL. **Lei n. 10.406, de 10 de janeiro de 2002 (Código Civil)**. Disponível em: <http://www.planalto.gov.br/ccivil_03/leis/2002/L10406compilada.htm>. Acesso em: 14 set. 2011.

Contrato preliminar (*pactum de contrahendo*) não é uma simples negociação, por ser um contrato que traça os contornos de um contrato final que se pretende efetivar no momento oportuno, gerando direito e deveres para as partes que assumem a obrigação de um futuro *contrahere*, isto é, de contrair contrato definitivo. Trata-se de uma promessa de contratar, pela qual uma ou ambas as partes firmatárias se comprometem a concluir, no porvir, um contrato definitivo. Por exemplo, promessa de compra e venda (*RT, 712*:169; *RJ, 149*:97, *92*:250)[24].

Para Maristela Basso, "contrato preliminar, ou contrato--promessa de contratar, é um negócio jurídico bilateral, através do qual as partes (ambas ou uma só delas) visam, fundamentalmente, a estabelecer a obrigação de concluir um contrato futuro"[25]. Através deste documento as partes teriam "o direito de exigir que o compromisso assumido se torne eficaz, dando origem ao contrato definitivo"[26].

No contrato preliminar ou pré-contrato, "as partes querem, desde logo, vincular-se à celebração de um contrato definitivo, embora ainda não tenham esclarecido ou concordado com todos os pontos desse contrato futuro. É exatamente essa combinação de obrigatoriedade e de provisoriedade que constitui a *ratio essendi* do negócio"[27].

Infere-se, portanto, que o contrato preliminar ou pré-contrato vincula de forma irrevogável e irretratável a conduta das partes em

---

[24] DINIZ. Maria Helena. **Código Civil anotado**, 13. ed. São Paulo: Saraiva, 2008, p. 386.

[25] BASSO, Maristela. **Os contratos internacionais do comércio — negociação, conclusão e prática**. Porto Alegre: Livraria do Advogado Editora, 1994, p. 226.

[26] BASSO, Maristela. **Os contratos internacionais do comércio — negociação, conclusão e prática**. Porto Alegre: Livraria do Advogado Editora, 1994, p. 227.

[27] COMPARATO, Fábio Konder. Reflexões sobre as promessas de cessão de controle societário. *In*: **Novos ensaios e pareceres de direito empresarial**. Rio de Janeiro: Forense, 1981, p. 234.

firmar o contrato futuro. Assim sendo, a sua violação poderá ensejar, segundo a lei brasileira, sua execução específica, quando assim solicitado por uma das partes, desde que cumpridas as condições para a realização do negócio futuro.

Por outro lado, nos acordos provisórios não se verifica a vontade das partes de, desde logo, obrigarem-se a celebrar um contrato futuro. Pelo contrário, durante as tratativas há justamente a intenção de se analisar a conveniência do negócio e de se estipular as condições pelas quais a celebração do contrato seria viável. Isto não significa dizer que os acordos provisórios não sejam dotados de eficácia, assim é que poderá ser avocada a responsabilidade civil aquiliana, caso ocorra o abandono injustificado das negociações por uma das partes.

Quanto à eficácia dos contratos preliminares, para melhor exame dos temas aqui tratados, cumpre-nos esclarecer que é assente o entendimento[28] de que, presentes nestes instrumentos todos os elementos essenciais e acidentais do negócio jurídico definitivo, comporta ele execução específica. Ausentes quaisquer desses elementos, não há que se falar em execução *in natura* da obrigação. Nesse sentido, determinam os arts. 462 e 463 do Código Civil:

> Art. 462. O contrato preliminar, exceto quanto à forma, deve conter todos os requisitos essenciais ao contrato a ser celebrado.

> Art. 463. Concluído o contrato preliminar, com observância do disposto no artigo antecedente, e desde que dele não conste cláusula de arrependimento, qualquer das partes terá o direito de

---

[28] "Celebrado o compromisso de compra e venda, ainda que não registrado, mas sem cláusula de direito de arrependimento e pago o preço dos imóveis pelo promissário-comprador, é cabível a tutela jurisdicional que tenha por escopo a pretensão executiva de suprir, por sentença, a anuência do promitente-vendedor em outorgar a escritura definitiva de compra e venda do imóvel" (RESP n. 424543/ES; Relator(a) Ministra Nancy Andrighi 3ª Turma; J. em: 6-3-2003. Disponível em: <https://ww2.stj.jus.br/revistaeletronica/ita.asp?registro=200200386107&dt_publicacao=31/03/2003>. Acesso em: 6 out. 2011.

exigir a celebração do definitivo, assinando prazo à outra para que o efetive.

Parágrafo único. O contrato preliminar deverá ser levado ao registro competente.

O descumprimento da obrigação de celebrar o contrato definitivo, além de ensejar a execução específica desta obrigação, poderá dar azo também ao pagamento das perdas e danos causados pela parte infratora à parte inocente.

3.2.4 Direito à informação e o dever de confidencialidade

O direito à informação é requisito essencial para que os envolvidos possam analisar as condições do negócio e avaliar a possibilidade de sua consecução, bem como apurar, ainda que por estimativa, o valor da operação a ser eventualmente realizada entre as partes.

Para isso é imprescindível a realização de uma auditoria, também conhecida por *due diligence*, cujo objetivo é o de checar a veracidade dos dados contábeis e financeiros e identificar possíveis contingências e problemas de toda natureza que possam de alguma maneira comprometer a aquisição, total ou parcial, de uma empresa.

Para tanto, o comprador deverá ter acesso sem limitação a informações valiosas da empresa-alvo, tais como relação dos principais fornecedores, distribuidores, carteira de clientes, processos judiciais e administrativos, contratos em geral, informações de cunho tecnológico, dentre outros dados sigilosos e de grande relevância para a manutenção da higidez financeira dos negócios da empresa.

De maneira geral, essas informações, caso venham a ser utilizadas de forma indevida, principalmente por um concorrente, podem comprometer a situação financeira da empresa auditada. A título exemplificativo, imaginemos uma operação envolvendo a aquisição de uma empresa de tecnologia por outra do mesmo ramo de atividade. Em função do processo de *due diligence* o comprador teve acesso aos modelos de invenções, patentes e *softwares* da empresa, ao capital intelectual de seus funcionários, à política de recursos humanos da empresa, aos equipamentos utilizados na execução de sua atividade-fim, bem como às estratégias de *marketing* para o futuro. Esse conjunto de informações constitui o fundo de comércio da empresa. Portanto, a utilização desses dados de forma inadequada, principalmente por um concorrente, indubitavelmente causará grandes prejuízos para a empresa auditada.

Por essa razão, o acesso a tais dados pressupõe a confidencialidade das informações. Para que seja garantido o sigilo desses dados, é importante que o *term sheet* preveja essa obrigação com a apresentação das sanções a serem aplicadas em caso de seu descumprimento. Se houver um acordo de confidencialidade celebrado em data anterior ao *term sheet*, as partes poderão, nesse último documento, somente declarar que as obrigações contidas no primeiro documento continuam válidas.

Um ponto importante da confidencialidade trata-se do processo de negociação, pois em regra geral quanto maior o número de interessados na aquisição, teoricamente maior a concorrência entre eles e maior a possibilidade de o preço ser aumentado em função de tal concorrência. O problema reside na divulgação de informações, pois quando existem vários concorrentes, operacionalmente há uma dificuldade maior para os vendedores controlarem o fluxo de informações. Uma alternativa nesse caso seria solicitar aos potenciais compradores uma oferta não vinculante (também conhecida como *non binding offer*) com uma indicação dos termos e da estimativa do preço por esses concorrentes antes mesmo da celebração do *term sheet* e da condução da *due diligence*.

Após tal oferta, o vendedor e seus assessores diminuiriam o número de potenciais interessados na aquisição levando-os a uma "segunda fase" do processo de aquisição, com o objetivo de restringir o acesso às informações somente àqueles que tenham realizado a melhor oferta não vinculante. Para a elaboração dessa *non binding offer*, contudo, alguns dados econômicos da empresa a ser alienada deverão ser divulgados, com parcimônia, para permitir que os potenciais compradores façam uma estimativa do preço a ser proposto por eles (ainda que tal preço dependa de avaliação e confirmação posterior).

3.2.5 Dever de exclusividade

Em função dos interesses envolvidos nesse tipo de operação e suas implicações econômicas, pode-se acordar alguma obrigação de exclusividade no *term sheet*.

Saliente-se que as tratativas para a aquisição de uma empresa levam tempo e demandam custos relevantes, tais como realização de auditorias (dos mais diversos tipos), contratação de profissionais, exposição de informações importantes da empresa a ser adquirida etc., que se traduzem em verdadeiros ônus para ambas as partes.

Por essa razão, em algumas operações de compra e venda de ações ou quotas alguma das partes exige, pelo menos por um determinado lapso, exclusividade no fechamento do negócio. Transcorrido o prazo inicialmente estabelecido, o vendedor poderia ofertar as suas ações ou quotas para outrem, interrompendo ou até mesmo terminando as negociações mantidas anteriormente com o potencial comprador.

Essa exclusividade deverá ser sempre estabelecida pelas partes no acordo provisório, ou seja, no *term sheet*. Pode-se também estabelecer em referido instrumento uma multa pelo eventual descumprimento dessa obrigação.

Obviamente que essa exclusividade terá consequências jurídicas, sendo que uma delas, conforme mencionado anteriormente, é a eventual necessidade de submissão da operação às autoridades brasileiras de controle da concorrência.

3.2.6 A indicação da participação a ser alienada e do valor da operação

É de suma importância que no *term sheet* seja determinada a participação societária a ser alienada pelos quotistas ou acionistas, bem como o tipo de ação a ser transferido. Na impossibilidade de se estabelecer com precisão a participação societária a ser alienada, devem as partes determinar pelo menos a quantidade máxima de ações/quotas que poderá ser transacionada. Nesse sentido, nos casos em que os vendedores permanecem no capital social da empresa a ser alienada, como é comum em transações envolvendo fundos de *private equity*, as partes estabelecem a parcela de ações/quotas a serem adquiridas no início da operação bem como indicam que no futuro os vendedores terão uma opção de venda de ações (também conhecida como *put option*) e os compradores terão uma opção de compra de ações (também conhecida como *call option*), ou até mesmo ambas as opções para cada uma ou todas as partes, se verificadas determinadas condições previamente estabelecidas ou no *term sheet* e no contrato de compra e venda de ações ou somente neste último instrumento.

Deve-se ainda especificar no *term sheet*, caso seja possível, o valor da operação. Não sendo possível tal determinação, deverá ser estabelecido pelas partes o critério a ser adotado para a apuração do preço.

Além disso, poder-se-ia cogitar qual parte do valor total deverá ser paga pelo comprador ao vendedor caso o negócio seja efetuado em parcelas, vinculadas ao cumprimento futuro de determinadas metas de desempenho.

Essa forma de pagamento, também chamada de *earn-out*, corresponde à parcela do preço a ser pago aos acionistas/sócios vendedores vinculada aos lucros futuros da empresa, tendo por base determinados parâmetros previamente estabelecidos entre os vendedores e os compradores. Esses parâmetros normalmente estão vinculados ao cumprimento de metas e indicadores de desempenho por parte dos gestores dentro de um determinado período (uma meta comum de se verificar tal desempenho é o chamado EBITDA[29]).

---

[29] Sigla para a expressão em inglês *Earning Before Interests, Taxes, Depreciation and Amortization* (em tradução livre dos autores: lucro antes dos juros, impostos, depreciação e amortização).

Uma das grandes vantagens da cláusula de *earn-out* para o comprador é que isso estimularia os vendedores a permanecerem atuando em prol da empresa, mesmo após a venda de sua participação, maximizando assim os ganhos potenciais. Já para o vendedor, essa cláusula poderia resolver eventuais discussões sobre o valor do negócio, à medida que poderia adicionar ao preço da operação determinadas premissas de desempenho futuro da empresa que a princípio o comprador não estaria disposto a aceitar.

Em que pese poder constar do *term sheet* as características básicas para a estruturação do *earn out*, deverá ser detalhado no contrato de compra e venda o seu funcionamento, como, por exemplo, metas de faturamento, de margens de lucro, de crescimento ou de retorno, de modo a não permitir dúvidas ou mal-entendidos futuros.

3.2.7 Dividendos e direitos de voto (direitos políticos)

No mesmo sentido, é também relevante que, no caso de alienação parcial das quotas ou ações da empresa, sejam estabelecidas desde o início (i.e. no *term sheet*) as condições relativas à distribuição de dividendos, principalmente quanto à eventual obrigatoriedade de distribuição de valores fixos ou mínimos, bem como relativas ao direito de voto.

Referida exigência é comum nos casos de aporte de capital por parte de fundos de *private equity*. Assim, faz-se necessário estabelecer entre as partes o *quorum* acerca de determinadas matérias tais como celebração de contratos em valores superiores a determinado limite estabelecido entre as partes, reorganizações societárias e eleição de administradores bem como quais cargos serão atribuídos a determinado grupo de acionistas/quotistas (entre outras matérias). Geralmente, fundos de *private equity* tendem a indicar os Diretores Financeiros (também conhecidos como *Chief Financial Officers*) e Diretores Comerciais, sendo que os acionistas/quotistas originais ficam com a Diretoria Técnica ou a Presidência. Contudo, cada estruturação deverá ser analisada caso a caso, pois cada negócio possui suas peculiaridades que devem ser refletidas nos respectivos instrumentos contratuais.

3.2.8 Distribuição de despesas

Conforme mencionado anteriormente, o processo de negociação e avaliação da oportunidade de negócio acarretará gastos para ambas as partes. Assim sendo, é importante que seja mencionado no *term sheet* o critério de distribuição de tais despesas. Geralmente, cada parte arca com as suas próprias despesas (incluindo as de seus assessores financeiros e legais) quando da negociação de uma potencial aquisição.

3.3 Contrato de compra e venda de ações ou quotas

Uma vez analisadas as principais características do *term sheet*, passemos a analisar alguns pontos relevantes relacionados à celebração do contrato de compra e venda de ações ou quotas.

3.3.1 Características gerais

Por meio do contrato de compra e venda de ações ou quotas as partes estabelecem as condições da transferência da titularidade das ações ou quotas.

Como todo contrato de compra e venda, nos termos do art. 482 do Código Civil[30], o contrato de compra e venda de ações precisa ter objeto definido, preço (determinado ou determinável) e partes contratantes.

Embora o negócio primordial seja a aquisição das ações ou quotas, o fechamento efetivo da operação poderá estar vinculado ao cumprimento de determinadas condições futuras.

---

[30] BRASIL. **Lei n. 10.406, de 10 de janeiro de 2002 (Código Civil)**. Disponível em: <http://www.planalto.gov.br/ccivil_03/leis/2002/L10406compilada. htm>. Acesso em: 14 set. 2011.

Em função do acima mencionado, a data da assinatura do contrato de compra e venda de ações ou quotas (*signing*) poderá ser diferente da data do fechamento da operação (*closing*), isto é, a data da efetiva transferência das ações ou quotas e liquidação financeira da operação (ou pelo menos a liquidação do pagamento inicial, se assim estabelecido). Assim sendo, a data da assinatura corresponderia à celebração do contrato de compra e venda, tendo por base os termos pactuados entre as partes durante toda a fase de negociação. Entretanto, a efetiva conclusão do negócio, com a transferência das ações ou quotas, somente ocorreria se e quando as condições suspensivas (também conhecidas como *conditions precedent*) previstas no contrato de compra e venda forem integralmente cumpridas pelas partes. Nesse sentido, tais condições impedem que a operação se concretize meramente com a celebração do contrato.

Como exemplos de condições suspensivas para o fechamento de uma operação de compra e venda de ações ou quotas podemos citar: a aprovação dos órgãos reguladores e/ou de defesa da concorrência[31], aprovações societárias, cisão de determinados ativos, constituição de provisões, pagamento de determinadas contingências, assinatura de contratos auxiliares tais como o contrato de aluguel, a transferência de tecnologia, o licenciamento de marca, entre outras.

Não obstante essa diferença entre a data de assinatura e a data do fechamento, geralmente em transações envolvendo empresas pequenas e médias que não atuam em algum setor regulado, a data

91

---

[31] Como regra geral na prática comercial brasileira quando ocorre a estruturação das operações de fusões e aquisições, exceto quando tal operação ocorra em algum setor que possua grande concentração econômica, a aprovação dos órgãos de defesa da concorrência aparece como uma condição resolutiva. No caso de setores com grande concentração econômica, a aprovação desses órgãos geralmente é definida como condição suspensiva, pois as partes não querem correr o risco de desfazimento ou de adaptação do negócio após exigências dos órgãos reguladores (como, v.g., a venda de parte dos ativos, a proibição de integração das atividades etc.).

de assinatura e a data de fechamento são equivalentes. Assim, na mesma data do pagamento do preço das ações/quotas ocorre a transferência dessas para o novo proprietário. Sem dúvida essa estrutura facilita a execução do contrato de compra e venda, pois inexistirão condições suspensivas.

Na estrutura mais complexa (i.e. estrutura com condições suspensivas), o contrato de compra e venda deverá estabelecer ainda a forma pela qual os negócios da empresa alienada deverão ser conduzidos pelo vendedor até o fechamento da operação, como, por exemplo, (i) a obrigação de não alteração das práticas contábeis da empresa; (ii) a garantia de acesso aos livros e documentos sociais da empresa; (iii) o direito do comprador de nomear representante ou consultor para integrar a administração da empresa (ou até mesmo a nova administração, caso não exista nenhum impedimento regulatório); (iv) a não realização de operações alheias ao curso normal dos negócios (tais como, aquisições ou financiamentos relevantes); e (v) a manutenção da estrutura societária e, dentro do possível, dos administradores e do quadro de funcionários, entre outros requisitos. Todas essas obrigações (de fazer ou não fazer) são conhecidas como *covenants* na prática de fusões e aquisições.

Por fim, é comum inserir uma cláusula no contrato de compra e venda de ações com condições suspensivas denominada cláusula MAC, ou cláusula de *material adverse change*[32], determinando que

---

[32] Pedro Santos Cruz (in A cláusula MAC (*material adverse change*) em contratos de M&A no direito comparado (EUA e Reino Unido) RDB 45/149, p. 149), em interessante ensaio sobre o tema, afirma: "a função da introdução de cláusulas MAC (ou MAE) nestes instrumentos é conferir às partes signatárias o direito de denunciá-lo caso eventos externos à sua vontade produzam efeitos comerciais, financeiros ou legais adversos, de forma a prejudicar substancialmente as bases da operação". Posteriormente, referido autor ensina: "as cláusulas MAC são comumente estruturadas em favor do adquirente (ou, a depender do caso, incorporador) da sociedade-alvo e são relativas a aspectos financeiros, comerciais, ativos, obrigações ou resultados da companhia a ser adquirida, se relacionando, assim, diretamente com

referido contrato poderá terminar caso ocorra algum evento entre a data de assinatura e o fechamento que afete de forma relevante as operações da sociedade a ser alienada ou a própria economia do país onde ela está localizada.

3.3.2 Alienação de companhia aberta

No que tange especificamente às operações envolvendo a alienação, direta ou indireta, do controle de companhia aberta, segundo o disposto no art. 254-A, da Lei n. 6.404/76[33], é necessária a realização, pelo comprador das ações representativas do controle, de oferta pública de aquisição das ações com direito de voto detidas pelos demais acionistas da companhia, nos termos da Instrução CVM n. 361, de 5 de março de 2002[34], e suas alterações posteriores.

Dessa forma, o adquirente de ações representativas do controle de companhia aberta deverá, como condição de eficácia da aquisição do controle, realizar oferta pública para aquisição das demais ações com direito de voto detidas pelos acionistas minoritários, assegurando, nesta oferta, preço mínimo igual a 80% do valor pago por ação integrante do bloco de controle, aos acionistas que decidirem aceitar a oferta.

A oferta pública acima mencionada deverá, ainda, ser estendida aos acionistas detentores de ações preferenciais, dependendo do

---

as declarações e garantias (*representantions and warranties*) por ela prestadas. Podem se referir, também, aos impactos decorrentes de alterações gerais na economia ou indústria em que atua a sociedade (market MAC), assim como de mudanças na legislação e na interpretação das leis por autoridades estatais".

[33] BRASIL. **Lei n. 6.404, de 15 de dezembro de 1976.** Disponível em: <http://www.planalto.gov.br/ccivil_03/leis/L6404compilada.htm>. Acesso em: 14 set. 2011.

[34] BRASIL. Comissão de Valores Mobiliários — CVM. **Instrução n. 361, de 5 de março de 2002.** Disponível em: <http://www.cvm.gov.br/>. Acesso em: 14 set. 2011.

que dispuser o estatuto social da companhia no que diz respeito às vantagens atribuídas às ações preferenciais. Isso porque, nos termos do art. 17, § 1º, III, da Lei n. 6.404/76[35], o direito de serem incluídas na oferta pública de alienação de controle a que se refere o art. 254--A é um dos direitos que podem ser atribuídos às ações preferenciais para que sejam admitidas à negociação em mercado de valores mobiliários. Ou seja, caso a companhia aberta também tenha suas ações preferenciais negociadas no mercado de valores mobiliários, uma das vantagens que podem ser atribuídas às ações preferenciais é o direito de participar da oferta pública de alienação do controle. Neste caso, aos acionistas preferenciais também deve ser assegurado o direito de alienar suas ações por um preço mínimo por ação igual a 80% do valor pago para cada ação integrante do bloco de controle.

No caso da oferta pública, poderá o adquirente do controle de companhia aberta, oferecer aos acionistas minoritários a opção de permanecer na companhia mediante o pagamento da diferença entre o valor de mercado das ações e o valor pago por ação integrante do bloco de controle. O valor de mercado das ações deve ser apurado de acordo com a Instrução CVM n. 361/2002[36].

3.3.3 Principais cláusulas do contrato de compra e venda de ações

3.3.3.1 *Não concorrência*

Os ativos da empresa a ser alienada compreendem tanto os

---

[35] BRASIL. **Lei n. 6.404, de 15 de dezembro de 1976**. Disponível em: <http://www.planalto.gov.br/ccivil_03/leis/L6404compilada.htm>. Acesso em: 14 set. 2011.

[36] BRASIL. Comissão de Valores Mobiliários — CVM. **Instrução n. 361, de 5 de março de 2002**. Disponível em: <http://www.cvm.gov.br/>. Acesso em: 14 set. 2011.

aspectos materiais quanto os aspectos imateriais. Os primeiros são corpóreos e tradicionalmente definidos pela doutrina[37], tais como os imóveis e móveis que estão compreendidos no ativo da empresa. Já os imateriais são aqueles que, embora não sejam fisicamente alcançáveis, representam em grande parte o capital daquela companhia, como, por exemplo, o material humano que se mostra valiosíssimo no andamento dos negócios, o poder conquistado por aquela marca no mercado, todo o seu fundo de comércio, entre outros, sendo que tais ativos intangíveis precisam de proteção jurídica.

Por conta desse fato é importante estabelecer, de forma clara e cogente, nos contratos utilizados para a concretização da compra e venda, que o vendedor não concorrerá com o comprador após a operação. Imagine que uma empresa mundialmente conhecida pela sua marca, no ramo de *fast food*, seja vendida em dado momento. Posteriormente, os vendedores, valendo-se do seu *know-how*, de seus contatos, de seus antigos colaboradores e fornecedores resolvam concorrer com a empresa alienada. Seria uma atitude desleal, sem dúvida. Caso isso viesse a ocorrer, muito provavelmente o vendedor

---

[37] Para Francisco Amaral, "Bens corpóreos são os que têm existência concreta, perceptível pelos sentidos (*res quae tangi possunt*). São os objetos materiais" (AMARAL, 2006, p. 312). Na definição de Maria Helena Diniz, "Os bens corpóreos são coisas que têm existência material, como uma casa, um terreno, uma joia, um livro. Os bens incorpóreos não têm existência tangível e são relativos aos direitos que as pessoas físicas ou jurídicas têm sobre as coisas, sobre os produtos de seu intelecto ou contra outra pessoa, apresentando valor econômico, tais como: os direitos, reais, obrigacionais, autorais" (DINIZ, 2002, p. 279). Para Pablo Stolze Gagliano e Rodolfo Pamplona Filho, "Bens corpóreos são aqueles que têm existência material, perceptível pelos nossos sentidos, como os bens móveis (livros, joias etc.) e imóveis (terrenos etc.) em geral. Em contraposição aos mesmos, encontram-se os bens incorpóreos, que são aqueles abstratos, de visualização ideal (não tangível). Tendo existência apenas jurídica, por força da atuação do Direito, encontram-se, por exemplo, os direitos sobre o produto do intelecto, com valor econômico" (GAGLIANO; PAMPLONA FILHO, 2006, p. 260).

conseguiria obter uma boa parte do *market share* da empresa que ele fundara e que agora estaria nas mãos do novo proprietário.

Através de uma cláusula de não concorrência será possível estipular, por exemplo, a proibição de se estabelecer no mesmo ramo do negócio alienado ou de contratar empregados da parte contrária por determinado período[38].

Por essa razão, a construção de uma cláusula de não concorrência defeituosa poderá acarretar graves prejuízos ao comprador. Por outro lado, a construção de uma cláusula de não concorrência leonina poderá trazer danos para o Direito Concorrencial, razão pela qual as partes devem ter muito cuidado quando da sua elaboração.

Convém ressaltar que a obrigação de não concorrência deve ser aplicada não apenas às atividades desenvolvidas diretamente pelos vendedores, mas também indiretamente, devendo ser estendida sua abrangência às atividades desenvolvidas por eles por intermédio de sociedades sob o seu controle, direto ou indireto, ou ainda na qualidade de representantes ou procuradores de outras sociedades.

No caso de alienação parcial das quotas ou ações da empresa, poderá ser aplicado como consequência pelo descumprimento da obrigação de não concorrência o direito de aquisição das quotas ou ações do sócio infrator, por parte dos demais sócios, a valor contábil. Frise-se que essa obrigação também poderá constar do acordo de acionistas e/ou de quotistas, caso seja de interesse das partes.

Sem prejuízo da aplicação da sanção acima mencionada, os compradores poderão exigir dos sócios vendedores que vierem a cometer tal infração o pagamento de perdas e danos e de lucros cessantes decorrentes de tal violação.

---

[38] Juridicamente a cláusula que veda a contratação de funcionários da empresa alienada é a denominada cláusula de *non hire* ou cláusula de não contratação. Contudo, para facilitar a negociação, geralmente tal disposição é inserida conjuntamente à cláusula de não concorrência.

3.3.3.2 *Declarações e garantias (*representations and warranties*)*

Perante o direito alienígena[39], pode-se dizer que a declaração é uma asseveração (*statement*) que uma parte outorga a outra e, caso tal asseveração seja falsa ou se torne falsa durante o prazo contratual, dá ensejo à outra parte terminar o contrato, pleitear perdas e danos sem terminar o contrato ou terminar o contrato e cumulativamente pleitear perdas e danos.

Como a estrutura de todo contrato de compra e venda de ações utilizado em grandes aquisições no Brasil sofreu grande influência do direito estrangeiro (notadamente o direito dos Estados Unidos da América), as declarações e garantias são parte inerente a esse tipo de contrato.

Assim, não obstante a condução da *due diligence*, as declarações e garantias são importantes nos contratos de compra e venda de ações, pois é por meio delas que o comprador confirma tudo (ou grande parte) do que foi por ele encontrado durante a auditoria. Assim, caso alguma declaração e garantia prestada pelos vendedores durante a

---

[39] Graham Roberts bem define declarações e garantias ao asseverar: "O significado normal da declaração é uma afirmação dada por uma parte no contrato à outra antes da celebração do contrato que, se incorreta, poderá levar tanto a uma indenização por danos quanto à rescisão do contrato; o significado normal da garantia é um termo do contrato que é de menor importância do que a condição, e somente o inadimplemento daquela última leva a parte adimplente a tratar o contrato como rescindido; e a obrigação é um tipo especial de contrato celebrado por meio da assinatura de uma escritura" (ROBERTS, Graham. **Law relating to international banking**, p. 50 — tradução livre do autor). Somente a declaração, nas palavras de William J. (GABRIEL, Peter. **Legal aspects of syndicated loans**, p. 51 — tradução livre do autor), é: "A declaração, ou asseveração, feita por uma parte à outra, antes ou ao tempo do contrato, de alguma matéria ou circunstância a ele relacionada. Embora esteja contida algumas vezes em algum instrumento escrito, ela não é parte integrante do contrato".

negociação do contrato de compra e venda não se coadune com o que foi encontrado na auditoria, o comprador poderá requerer maiores explicações ou eventualmente requerer alguma garantia adicional em referido contrato, sendo que em casos extremos o comprador poderá até mesmo se recusar a adquirir a empresa objeto da venda.

Em termos práticos, a declaração e a garantia estão diretamente ligadas à cláusula de indenização. Ou seja, a violação de alguma declaração e de alguma garantia levará diretamente ao acionamento da cláusula de indenização, devendo o infrator indenizar a parte adimplente.

Salienta-se que as declarações e garantias prestadas pelo vendedor devem abranger, dentre outras disposições, a regularidade da constituição, a inexistência de impedimentos legais e contratuais, a obtenção e validade das autorizações regulatórias necessárias, a regularidade das demonstrações financeiras, a inexistência de passivos relevantes não registrados, a regularidade de questões tributárias, trabalhistas, ambientais, previdenciárias e de propriedade intelectual e industrial (ou, em caso de alguma irregularidade, que essa ressalva conste expressamente de algum anexo ao contrato de compra e venda), a propriedade de ativos tangíveis e intangíveis, a existência e validade de licenças, registros e autorizações, a existência e validade de cobertura de seguros, a regularidade dos recebíveis e a regularidade das transações com partes relacionadas, além de outras declarações que vierem a ser necessárias de acordo com a atividade exercida pela empresa e a estrutura da operação.

A importância das declarações e garantias se deve também ao fato de que o comprador se baseia nas declarações dos vendedores para adquirir a empresa a ser vendida. Assim, o comprador confia nas declarações e garantias dos vendedores e, caso o primeiro venha a incidir em erro substancial[40], ele poderá pleitear a anulação do contrato.

---

[40] De se notar que, para o ato jurídico ser anulado, é necessário que o vício causador de sua anulação seja devidamente comprovado (*RT* 587/217).

Caso os vendedores operem com dolo omitindo ou falseando a verdade acerca de uma declaração e garantia, poderá o comprador também pleitear a anulação do contrato de compra e venda (arts. 145 e 147 do Código Civil[41]). De forma semelhante ao erro, o dolo, para ensejar a anulação do contrato de empréstimo, deve ser essencial.

Além dos artigos mencionados acima, o comprador, no caso de inveracidade de alguma declaração e garantia prestada pelos vendedores, poderá se utilizar também do princípio da boa-fé (art. 422 CC[42]) ou até mesmo do conceito de vício oculto (art. 441 do CC[43]) na sua ação contra os vendedores.

3.3.3.3 *Forma de pagamento e garantias desse pagamento para os vendedores*

Em relação às condições de pagamento, temos que ele poderá ser à vista, em bens (ações/quotas de outra sociedade ou qualquer outro bem, como, por exemplo, algum imóvel) ou em parcelas (podendo nesse caso específico ser vinculado a determinadas metas, tal como mencionado no item 2.6 acima no caso de *earn out*).

Caso o pagamento se dê em parcelas, é comum que o vendedor peça alguma garantia, podendo esta ser prestada por meio de fiança bancária, carta de crédito, bem como garantias reais e/ou pessoais.

---

[41] BRASIL. **Lei n. 10.406, de 10 de janeiro de 2002 (Código Civil)**. Disponível em: <http://www.planalto.gov.br/ccivil_03/leis/2002/L10406compilada.htm>. Acesso em: 14 set. 2011.

[42] BRASIL. **Lei n. 10.406, de 10 de janeiro de 2002 (Código Civil)**. Disponível em: <http://www.planalto.gov.br/ccivil_03/leis/2002/L10406compilada.htm>. Acesso em: 14 set. 2011.

[43] BRASIL. **Lei n. 10.406, de 10 de janeiro de 2002 (Código Civil)**. Disponível em: <http://www.planalto.gov.br/ccivil_03/leis/2002/L10406compilada.htm>. Acesso em: 14 set. 2011.

3.3.3.4 Cláusula de indenização

A quebra, inveracidade ou imprecisão das declarações e garantias prestadas pelos vendedores poderá acarretar prejuízos ao comprador, pois este se baseou não só na *due diligence* conduzida por seus assessores bem como nas declarações e garantias prestadas pelos vendedores para calcular parte do preço de aquisição.

Não obstante, a violação de quaisquer outras disposições contratuais, seja por parte do comprador ou do vendedor, também poderá causar prejuízos à parte adimplente. Nesse sentido, o contrato deverá prever cláusula de indenização para reparação de tais danos (ou seja, inadimplemento de alguma declaração ou de alguma garantia, bem como qualquer outra obrigação contratual).

As hipóteses acima mencionadas são as mais comuns com poderes para acionar a cláusula de indenização e, consequentemente, acarretar o ressarcimento à parte adimplente pelos prejuízos por essa verificados.

Não obstante, as partes podem convencionar também (e atualmente referida convenção é bastante comum) que qualquer prejuízo decorrente de fato gerador antes de determinada data expressamente estabelecida entre as partes implicará a obrigação de indenização por parte dos vendedores. Esse tema será mais bem explanado no item seguinte.

3.3.3.5 Delimitação do prazo de responsabilidade, limites e garantias do pagamento da indenização

A determinação de prazos para a extensão da responsabilidade do vendedor por passivos da empresa alienada é essencial em um contrato de compra e venda de ações ou quotas. Assim, as partes sempre estabelecem uma data, também conhecida como *cut off date*, a partir da qual a responsabilidade será unicamente do comprador por todos os passivos cujos fatos geradores sejam posteriores à referida data. De modo análogo, todos os passivos anteriores à *cut off date*, ainda que o respectivo processo administrativo ou judicial inicie-se após referida data, serão de responsabilidade exclusiva do vendedor.

A delimitação de tal responsabilidade geralmente é estabelecida a partir de três datas-chave: (a) conclusão da *due diligence*; (b) assinatura do contrato (*signing date*); ou (c) fechamento do negócio (*closing date*).

Obviamente que a parte vendedora sempre preferirá limitar a sua responsabilidade até a data do término do processo de *due diligence*. Por outro lado, será mais interessante à parte compradora que a responsabilidade daquela não se extinga até que o negócio esteja efetivamente concluído. Não obstante esses interesses contrapostos, o mais comum é que a data seja estabelecida no dia do fechamento do negócio, muito embora as partes possam convencionar contratualmente de outra forma. Salienta-se que as partes podem até mesmo convencionar que não haverá nenhuma indenização devida pela parte vendedora. Essa estrutura é comum quando a parte vendedora é uma multinacional que não quer mais permanecer em determinado país. Assim, após a venda, não haverá nenhuma indenização de tal parte, sendo que o comprador deverá, após sua *due diligence*, descontar do preço o valor total de tais passivos. Obviamente que nessa estrutura, caso fique comprovado dolo da parte vendedora (exemplo: omissão intencional quanto a informações na *due diligence*), o comprador poderá pleitear judicialmente indenização contra a parte vendedora.

A questão do fato gerador do passivo é importante, pois, muitas vezes se trata de passivo contingente, ou seja, algum passivo que ainda não se tornou exigível pois ainda não houve nenhum processo judicial, administrativo ou alguma comunicação de qualquer parte (incluindo comunicação das autoridades tributárias por exemplo) pleiteando indenização. Quando existe algum processo administrativo ou judicial procurando responsabilizar a sociedade, temos o denominado passivo real, ou seja, a probabilidade de esse passivo trazer alguma responsabilidade para tal sociedade é grande.

Nesse contexto, é comum que algum processo judicial iniciado após o fechamento possua conjuntamente fatos geradores anteriores e posteriores a referida data. Como a *cut off date*, nesse exemplo hipotético, é a própria data de fechamento, nesse caso as partes deverão avaliar o valor da indenização originada antes de referida data bem como depois para fazer a alocação entre vendedor e comprador.

Após o resultado da *due diligence*, o ideal é que o comprador desconte do preço os passivos contingentes e reais envolvendo a sociedade a ser alienada. Contudo, por razões negociais, nem sempre isso é possível. Nesses casos, as partes estabelecem contratualmente alguma garantia com o objetivo de assegurar que o vendedor pontualmente cumprirá com a sua obrigação de indenizar o comprador. Essa garantia poderá ser de várias formas, entre as quais citamos: (i) *holdback* ou retenção do preço, por meio da qual o comprador retém parte do valor a ser pago ao vendedor para quitar eventuais indenizações; (ii) depósito em conta vinculada (também conhecida como *escrow account*) do valor estimado da indenização, que na realidade representa parte do preço inicialmente acordado; (iii) fiança bancária; (iv) carta de crédito; ou (v) alguma outra garantia real ou pessoal.

Ainda em relação ao prazo na cláusula de indenização, é importante deixar consignado no contrato de compra e venda de ações o período pelo qual o vendedor ficará obrigado a indenizar passivos anteriores à *cut off date*. Sem prejuízo de as partes convencionarem de forma diversa, geralmente esse prazo vigorará por todo o prazo prescricional de cada passivo. Assim, enquanto existir algum passivo tendo como fato gerador evento anterior à *cut off date*, o vendedor ainda ficará por ele responsável.

Interessante mencionar que geralmente há uma obrigação do comprador de notificar o vendedor tão logo tenha conhecimento de algum fato que possa acarretar a responsabilidade deste último. Assim, as partes costumam convencionar que o comprador deverá notificar o vendedor no prazo de até 1/3 do prazo legal previsto para a defesa da sociedade em hipótese de ação judicial, sob pena de perder o direito à indenização. Sem dúvida essa cláusula traz um grande ônus para o comprador, pois ele deverá ter um eficiente sistema de fluxo de informações, caso contrário não poderá pleitear a indenização do vendedor. Uma forma de atenuar essa cláusula seria convencionar a possibilidade de notificar o vendedor de fatos que poderiam acarretar uma perda no futuro. Assim, exemplificativamente, caso o comprador descubra um passivo contingente, ao notificar o vendedor desse passivo, ele automaticamente estaria cumprindo com a sua obrigação de informar este último, não incidindo na penalidade de 1/3 do prazo acima mencionada.

Além dos tópicos mencionados anteriormente, a cláusula de indenização também acarreta a questão dos limites das indenizações. Esses limites podem ser da seguinte forma: (i) limite por indenização individual (também conhecida como cláusula *de minimus*); (ii) limite por indenização global; e (iii) franquia (também conhecida como cláusula *basket*).

No primeiro tipo de indenização acima referido, as partes convencionam que só haverá indenização do vendedor para o comprador por passivos cujo valor individual seja superior a determinado limite. O objetivo dessa cláusula é desconsiderar passivos de menor monta, cuja administração pelas partes seja difícil de ser operacionalizada.

Além do limite individual por passivo, há também o limite global de todas as indenizações oriundas do contrato de compra e venda de ações. Esse limite costuma ser o valor total pago pelo comprador pelas quotas ou ações da empresa alienada, mas as partes podem convencionar também outro valor. Salienta-se que esse limite pode ser aplicado tanto para as indenizações de responsabilidade do vendedor como também do comprador, no entanto nesse último caso, o comprador responderá apenas por quebra de declarações e garantias ou alguma obrigação contratual (isto é, como regra geral o comprador não responderá por quaisquer passivos da sociedade).

Por fim, as partes costumam inserir uma franquia no contrato de compra e venda que é independente do limite mínimo e do limite global. Assim, o vendedor somente será responsável caso a totalidade dos passivos encontrados supere o valor estabelecido pelas partes a título de franquia.

Por fim, é importante mencionar quando o passivo deverá ser pago pelo vendedor. Esse tópico acarreta discussões entre as partes, pois para o comprador o ideal é que tão logo o passivo seja descoberto, o vendedor reembolse ao primeiro não só os custos de defesa incorridos por aquele (honorários de advogado, custas judiciais etc.), mas também o valor total pleiteado pelo terceiro. Contudo, muitas vezes o valor pleiteado pelo terceiro é exagerado e o vendedor está confiante de que obterá ganho parcial ou total na demanda em questão. Ainda que não exista uma solução única para esse problema, uma possibilidade é condicionar o pagamento da indenização (exceto custos de defesa) ao trânsito em julgado da demanda. Assim, somente após tal trânsito em julgado é que o vendedor pagará ao terceiro prejudicado ou ao comprador o valor da indenização. Obviamente que as partes devem considerar constrições patrimoniais antes do trânsito em julgado como eventuais cartas de sentença ou liminares determinando algum desembolso mensal. Nessas hipóteses, certamente o vendedor deverá imediatamente indenizar o comprador.

3.3.3.6 Rescisão

Devem-se estabelecer em contrato as hipóteses de rescisão, bem como os procedimentos a serem observados pelas partes para sua consecução.

O contrato deverá prever, ainda, as cláusulas que continuarão em vigor mesmo após a ocorrência da rescisão, tais como o dever de confidencialidade e a obrigação de não concorrência.

Destaque-se ainda a necessidade da cláusula de *drop dead date*, para o caso de a operação não ser concluída até determinada data preestabelecida:

Nesse sentido, vale a pena transcrever o seguinte ensinamento de ETHERINGTON:

Acordos de compra em operações de Fusões e Aquisições de atividades reguladas devem incluir um direito específico das partes de terminar a negociação caso um pedido de regulamentação seja negado ou se os reguladores recusarem em consentir com a transação. É apropriado requerer que a parte terminante em tais circunstâncias tenha cumprido inteiramente com suas obrigações para ajuizar e/ou auxiliar o processo de consentimento. Entretanto, como o tempo de duração do processo regulatório é difícil de se prever, as partes podem desejar prever o direito de estender a chamada "drop dead date" no caso de a aprovação regulatória ter sido atrasada. Qualquer parte deve ser apta a exercer esse direito enquanto não haja razão para acreditar que a aprovação ou o consentimento acabará não sendo recebido. Essa é uma disposição apropriada porque uma série de fatores externos podem fazer o processo de aprovação perder o rumo, tais como eleições, renúncia ou reposição de altos funcionários reguladores, aposentadorias ou transações de grande porte ou questões que reduzam os recursos regulatórios[44].

105

---

[44] Tradução livre do autor do seguinte trecho: "Acquisition agreements for M&A transactions of regulated businesses should include a specific right of the parties to terminate if a regulatory application is denied or if regulators refuse to consent to the transaction. It is appropriate to require that the terminating party in such circumstances has fully complied with its obligations to prosecute and/or assist in the application/ consent process. However, since the timing of the regulatory process is difficult to predict, the parties may want to provide for the right to extend a so--called 'drop dead' date in the event regulatory approval has been delayed. Either party should be able to exercise this right so long as there is no reason to believe that the approval or consent will not ultimately be received. This is an appropriate provision because a number of external factors can cause the approval process to get off track, such as elections, resignation or replacement of senior regulatory officials, retirements or high profile transactions or issues which stretch regulatory resources" (ETHERINGTON, Geoffrey. **M&A in regulated industries: practice pointers**. 2003 Andrews Publications, a West business, Reprinted from Volume 13, Issue 6, p. 5).

3.3.3.7 *Cláusulas finais*

O contrato deverá prever ainda a lei aplicável à relação contratual caso alguma parte seja estrangeira, a eventual adoção de cláusula sobre solução de controvérsias e a determinação, no caso de conflito entre as partes, da esfera judicial ou arbitral para a sua solução.

No tocante à estipulação de cláusulas sobre solução de controvérsia, se adotada a conciliação, devem ser previstos os termos e as condições de negociação e os procedimentos para a indicação do mediador. Adotada a arbitragem, há que se incluir a cláusula arbitral "cheia", isto é, com a descrição do regulamento aplicável, o local da arbitragem, a lei aplicável, o processo de escolha dos árbitros e o foro para medidas cautelares.

Outra cláusula comum é aquela que estabelece a chamada *drop dead date*, ou seja, uma data limite para que a totalidade das condições suspensivas seja cumprida. Caso contrário, o contrato de compra e venda de ações poderá ser terminado, com ou sem penalidade (dependendo de haver ou não culpa de alguma parte).

Ademais, é possível convencionar a chamada *break up fee*, que nada mais é do que a cláusula penal com um valor predeterminado caso o contrato seja rescindido por culpa de uma das partes.

3.4 Considerações finais

Diante do aumento da complexidade das operações de M&A, a prática comercial demonstrou ser indispensável a criação de acordos provisórios entre as partes, que demonstram a existência de uma negociação preliminar entre os interessados antes da celebração definitiva do contrato de compra e venda de ações ou quotas. Durante a fase negocial, marcada por seu caráter dinâmico, dialético e gradual, as partes discutirão de boa-fé as condições do negócio jurídico que pretendem celebrar, sem estarem, na maioria dos casos, obrigadas a realizá-lo.

Tais acordos provisórios, também chamados de *term sheet*, memorando de entendimentos (mou), carta de intenções (loi) ou protocolo de intenções, geralmente não são revestidos de caráter vinculante, muito embora possam resultar na fixação irrevogável de determinados pontos ou cláusulas que deverão constar no contrato final. Por conta da indefinição e da incerteza durante a fase de tratativas, os acordos provisórios, em regra, não obrigam a celebração do futuro contrato, o que leva a uma determinação paulatina e sucessiva de suas cláusulas.

Entretanto, pelo princípio da autonomia da vontade, não existe qualquer vedação legal para que as partes desde já estabeleçam a obrigatoriedade da celebração do contrato de compra e venda de ações ou quotas na eventualidade de serem confirmadas determinadas premissas, ou caso uma parte cumpra com todas as suas obrigações previstas no *term sheet*. Nessa hipótese, deve-se ressaltar que não há necessidade de o *term sheet* conter a expressão "documento vinculante", bastando uma redação clara que demonstre, de maneira inequívoca, sua força vinculante. Não obstante, a não celebração do negócio jurídico definitivo em determinados casos, mesmo na ausência de obrigação vinculante no *term sheet*, poderá levar à responsabilização da parte que injustificadamente deixar de concluí-lo, ocorrendo então a quebra de expectativa de direito da outra parte.

Trata-se de figura distinta do "pré-contrato" ou "contrato preliminar", previsto nos arts. 462 a 466 do Código Civil, que consiste em uma promessa de contratar, na qual as partes determinam todas as condições para que o negócio se realize no futuro, que é dotado de força vinculante, desde que preenchidas certas condições. Ademais, o descumprimento da obrigação de se firmar o contrato definitivo, quando presentes todos os requisitos essenciais ao contrato a ser celebrado, dará ensejo à execução específica dessa obrigação.

Outra fase de suma importância às operações de M&A consiste na realização de uma auditoria, também conhecida por *due diligence*, para que os envolvidos possam analisar as condições do negócio, no que concerne aos seus riscos, principais pontos críticos, possíveis contingências, valores envolvidos, responsabilidades assumidas, dados contábeis e financeiros, entre outros. Para tanto, é imprescindível que o potencial comprador tenha acesso ilimitado às informações valiosas da empresa alvo, o que pressupõe a confidencialidade de tais informações. Deste modo, o *term sheet* deve prever essa obrigação e eventuais sanções em caso de descumprimento ou, se for o caso, a aceitação de um termo de confidencialidade celebrado em data anterior ao *term sheet*. Da mesma maneira, o *term sheet* pode prever um dever de exclusividade durante um determinado lapso temporal, após o qual o vendedor estaria autorizado a ofertar as suas ações ou quotas para outros interessados.

A indicação da participação a ser alienada, o tipo de ação a ser transferido e o valor da operação também devem ser informados no *term sheet*. Todavia, quando ainda não for possível identificá-los com precisão, as partes devem ao menos determinar a quantidade máxima de ações ou quotas que poderá ser transacionada, bem como o critério a ser adotado para a apuração do valor da operação. Por outro lado, quando se estiver diante de um caso de alienação parcial das quotas ou ações da empresa, também é importante estabelecer desde o início as condições relativas aos dividendos e eventual obrigatoriedade de distribuição de valores fixos ou mínimos, bem como relativas ao direito de voto, além do *quorum* de aprovação para determinadas matérias.

Importante mencionar que o processo de negociação e avaliação da oportunidade de negócio, em todas as suas fases acima descritas, acarretará gastos para ambas as partes. Sendo assim, a distribuição das despesas também pode ser estabelecida no *term sheet*, sendo usual cada parte arcar com suas próprias despesas, inclusive de seus assessores financeiros e legais.

Superada essa fase, as condições da transferência da titularidade das ações ou quotas serão estabelecidas no contrato de compra e venda de ações ou quotas, que deverá ter objeto definido, preço determinado ou ao menos determinável e partes contratantes, nos termos do art. 482 do Código Civil. Faz-se mister ressaltar que em certos casos, a data da assinatura do contrato poderá não coincidir com a data do fechamento efetivo da operação. Isso ocorrerá quando a natureza da transação exigir o cumprimento de determinadas condições futuras, tais como a aprovação dos órgãos reguladores e/ou de defesa da concorrência ou aprovações societárias.

Nesses casos, costuma-se inserir ao contrato a cláusula de *material adverse change* (MAC), determinando que o contrato poderá ser finalizado caso ocorra, entre a data de assinatura e o fechamento, algum evento externo à vontade das partes que afete de forma relevante as bases da operação, tal como alterações na economia do setor em que atua a sociedade a ser alienada.

Quando se tratar de operações mais complexas, o contrato de compra e venda deverá ainda estabelecer outras obrigações (*covenants*) à parte vendedora, no que diz respeito à forma pela qual os negócios da empresa alienada deverão ser conduzidos até o fechamento da operação.

Em operações envolvendo a alienação do controle de companhia aberta, por sua vez, o comprador deve realizar uma oferta pública de aquisição das ações com direito de voto detidas pelos demais acionistas da companhia, em atendimento à Instrução CVM n. 361, de 5 de março de 2002 e alterações posteriores. A oferta também deverá ser estendida aos acionistas detentores de ações preferenciais, caso haja previsão no estatuto social da companhia ao direito de participarem da oferta pública da alienação do controle, conforme possibilita o art. 254-A da Lei n. 6.404/76. Nesse caso, é assegurado aos acionistas preferenciais o direito de alienar suas ações pelo preço no mínimo igual a 80% (oitenta por cento) do valor pago por ação com direito a voto, integrante do bloco de controle.

Outro ponto de grande importância do contrato de compra e venda de ações ou quotas é a cláusula de não concorrência, pela qual o comprador procura estipular limitações a certas atitudes da

109

vendedora após a realização do negócio que poderiam acarretar graves prejuízos, tais como a proibição de se estabelecer no mesmo ramo do negócio alienado ou a de contratar empregados da parte contrária por determinado período. A cláusula de não concorrência, frise-se, também é aplicável às atividades desenvolvidas indiretamente pela vendedora, por intermédio de sociedades sob o seu controle, direto ou indireto, ou ainda na qualidade de representantes ou procuradores de outras sociedades.

Em função de certa influência do direito estrangeiro sobre os contratos de compra e venda de ações, normalmente utilizados nas grandes aquisições no Brasil, as declarações e garantias constituem itens essenciais ao negócio. A *due diligence* será realizada pelo comprador com base nas informações concedidas pelo vendedor, no que concerne à regularidade da constituição, à inexistência de impedimentos legais e contratuais, à regularidade das demonstrações financeiras etc., tendo grande importância durante a negociação do contrato, em que o comprador poderá requerer maiores explicações ou alguma garantia adicional dependendo do que verificar. Caso o vendedor opere com dolo omitindo ou falseando a verdade acerca de uma declaração e garantia, o contrato poderá ser anulado com fulcro nos arts. 145 e 147 do Código Civil.

Da mesma forma, o descumprimento do contrato também poderá causar prejuízos à parte adimplente. Por esse motivo, as partes estabelecem de antemão a cláusula de indenização para a reparação de tais danos, decorrentes tanto do inadimplemento de alguma declaração ou garantia quanto de qualquer outra obrigação contratual. Em relação à delimitação do prazo de responsabilidade, é importante as partes definirem uma data (*cut off date*) a partir da qual o comprador irá arcar com os prejuízos decorrentes de fatos ocorridos posteriormente à referida data. Por conseguinte, aos passivos cujos fatos geradores sejam anteriores à referida data, a parte vendedora indenizará a compradora. Nesse caso, deve-se estipular o período pelo qual o vendedor ficará obrigado a indenizar passivos anteriores à *cut off date*, sendo comum esse prazo vigorar por todo o período prescricional de cada ativo. A responsabilidade das partes costuma ser delimitada a partir de três datas principais: (a) conclusão da *due diligence*; (b) assinatura do contrato (*signing date*); ou (c) fechamento do negócio (*closing date*).

Na cláusula de indenização, pode ser prevista uma limitação por indenização individual, pela qual fica estabelecido que o vendedor apenas indenizará o comprador por passivos cujo valor individual for superior a determinado limite. A limitação por indenização global, por sua vez, costuma ser do valor total pago pelo comprador pelas quotas ou ações da empresa alienada.

Por fim, outra opção consiste em inserir uma franquia (cláusula *basket*) no contrato, de forma que o vendedor será responsável caso a totalidade dos passivos encontrados supere o valor estabelecido pelas partes na franquia. Cumpre também indicar o momento em que o passivo deverá ser pago pelo vendedor, pelo qual se costuma condicionar o pagamento da indenização — exceto custos de defesa — ao trânsito em julgado da demanda movida pelo terceiro credor.

A respeito da rescisão do contrato, devem as partes estabelecer de maneira clara e precisa as hipóteses que darão ensejo a tal medida, como, a título exemplificativo, uma data limite até a qual a operação deva ser concluída (cláusula de *drop dead date*), todos os procedimentos a serem adotados, além de outras obrigações, como o dever de confidencialidade e não competição mesmo após a rescisão contratual.

111

REFERÊNCIAS

AMARAL, Francisco. **Direito civil. Introdução**. Rio de Janeiro: Renovar. 2006.

BAINBRIDGE, Stephen M. **Mergers and acquisitions.** 2. ed. New York: University Textbook Series, 2009.

BASSO, Maristela. **Os contratos internacionais do comércio — negociação, conclusão e prática.** Porto Alegre: Livraria do Advogado Editora, 1994.

BRAGA, Rodrigo Bernardes. Noções gerais sobre as cartas ou protocolos de intenção. **RDPRIV n. 27/293**.

BULGARELLI, Waldirio. **Fusões, incorporações e cisões de sociedade.** 2. ed. São Paulo: Atlas, 1996.

CHAVES, Antônio. **Responsabilidade pré-contratual.** Rio de Janeiro: Forense, 1959.

COMPARATO, Fábio Konder. Reflexões sobre as promessas de cessão de controle societário. In: **Novos ensaios e pareceres de direito empresarial.** Rio de Janeiro: Forense, 1981.

COUTO E SILVA, Clóvis Veríssimo do. **A obrigação como processo.** São Paulo: Editora FGV, 2006.

CRUZ, Pedro Santos. A cláusula MAC (*material adverse change*) em contratos de *M&A* no direito comparado (EUA e Reino Unido). **RDB n. 45/149.**

DINIZ, Maria Helena. **Código Civil anotado**. 13. ed. São Paulo: Saraiva, 2008.

_____. **Curso de Direito Civil brasileiro. Teoria geral do Direito Civil**. São Paulo: Saraiva, 2002, v. 1.

ETHERINGTON, Geoffrey. **M&A in regulated industries: practice pointers**. 2003 Andrews Publications, a West business, Reprinted from Volume 13, Issue 6. Disponível em: <http://www.edwardswildman.com/files/News/864a7867-3661-4920-88d7--96e22260a37d/Presentation/NewsAttachment/ac3bb424-6e38--447a-9475-9efb8aadfeec/media.183.pdf>. Acesso em: 6 out. 2011.

FERNANDES, Wanderley. O processo de formação do contrato. In: Wanderley Fernandes (org.). **Fundamentos e princípios dos contratos empresariais**. 1. ed. São Paulo: Saraiva, 2007, v. 1.

GAGLIANO, Pablo Stolze; PAMPLONA FILHO, Rodolfo. **Novo curso de direito civil: abrangendo os Códigos Civis de 1916 e 2002.** 8. ed. São Paulo: Saraiva, 2006.

GOMES, Orlando. **Contratos.** Rio de Janeiro: Forense, 2009.

GRÜN, Mary. **A eficácia dos documentos pré-contratuais.** Dissertação (Mestrado em Direito) — Faculdade de Direito, Universidade de São Paulo, São Paulo, 2006.

MAYNARD, Therese. **Mergers and acquisitions — cases, materials and problems.** 2. ed. New York: Wolter Kluwer, 2008.

MILLER JR., Edwin L. **Mergers and acquisitions — a step-by-step legal and practical guide.** New Jersey: John Wiley & Sons, 2008.

MUNIZ, Ian; BRANCO, Adriano Castello. **Fusões e aquisições — aspectos fiscais e societários.** São Paulo: Quartier Latin, 2007.

RYLANCE, Paul & SLORACH, Scott. **Legal practice course guide.** London: Oxford University Press, 2005.

LEGISLAÇÃO

BRASIL. **Lei n. 6.404, de 15 de dezembro de 1976.** Disponível em: < http://www.planalto.gov.br/ccivil_03/leis/L6404compilada.htm>. Acesso em: 14 set. 2011.

BRASIL. **Lei n. 8.884, de 11 de junho de 1994.** Disponível em: <http://www.planalto.gov.br/ccivil_03/leis/L8884.htm>. Acesso em: 14 set. 2011.

BRASIL. **Lei n. 10.406, de 10 de janeiro de 2002 (Código Civil).** Disponível em: <http://www.planalto.gov.br/ccivil_03/leis/2002/L10406compilada.htm>. Acesso em: 14 set. 2011.

BRASIL. Comissão de Valores Mobiliários — CVM. **Instrução n. 361, de 5 de março de 2002.** Disponível em: <http://www.cvm.gov.br/>. Acesso em: 14 set. 2011.

BRASIL. Comissão de Valores Mobiliários — CVM. **Resolução n. 45, de 28 de março de 2007.** Disponível em: <http://www.cade. gov.br/upload/Resolu%C3%A7%C3%A3o%20n%C2%BA%20 45,%20de%2028%20de%20mar%C3%A7o%20de%202007.pdf>. Acesso em: 14 set. 2011.

OUTRAS REFERÊNCIAS

BRASIL. Tribunal de Justiça do Estado de São Paulo. **Apelação n. 994.09.339794-0.** 4ª Câmara de Direito Privado. Relator Des. Enio Zuliani. São Paulo. J. em: 8-4-2010. Disponível em: <https://esaj. tjsp.jus.br/cjsg/getArquivo.do?cdAcordao=4449653&vlCaptcha= ctwuw>. Acesso em: 14 set. 2011.

BRASIL. Superior Tribunal de Justiça. **REsp n. 424543 (2002/0038610-7 — 31/03/2003).** 3ª Turma. Relatora Min. Nancy Andrighi. J. em: 6-3-2003. Disponível em: <https://ww2.stj.jus.br/ revistaeletronica/ita.asp?registro=200200386107&dt_publica-cao=31/03/2003>. Acesso em 6 out. 2011.

4 *DUE DILIGENCE* TRABALHISTA

Ana Rita Picolli Gomes de O. Ramos

Professora do Programa de Educação Executiva da
DIREITO GV (GVlaw); mestre em Direito do Trabalho pela Pontifícia
Universidade Católica de São Paulo — PUCSP. Pós-Graduada em Direito
dos Contratos e em Direito do Trabalho pela Pontifícia Universidade Católica
de São Paulo — COGEAE — PUCSP; membro da Associação
dos Advogados Trabalhistas do Estado de São Paulo — AATSP e do
International Bar Association — IBA; advogada no escritório
Mattos Filho, Veiga Filho, Marrey Jr. e Quiroga.

4.1 Noções preliminares

A auditoria trabalhista, ou *due diligence* trabalhista, é a ferramenta utilizada por sociedades e seus assessores jurídicos para conhecimento da realidade trabalhista de determinada empresa, estabelecimento e/ou negócio. A *due diligence* trabalhista pode ser utilizada em vários contextos, dentre eles as operações societárias (fusões, aquisições e reorganizações societárias), as operações de mercado de capitais e as verificações internas para ajuste de procedimentos.

O procedimento de *due diligence* trabalhista em operações societárias tem como finalidade específica a coleta de informações para compreensão das práticas trabalhistas adotadas na empresa objeto de análise, bem como para constatar e mensurar eventuais passivos ou contingências trabalhistas e seus potenciais efeitos no negócio pretendido. Tal modalidade de *due diligence* é realizada, principalmente, antes da efetivação do negócio (ou "pré-*closing*"), sendo ainda comum sua realização em momento posterior à operação societária ("pós-*closing*"), especificamente com a finalidade de conhecimento das práticas trabalhistas e de eventual adequação de procedimentos.

4.2 *Due diligence* trabalhista e operações societárias

Em operações societárias a *due diligence* trabalhista adquire especial relevância na medida em que, em razão do disposto nos arts. 10 e 448 da Consolidação das Leis do Trabalho (Decreto-Lei n. 5.452, de 1º de maio de 1943)[1], as alterações na estrutura societária do empregador não alteram os conteúdos e as formas dos contratos de trabalho vigentes[2]. Em outras palavras, uma vez que a Consolidação das Leis do Trabalho[3] estabelece que, em situações de aquisições, fusões e/ou quaisquer reorganizações de ordem societária, os contratos de trabalho existentes devem ser mantidos íntegros, torna-se essencial conhecer o conteúdo específico de referidos contratos. Itens como remuneração, benefícios, garantias, tempo de serviço e seus efeitos devem ser mantidos no período posterior ao fechamento.

Mais que isso, eventuais passivos e contingências trabalhistas que estejam vinculadas com o estabelecimento objeto da operação societária são igualmente mantidos no período posterior ao fechamento. Esses passivos e contingências podem ser já explícitos — por exemplo, ações judiciais trabalhistas, infrações administrativas, procedimentos junto ao Ministério do Trabalho e Emprego — ou serem ocultos — tais como o não pagamento de horas extras ou a não concessão de férias.

É dizer, após o *closing*, a sociedade que permanecer com o estabelecimento objeto da operação e seus empregados receberá, como consequência, toda a realidade trabalhista desse estabelecimento. Trata-se da sucessão de empresa ou sucessão de empregadores.

4.2.1 Sucessão de empregadores

A relação de emprego e o contrato de trabalho dela decor-

---

[1] BRASIL. **Decreto-Lei n. 5.452, de 1º de maio de 1943**. Disponível em: <http://www.planalto.gov.br/ccivil/decreto-lei/del5452.htm >. Acesso em: 21 fev. 2011.

[2] Art. 10. Qualquer alteração na estrutura jurídica da empresa não afetará os direitos adquiridos por seus empregados. Art. 448. A mudança na propriedade ou na estrutura jurídica da empresa não afetará os contratos de trabalho dos respectivos empregados.

[3] BRASIL. **Decreto-Lei n. 5.452, de 1º de maio de 1943**. Disponível em: <http://www.planalto.gov.br/ccivil/decreto-lei/del5452.htm >. Acesso em: 21 fev. 2011.

rente sempre mereceram do legislador um tratamento diferenciado e inconfundível com as obrigações originárias de relações jurídicas de natureza civil. Enquanto esta se baseia no princípio da autonomia da vontade e na responsabilidade nos limites do pactuado, aquelas, originárias de vínculo trabalhista, integram-se como parte do empreendimento da sociedade e ultrapassam a vontade manifestada pelas partes no negócio.

Neste sentido, a legislação trabalhista apresenta dois artigos que são claros na obrigação de se respeitar o contrato de trabalho, mas deixam dúvidas quanto à precisão terminológica, obrigando a jurisprudência ao alargamento na sua interpretação e aplicação.

O primeiro, art. 10 da Consolidação das Leis Trabalhistas (CLT)[4], dispõe que "qualquer alteração na estrutura jurídica da empresa não afetará os direitos adquiridos por seus empregados".

O segundo, art. 448, do mesmo diploma legal[5] adverte que "a mudança na propriedade ou na estrutura jurídica da empresa não afetará os contratos de trabalho dos respectivos empregados".

Os dois artigos cuidam da mudança da titularidade da empresa ou do próprio estabelecimento. Nos dizeres de Maurício Godinho Delgado, a sucessão de empregadores "consiste no instituto justrabalhista em virtude do qual se opera, no contexto da transferência de titularidade de empresa ou estabelecimento, uma completa transmissão de créditos e assunção de dívidas trabalhistas entre alienante e adquirente envolvidos"[6]

A aplicação de tais dispositivos à casuística trabalhista levou ao entendimento de que as obrigações decorrentes do contrato de trabalho são inalteráveis em razão de mudança na estrutura jurídica

119

---

[4] BRASIL. **Decreto–Lei n. 5.452, de 1º de maio de 1943**. Disponível em: <http://www.planalto.gov.br/ccivil/decreto-lei/del5452.htm >. Acesso em: 21 fev. 2011.

[5] Idem.

[6] DELGADO, Maurício Godinho. **Curso de Direito do Trabalho**. 4. ed. São Paulo: LTr, 2005, p. 406.

da empresa e que, além disso, aplica-se a transferência de obrigações decorrentes de contratos de trabalho para o novo proprietário. Ou seja, caracteriza-se a sucessão de obrigações trabalhistas.

Compreende-se como sucessão típica a transferência da unidade de produção para a titularidade de outra pessoa jurídica, entendida aqui a mudança da estrutura jurídica da sociedade. Nesse sentido, e, em caso de incorporação ou de fusão, a nova sociedade assume todas as dívidas, representando uma situação analógica àquela observada na sucessão universal *causa mortis*.

Quando não há substituição de sujeito, mas alteração societária, não se discute a transferência de obrigações porque não se afetou a sociedade, apenas houve alteração de sócios ou do modo como estes se relacionam. Exemplos de alterações dessa espécie são transformação de sociedade limitada em sociedade anônima, alteração de distribuição de quotas entre sócios, alteração de objeto social e aquisição de quotas por terceiro. Tais hipóteses, por não gerarem alteração em contratos de trabalho, não configuram sucessão.

Os arts. 10 e 448 da CLT[7] impõem a sucessão àquele que adquire unidade produtiva, total ou parcialmente, de modo desvinculado da modalidade jurídica adotada para transferência da atividade empresarial, isto é, sempre que houver alteração do responsável pela atividade econômica produtiva e transferência de todas as obrigações inerentes aos contratos de trabalho mantidos pelo antigo empregador.

Há, entretanto, situações que não se configuram exatamente como sucessão na forma descrita anteriormente e prevista em lei; no entanto, levam o intérprete à ampliação do conceito de sucessão com a finalidade exclusiva de proteção do crédito trabalhista e para a salvaguarda dos direitos adquiridos por empregados.

Todas as hipóteses regulares de sucessão levam à relação jurídica entre sucessor e sucedido, mas recentemente as interpretações

---

[7] BRASIL. **Decreto–Lei n. 5.452, de 1º de maio de 1943**. Disponível em: <http://www.planalto.gov.br/ccivil/decreto-lei/del5452.htm >. Acesso em: 21 fev. 2011.

abandonaram essa condição para incluir como sujeita à responsabilidade assemelhada à sucessão a transferência de unidade produtiva sem efetivo título entre as partes, tal como ocorre nas concessões de serviço público, ou, ainda, no trespasse em caráter provisório, tal como no arrendamento.

O direito do trabalho contempla como requisito a permanência da mesma relação jurídica, enfocando o conteúdo subjetivo e objetivo da relação transferida. Com o pretexto de estar fixando seus conceitos próprios, elege como requisito a própria consequência da sucessão.

Deste modo, para se caracterizar a sucessão de obrigações trabalhistas, há necessidade de transferência de uma unidade econômica jurídica, desde que afete os contratos de trabalho em vigor ou já extintos.

Assim, é essencial a transferência da unidade econômico-jurídica para outro titular, ainda que inalterada a estrutura orgânica da empresa ou mudança na propriedade da empresa ou estabelecimento.

121

Portanto, é possível a transferência de ativos materiais ou ainda de ativos imateriais como na transferência de marca, de clientela, sem desfazimento do negócio ou do próprio estabelecimento, continuando a empresa a existir normalmente. O que importa são as chances de sobrevivência do negócio através da unidade transferida ou de alguns de seus estabelecimentos específicos.

Um dos aspectos mais enfocados para estender o conceito de sucessão de obrigações trabalhistas decorre da continuidade da prestação de serviços para o novo titular do negócio, embora haja forte tendência doutrinária a considerar que se o trespasse cria problemas de solvência em relação aos empregados do ex-titular, pode-se inferir daí a responsabilidade por afetação significativa das garantias de adimplemento dos contratos extintos e em vigor.

Também a persistência dos fins econômicos da unidade produtiva constitui elemento essencial para o reconhecimento de transferência de obrigações trabalhistas.

Hipótese diversa da aquisição de empresas, em que a sucessão de obrigações trabalhistas se resolveria pela aplicação da lei, está a situação anteriormente relatada em que não se caracteriza mudança da propriedade nem alteração na estrutura jurídica da empresa, isto é, quando apenas o local é ocupado pela nova empresa, mantendo-se a anterior em atividade.

A sucessão de empregadores pode, então, ser definida como o instituto jurídico que trata dos efeitos das alterações de titularidade das empresas ou de parcela destas nos contratos de trabalho, determinando a completa transmissão de direitos e obrigações existentes para com os trabalhadores que atuam nessas empresas ou, em suas parcelas, objeto da operação societária.

4.3 A *due diligence* trabalhista

A *due diligence* trabalhista corresponde, na prática, a um conjunto de procedimentos adotados com a finalidade de se coletar informações relevantes para compreensão das práticas trabalhistas adotadas na empresa e eventuais riscos e/ou passivos e contingências existentes. Referidos procedimentos são estabelecidos em razão do objeto específico da auditoria.

No tocante às *due diligences* trabalhistas, pode-se apontar a existência de três principais classes de objetos, os quais, por sua vez, são determinantes para a definição dos procedimentos a serem adotados.

Verificação interna. Auditorias realizadas com a finalidade de verificação interna podem ocorrer, no contexto de operações societárias, em duas principais situações: (i) verificação preliminar pela sociedade adquirida, realizada com a finalidade de, antecipadamente, conhecer quaisquer passivos e/ou contingências, de modo a poder retificá-los antecipadamente e/ou permanecer em posição mais segura no momento de negociação de preço; (ii) verificação pós-fechamento, realizada pela adquirente, para eventual ajuste de preço e/ou regularização de eventuais práticas irregulares na área trabalhista.

Geralmente essa modalidade de auditoria possui escopo mais abrangente, abordando todos os aspectos das relações trabalhistas, tais como contratos, remuneração, benefícios, políticas de horas extras, acordos sindicais, contratação de aprendizes, contratação de pessoas portadoras de deficiência, medicina e segurança do trabalho, contratação de terceiros, relações trabalhistas com administradores, relatórios e formulários governamentais, dentre outros.

Due diligence para fusão ou aquisição de empresa. *Due diligences* realizadas no contexto de operações societárias, em especial fusões ou aquisições de empresas, têm como característica principal o foco abrangente de análise, englobando tópicos relevantes para o conhecimento detalhado da realidade da empresa e tópicos de interesse específico.

Do ponto de vista dos aspectos a serem verificados, essa modalidade de *due diligence* engloba aqueles analisados em verificações internas e também aspectos específicos de nova realidade empresarial, tais como mapeamento de pessoas portadoras de garantias de emprego e verificação do *turn over* da empresa (isto é, a rotatividade entre contratados e dispensados).

Due diligence restrita. Em algumas operações o objeto de *due diligence* trabalhista é restrito, quer pelo interesse das partes, quer pela organização dos trabalhos e alocação de custos. O objeto de *due diligence* restrita é comumente estabelecido com base em critérios de materialidade financeira, estabelecendo-se um valor de corte, de modo que qualquer aspecto trabalhista que não possa, nem sequer em tese, atingir tal valor é desconsiderado.

Nessa modalidade de *due diligence*, alguns aspectos das relações de trabalho são aprioristicamente excluídos da análise, característica que permeia todo o trabalho de avaliação, desde a primeira solicitação de documentos, a qual deve refletir essa característica restritiva.

4.3.1 Procedimentos para *due diligence* trabalhista

As relações de trabalho e as obrigações delas decorrentes são numerosas e complexas, de modo que sua análise demanda metodologia de trabalho específica, com procedimentos a serem seguidos para realização de uma *due diligence* que atenda às necessidades negociais em extensão de análise e tempo. A organização de procedimentos é, nesse sentido, fundamental para que a *due diligence* seja realizada de forma adequada ao propósito estabelecido.

Do ponto de vista dos procedimentos, a *due diligence* trabalhista pode ser dividida em três fases, a fase preliminar, a fase de verificação e a fase de elaboração de relatório.

(a) Fase preliminar

A fase preliminar da *due diligence* tem como finalidade fornecer aos auditores as informações necessárias para a organização do trabalho de verificação de documentos e informações que será realizado no futuro. Trata-se de trabalho preliminar, que antecede a análise de qualquer documento.

O primeiro procedimento dentro da fase preliminar consiste em investigar a empresa objeto da operação societária ("empresa-objeto") a fim de identificar os principais pontos de atenção para o trabalho de verificação de documentos e informações, possibilitando assim a organização de métodos e esforços com vistas à otimização do trabalho. As seguintes informações são rotineiramente verificadas nessa fase preliminar: (i) o objeto social da empresa; (ii) as atividades efetivamente exercidas pela empresa; (iii) práticas de mercado relacionadas às atividades constantes do objeto social e/ou às atividades efetivamente exercidas pela empresa; (iv) interpretação judicial sobre as principais questões relacionadas a tais atividades; (v) existência de estabelecimentos em diferentes localidades, bem como o número de empregados vinculados à sociedade-objeto. Ainda nessa fase preliminar deve-se investigar possível relação entre a sociedade-objeto e outras sociedades de forma a constatar se se trata de eventual grupo econômico.

Especificamente no tocante à questão de grupo econômico, deve-se considerar que tal aspecto é fundamental para a definição do escopo da *due diligence*, bem como da delimitação de responsabilidade jurídica por eventuais passivos.

No âmbito trabalhista, o conceito de grupo econômico é aquele aportado pela Consolidação das Leis do Trabalho[8], em seu art. 2º, § 2º:

> Art. 2º (...) § 2º — Sempre que uma ou mais empresas, tendo, embora, cada uma delas, personalidade jurídica própria, estiverem sob a direção, controle ou administração de outra, constituindo grupo industrial, comercial ou de qualquer outra atividade econômica, serão, para os efeitos da relação de emprego, solidariamente responsáveis a empresa principal e cada uma das subordinadas.

De uma forma concreta, verifica-se que, do ponto de vista estritamente legal, integram um mesmo grupo econômico as sociedades que:

- estão sob idêntica administração e/ou controle, submetendo-se à uma mesma estrutura empresarial hierarquizada; ou

- estão sob a administração e/ou controle uma da outra, ainda dentro de uma estrutura empresarial hierarquizada.

Dentro desse conceito legal de grupo econômico, entende-se que mesmo a hipótese de parcela do capital social de ambas as empresas ser detida pelos mesmos acionistas não seria fator isoladamente capaz de atrair a aplicabilidade da responsabilidade solidária por grupo econômico, desde que ausente a identidade administrativa acima indicada.

> Solidariedade. O condomínio acionário dos diários associados não revela o protótipo do grupo econômico, pois, na hipótese, não há o domínio de uma empresa sobre as demais, inexistindo, igualmente,

---

8 BRASIL. **Decreto-Lei n. 5.452, de 1º de maio de 1943**. Disponível em: <http://www.planalto.gov.br/ccivil/decreto-lei/del5452.htm >. Acesso em: 21 fev. 2011.

a comunhão de empresas. A solidariedade empresarial não resulta da mera detenção de parte do capital de algumas empresas, devendo haver, para tanto, a congregação destas empresas sob uma mesma direção, controle ou administração da empresa principal ("holding" ou "mater") (BRASIL. Tribunal Superior do Trabalho. **Recurso de Revista n. 2479**. 2ª Turma. Relator Ministro Francisco Leocádio. J. em 17-6-1991. Disponível no *DJ* de 8 nov. 1991).

Tal conceito, mais restritivo, é aplicado de forma majoritária nos tribunais da região Sudeste e também no Tribunal Superior do Trabalho.

No entanto, vem tomando corpo perante tribunais trabalhistas em outras regiões do Brasil — principalmente nas regiões Sul e Centro-Oeste — um entendimento minoritário mais ampliativo do conceito de grupo econômico, o qual engloba não apenas situações envolvendo estruturas empresariais hierarquizadas, mas também estruturas não hierarquizadas nas quais as sociedades, com algum grau de vinculação societária, atuam em sistema de próxima cooperação.

O fundamento desse novo conceito seria a verificação de que, na prática, diferentes sociedades não hierarquicamente sobrepostas podem se organizar com a finalidade de, reforçando-se o interesse comum em detrimento de interesses específicos de cada uma delas, atingir conjuntamente melhores resultados.

Exemplificativamente, são abaixo transcritas decisões denotadoras desse entendimento.

GRUPO ECONÔMICO FAMILIAR. EXISTÊNCIA E CONFIGURAÇÃO CONCEITUAL. RESPONSABILIDADE SOLIDÁRIA. CLT, ART. 2º, § 2º. Alude-se à formação do consórcio empresarial quando existe, dentro do grupo, uma hierarquização, de modo que a empresa-líder exerça, como empresa principal — direta ou indiretamente — a administração, o controle ou a direção das empresas secundárias ou lideradas. Essa é a forma tradicional do consórcio (Bueno Magano). Contudo, é possível admitir que o grupo econômico se constitua e atue de modo diverso: sem a existência de empresa-líder e empresas lideradas dispostas como pirâmide; todas elas dispostas, horizontalmente, no mesmo plano, exercendo, reciprocamente, entre si, controle ou vigilância e participando todas de um empreendimento global (Russomano) (BRASIL. Tribunal Regional do Trabalho da 12ª Região. **Recurso Ordinário n. 4.663**. 1ª Turma. Relator Desembargador Antonio Carlos Facioli Chedid. Santa Catarina. J. em 20-9- 2001. Disponível em: <http://www2.trt12.gov.br/acordaos/2001/0750 1a10000/09759_2001.pdf>. Acesso em: 21 fev. 2011).

GRUPO ECONÔMICO. Configura-se o grupo econômico quando empresas com personalidades jurídicas distintas se submetem à direção, controle ou administração por uma delas e até por pessoa(s) física(s), numa situação hierárquica verticalizada, nos moldes do § 2º do art. 2º da CLT, ou mesmo quando há entre elas uma relação horizontal de nexo interempresarial, em que as empresas atuam lado a lado num sentido de cooperação econômica sem haver necessariamente um comando geral, segundo o moderno entendimento da doutrina, atribuindo-se à norma legal em destaque exegese mais consentânea com o desiderato voltado à ampliação dos mecanismos garantidores do pagamento do crédito devido ao trabalhador, que por deter natureza alimentar não pode ficar desprotegido, à mercê da vontade alheia, tampouco podendo-se deixar o trabalhador sem saber de qual empresa cobrar os haveres a que tem direito, facultando-lhe, assim, a norma legal, a possibilidade de acionar judicialmente todas as empresas que porventura componham o grupo econômico, de modo a serem responsabilizadas solidariamente, na qualidade de empregador único, pela satisfação das verbas trabalhistas. Em ambos os casos, a ação conjunta empresarial visa essencialmente o alcance de fins tipicamente econômicos. *In casu,* restou cabalmente provado que as recorrentes compõem um grupo econômico (BRASIL. Tribunal Regional do Trabalho da 23ª Região. **Recurso ordinário n. 01334.2005.006.23.00-6**. 1ª Turma. Relator Desembargador Roberto Bernatar. Mato Grosso. J. em 14-9-2010. Disponível em: <http://www4.trt23.jus.br/jurisprudenciaonline/pages/buscaresultado.jsf>. Acesso em: 21 fev. 2011).

A consequência concreta de caracterização de existência de grupo econômico reside, justamente, na delimitação de responsabi-

127

lidade solidária, entre as empresas integrantes do grupo, por eventuais passivos trabalhistas. Tal modalidade de responsabilidade, refletindo o passado das empresas, tende a se estender no período pós-*closing,* com o reconhecimento judicial de solidariedade com relação a eventuais dívidas referentes ao período pré-*closing.*

(b) Fase de verificação

A fase de verificação se inicia com a elaboração de lista de questionamentos e solicitação de documentos a serem fornecidos pela sociedade-objeto. A lista de questionamentos e solicitação de documentos deve ser elaborada tomando-se em conta a atividade específica realizada pela sociedade-objeto e os riscos específicos relacionados com tal atividade. Também deve levar em consideração o número de empregados vinculados a essa sociedade, número esse que pode apontar para a necessidade de análise documental por amostragem.

Considerando o padrão geral das sociedades no Brasil, e uma *due diligence* com escopo amplo de verificação, sugere-se a seguinte lista preliminar de questionamentos e solicitação de documentos.

Quadro 1 — Lista preliminar de questionamentos e solicitação de documentos

1. Práticas de recursos humanos	
1.1. Informações gerais sobre empregados	
1.1.a	Lista contendo nomes dos empregados, divididos por estabelecimento e setor, incluindo data de contratação, salário atual e cargo, informando os itens adicionais de remuneração recebidos pelos empregados (média de horas extras dos últimos 12 meses, média de comissões dos últimos 12 meses, sobreaviso, adicional de insalubridade, adicional de periculosidade, dentre outros) e os benefícios concedidos a cada um dos empregados nos últimos 12 meses.
1.1.b.	Cópia da folha de pagamentos com relação aos últimos 12 meses (analítica e sintética), incluindo folha de participação nos lucros e resultados, se o caso.

1.1.c.	Cópia da documentação de férias dos empregados.
1.1.d.	Lista de todos os benefícios concedidos aos empregados, inclusive eventuais bônus, participação nos lucros e planos de compra/subscrição de ações. Cópia das políticas de fornecimento de tais benefícios, se o caso.
1.1.e.	Acordos relevantes, tais como modelo de contrato de trabalho, acordo de compensação e prorrogação de jornada de trabalho, autorização para descontos, alterações contratuais etc.
1.1.f.	Relatório sobre prática relacionada à remuneração de horas extras, informando quais são os empregados isentos de controle de ponto e os motivos para tanto. Fornecer cópia dos cartões de ponto dos empregados referentes aos últimos 12 meses.
1.1.g.	Lista de empregados estáveis: gestantes, membros eleitos da CIPA, dirigentes sindicais, acidentados (acidente de trabalho), diretores de cooperativas etc., informando período de estabilidade.
1.1.h.	Cópia do *kit* de contratação dos empregados, incluindo termo de opção pelo recebimento de vale-transporte e ficha do salário-família.
1.1.i.	Cópia dos Termos de Rescisão dos Contratos de Trabalho (TRCT) referentes aos desligamentos realizados nos últimos 2 anos.
1.1.j.	Cópia das fichas de registro de empregados (ou livro de registro de empregados) referentes aos trabalhadores da ativa.
1.1.k.	Cópia do livro de inspeção do trabalho de todos os estabelecimentos.
1.1.l.	Lista de aprendizes contratados e informação do número de postos de trabalho que não demandam habilitação profissional.

1.1.m.	Lista de pessoas portadoras de deficiências contratadas.
1.2. Relações sindicais	
1.2.a.	Cópia da convenção coletiva ou acordo coletivo e demais acordos coletivos, tais como acordo coletivo sobre participação nos lucros ou resultados, acordo coletivo sobre turnos de revezamento, referentes aos últimos 2 anos.
1.2.b.	Informação sobre a qualidade do relacionamento com entidades sindicais, informando a ocorrência de greve nos últimos 5 anos, informando o motivo da paralisação, se o caso.
1.2.c.	Cópia dos comprovantes de recolhimento de contribuições sindicais nos últimos 5 anos.
1.3. Relações com terceiros	
1.3.a.	Lista de todos os contratos envolvendo cessão de mão de obra e/ou mão de obra que se relacione diretamente com a sociedade-objeto, incluindo prestadores de serviços, mão de obra temporária, cooperativa, terceirizados, pessoas jurídicas, autônomos etc. A lista deverá informar o número de trabalhadores, início da prestação de serviços, valor pago mensalmente e objeto do contrato.
1.3.b.	Fornecer cópia de todos os contratos mantidos com terceiros.
1.4. Relatórios e registros junto a entidades governamentais	
1.4.a.	Cópia do registro junto ao Programa de Alimentação do Trabalhador (PAT).
1.4.b.	Cópia da Relação Anual de Informações Sociais (RAIS) entregue nos últimos 5 anos.
1.4.c.	Cópia dos últimos 12 Cadastros Gerais de Empregados e Desempregados (CAGED) apresentados.
1.4.d.	Cópia das GPS/GFIP dos últimos 5 anos.

130

1.5. Medicina e segurança do trabalho	
1.5.a.	Cópia do Programa de Prevenção de Acidente do Trabalho (PPRA) vigente.
1.5.b.	Cópia do Programa de Controle de Saúde Ocupacional (PCMSO) vigente.
1.5.c.	Cópia dos relatórios de Comissão Interna de Prevenção de Acidentes (CIPA)
1.5.d.	Cópia dos relatórios de Comissão Interna de Prevenção de Acidentes (CIPA)
1.5.e.	Cópias das Comunicações de Acidentes de Trabalho (CAT) emitidas nos últimos 5 anos.
1.5.f.	Cópia dos documentos Perfil Profissiográfico Previdenciário (PPP).
2. Pendências Judiciais	
2.1.	Lista de todos os processos judiciais, procedimentos de arbitragem, processos administrativos e investigações feitas por órgãos governamentais que estejam pendentes ou dos quais haja ameaça, envolvendo a sociedade-objeto, assim como todas as multas e penalidades relevantes às quais a sociedade-objeto esteja ou possa vir a se tornar sujeita em decorrência destes processos, procedimentos e investigações. Dessa lista deve constar a existência de todos os processos em que a sociedade--objeto seja parte, destacando os seguintes dados: (a) natureza do processo; (b) número do processo e comarca; (c) juízo pelo qual tramita o processo; (d) autor e réu; (e) objeto do processo (esclarecendo sobre a existência de liminar ou tutela antecipada); (f) andamento atualizado; (g) valor dado à causa pelo autor; (h) valor atualizado envolvido na demanda (valor total dos pleitos do autor, atualizado financeiramente); (i) existência de garantias atreladas ao processo (depósitos judiciais, bens penhorados etc.); (j) prognóstico de êxito.
2.2.	Cópia das principais peças processuais relativas aos processos judiciais e administrativos, incluindo todas as decisões, petições das partes e recursos, bem como de demais peças processuais que indiquem o objeto da ação e/ou seu *status* atual e valor envolvido.

2.3.	Lista de provisão contábil da sociedade-objeto para responder pelas possíveis condenações que poderão decorrer das ações, contendo o valor das provisões em cada caso.
2.4.	Todas as cartas dos advogados da sociedade-objeto aos seus auditores externos durante os últimos 5 anos.
3. Certidões	
3.1.	Certidão do distribuidor da Justiça do Trabalho (primeira e segunda Instâncias) referente às localidades em que a sociedade-objeto mantenha ou tenha mantido atividades nos últimos 5 anos.
3.2.	Certidão de distribuidor do Ministério Público do Trabalho referente às localidades em que a sociedade-objeto mantenha ou tenha mantido atividades nos últimos 5 anos.
3.3.	Certidão de distribuidor da Superintendência Regional do Trabalho referente às localidades em que a sociedade-objeto mantenha ou tenha mantido atividades nos últimos 5 anos.

Recebidos os documentos e informações solicitados na lista acima indicada, passa-se à análise detalhada, o que é realizado por meio do cruzamento das informações fornecidas. O cruzamento de informações é, de fato, o cerne da análise em uma *due diligence* trabalhista.

Exemplificativamente, recibos de férias podem ser comparados com folha de pagamentos e cartões de ponto. O que se busca aqui é verificar se haveria, por exemplo, marcação de presença em cartões de ponto durante o período formalizado das férias do empregado.

Também se pode comparar a folha de pagamentos com a lista de terceiros, com a finalidade de verificar, por exemplo, se algum empregado da sociedade-objeto também consta da lista de prestadores de serviços.

Com relação a processos judiciais, o método a ser adotado para a avaliação dependerá da quantidade de ações existentes e do escopo da auditoria. O melhor método para avaliação é a verificação individualizada das ações com a finalidade de (i) conhecer detalhadamente as teses abordadas pelas partes contrárias, tanto no aspecto de repercussão financeira quanto no aspecto de repetição, direcionando assim a avaliação das práticas trabalhistas, (ii) verificar os valores informados pela sociedade-objeto como representando seu passivo judicial, (iii) investigar a eventual existência de ações que, isoladamente, podem representar significativo risco para a sociedade-objeto, aqui especialmente consideradas as ações movidas por sindicatos ou pelo Ministério Público do Trabalho.

Uma grande dificuldade para a realização da auditoria em seu aspecto judicial reside no fato de que a competência da Justiça do Trabalho é como regra geral estabelecida, em seu critério territorial, com base na localidade em que o reclamante alega haver prestado serviços à reclamada. De tal fato decorre a característica típica da *due diligence* trabalhista de não poder ser realizada exclusivamente com base em certidões e/ou informações colhidas diretamente junto ao Judiciário.

Outro ponto relevante para a *due diligence* trabalhista é a definição do montante envolvido nas ações. Via de regra, os autores ao especificarem o valor da causa em suas petições iniciais, o fazem com vistas exclusivamente à definição de alçada, ou do rito a ser adotado, sem que o valor ali indicado tenha necessária correlação com o montante efetivamente pleiteado. De fato, apenas uma pequena parcela das petições iniciais apresenta valores líquidos na Justiça do Trabalho. Por vezes, entretanto, esse valor de alçada é tratado como efetivo valor envolvido na ação, e tal valor, por vezes atualizado, é informado em relatórios fornecidos para a *due diligence*.

Para a finalidade da *due diligence*, entretanto, o valor de alçada não é relevante. Ao contrário, o objetivo da *due diligence* em processos judiciais é, efetivamente, constatar o valor envolvido nas demandas, o valor de exposição da sociedade-objeto. E o valor de exposição será, justamente, um montante que guarda direta relação com os pleitos apresentados pelos autores. Trata-se, em outras palavras, da somatória dos valores efetivamente pleiteados nas iniciais, devidamente atualizados. Esses serão os valores de exposição máxima da sociedade-objeto, valores a serem informados em relatório.

Tanto em matéria de práticas trabalhistas quanto em processos, inconsistências na análise de documentos devem ser objeto de novos questionamentos, até que a verificação não apresente inconsistências adicionais.

Finalizada a análise, solucionadas as inconsistências surgidas e quantificados os pontos encontrados, faz-se necessário formalizar o procedimento de auditoria e suas conclusões por meio de relatório.

(c) Fase de elaboração de relatório

Uma vez finalizada a verificação de informações e documentos, a *due diligence* passa à fase de elaboração de relatório. O relatório deve ser elaborado com base nos objetivos específicos da auditoria sendo mais ou menos detalhado, devendo apresentar, sempre que possível, uma estimativa de valores envolvidos.

Na elaboração do relatório o auditor não deve se restringir a lançar os resultados de sua verificação. As informações devem ser inseridas em relatório de forma organizada, clara e simplificada, facilitando assim a compreensão dos temas por aqueles que não possuem conhecimento específico na área trabalhista.

Novamente aqui o critério financeiro é relevante: alguns tópicos trabalhistas podem, efetivamente, atingir valores bastante expressivos e tal elemento deve ser utilizado, juntamente com outros, como a imagem da empresa e a relevância técnica do tema, para definir a apresentação dos tópicos.

Preferencialmente, o relatório de *due diligence* deve iniciar-se com um breve sumário indicando o propósito da análise, as limitações de escopo e a metodologia adotada, seguindo-se um tópico sobre informações e documentos. Com relação a informações, é importante inserir no relatório sua fonte, seu modo de obtenção e sua abrangência. Quanto a documentos, deve constar do relatório uma listagem de todos aqueles disponibilizados e daqueles que, apesar de solicitados, não foram disponibilizados.

Em sequência, são analisados os principais tópicos objeto de verificação na *due diligence*. Essa análise deve apontar os itens verificados e os pontos de incorreção encontrados, apontando exemplos e indicando, sempre que possível, o valor envolvido nesse tópico ou item (quantificação). A quantificação, por sua vez, preferencialmente deverá ocorrer por meio de cálculos exatos e, quando não possível, por meio de estimativas realizadas com base em dados concretos (percentuais históricos, médias da empresa etc.).

Em muitos casos, e especialmente para clientes internacionais, o relatório de *due diligence* trabalhista deve apresentar, antes de cada tópico tratado, um pequeno parágrafo especificando de que se trata e qual o regramento jurídico aplicável à matéria. Por exemplo, ao tratar de horas extras deve-se explicar qual a duração normal do contrato de trabalho, como as horas extras são tratadas no Brasil, quem está fora do regime de controle de jornadas, os adicionais legais e convencionais etc.

135

4.4 Procedimentos finais

Após a elaboração do relatório, alguns procedimentos finais devem ser observados pelo auditor, relacionados ao arquivamento das informações colhidas e da documentação recebida.

Em razão do relevante papel das *due diligences*, e em especial por sua influência no âmbito da responsabilidade das operações, cumpre aos envolvidos na auditoria garantir que os documentos e as informações que levaram às conclusões do relatório estejam arquivados e à disposição para eventuais consultas futuras.

4.5 Considerações finais

A *due diligence* trabalhista pode ser considerada como um conjunto de procedimentos adotados, de forma metódica e organizada, para a verificação das práticas trabalhistas de uma empresa sob os aspectos jurídico e financeiro. Mais que analisar documentos de forma aleatória, a *due diligence* trabalhista é marcada pela necessidade de organização específica, a fim de permitir uma restrição da análise aos temas efetivamente considerados relevantes para a operação e para as partes.

Não existe hoje um procedimento-padrão estabelecido para a realização de *due diligences* trabalhistas, mas a evolução do tema tem demonstrado que a organização a partir de listas iniciais de solicitações é um meio eficiente para, em menor tempo, se atingir uma análise segura e confiável. De fato, são a segurança e a confiabilidade, aliadas à compreensão do propósito da *due diligence*, que fazem um processo de auditoria trabalhista bem-sucedido.

REFERÊNCIAS

DOUTRINA

ABRAHAM, Marcus (coord.). **Manual de auditoria jurídica.** São Paulo: Quartier Latin, 2008.

BARROS, Alice Monteiro de. **Curso de Direito do Trabalho.** 3. ed. São Paulo: LTr, 2007.

BERNARDES, Hugo Gueiros. **O contrato de trabalho e sua alteração.** São Paulo: LTr, 1975.

CABRAL, Carine Murta Nagem. **Grupo de empresas no Direito do Trabalho.** Belo Horizonte: Mandamentos, 2006.

CATHARINO, José Martins. **Compêndio de Direito do Trabalho.** 2. ed. São Paulo: Saraiva, 1981, v. I.

DELGADO, Mauricio Godinho. **Curso de Direito do Trabalho.** 4. ed. São Paulo: LTr, 2005.

GOMES, Orlando; GOTTSCHALK, Elson. **Curso de Direito do Trabalho.** 16. ed. Rio de Janeiro: Forense, 2002.

MANUS, Pedro Paulo Teixeira. **Direito do Trabalho.** 11. ed. São Paulo: Atlas, 2007.

ROSO, Jayme Vita. **Auditoria jurídica para a sociedade democrática.** São Paulo: Editora STS, 2001.

SADDI, Jairo (org.). **Fusões e aquisições:** aspectos jurídicos e econômicos. São Paulo: IOB, 2002.

WARDE JUNIOR, Walfrido Jorge (coord.). **Fusão, cisão, incorporação e temas correlatos.** São Paulo: Quartier Latin, 2009.

LEGISLAÇÃO

BRASIL. **Decreto-Lei n. 5.452, de 1º de maio de 1943**. Disponível em: <http://www.planalto.gov.br/ccivil/decreto-lei/del5452.htm>. Acesso em: 21 fev. 2011.

OUTRAS REFERÊNCIAS

BRASIL. Tribunal Superior do Trabalho. **Recurso de Revista n. 2.479**. 2ª Turma. Relator Ministro Francisco Leocádio. J. em: 17-6-1991. Disponível no *DJ* de 8 nov. 1991.

BRASIL. Tribunal Regional do Trabalho da 23ª Região. **Recurso Ordinário n. 01334.2005.006.23.00-6**. 1ª Turma. Relator Desembargador Roberto Bernatar. Mato Grosso. J. em 14-9-2010. Disponível em: <http://www4.trt23.jus.br/jurisprudenciaonline/pages/buscaresultado.jsf>. Acesso em: 21 fev. 2011.

BRASIL. Tribunal Regional do Trabalho da 12ª Região. **Recurso Ordinário n. 4663**. 1ª Turma. Relator Desembargador Antonio

Carlos Facioli Chedid. Santa Catarina. J. em: 20-9-2001. Disponível em: <http://www2.trt12.gov.br/acordaos/2001/07501a 10000/09759_2001.pdf>. Acesso em: 21 fev. 2011.

5 AUDITORIA SOCIETÁRIA

Larissa Teixeira Quattrini

Coordenadora e professora do Programa de Educação Executiva da DIREITO GV (GVlaw); mestre e doutoranda em Direito pela Pontifícia Universidade Católica de São Paulo — PUCSP; LL.M pela U. C. Berkeley; advogada em São Paulo.

5.1 Introdução

Em 1990, o Brasil deu um dos primeiros passos para participar do processo de globalização com sua abertura comercial. As empresas nacionais que havia anos estavam sob o protecionismo brasileiro tiveram que adotar diversas medidas para sobreviver a essa mudança. A reestruturação societária, através de fusões, aquisições, incorporações e alianças estratégicas foi o modo mais eficiente de manter as empresas brasileiras, que adotaram tal medida, no mercado.

Tais operações societárias aumentaram significativamente no decorrer dos anos. Conforme pesquisa realizada pela KPMG[1], em 2010 foram contabilizadas 727 operações societárias, o que representa um aumento de 60% em relação a 2009, ano em que 454 operações foram realizadas.

Os objetivos mais relevantes de tais operações são aumentar o lucro das sociedades, criar empresas competitivas com forte porte financeiro e estrutura logística para competir com as multinacionais. Entretanto, para que os objetivos de tais operações sejam alcançados é essencial a análise dos riscos envolvendo o negócio, os quais, em grande parte das vezes, podem ser averiguados antes da execução da operação por meio de uma auditoria.

---

[1] **Estudo sobre fusões e aquisições, KPMG Corporate Finance Ltda**. Disponível em: <http://www.kpmg.com/BR/PT/Estudos_Analises/artigosepublicacoes/Documents/Fusoes%20e%20Aquisicoes/2010/FA_4otrim_2010.pdf>. Acesso em: 11 fev. 2011.

No que tange à auditoria jurídica, diversos aspectos devem ser analisados, tais como: societário, direito civil, contratos, litígios administrativos, trabalhista, mercado de capitais, tributários, ambientais, dentre outros.

Adicionalmente, deve-se definir previamente ao início da auditoria o seu propósito, que pode visar exemplificativamente: a aquisição da totalidade do capital social, a aquisição do controle da sociedade e a aquisição de uma parcela minoritária do capital social.

Nesse contexto, este artigo visa descrever como deve ser realizada uma auditoria societária, com foco em sociedades anônimas fechadas, para verificar os riscos da operação que se pretende realizar, bem como os obstáculos que podem impedir tais negócios e os ajustes que podem ser realizados para viabilizar a operação pretendida.

5.2 Aspectos de uma auditoria societária

Para avaliar os riscos da operação pretendida é absolutamente imprescindível a análise dos documentos societários da sociedade objeto da operação, os quais são solicitados pelas partes interessadas por meio de uma lista denominada *checklist*.

Em posse de tais documentos, devem ser verificados diversos aspectos societários, dentre eles: (i) histórico da sociedade; (ii) estrutura coorporativa e o contrato social/estatuto social; (iii) auditores e contadores; (iv) livros societários; (v) valores mobiliários emitidos; (vi) acordo de quotista/acordo de acionistas; (vii) lucros, reservas e dividendos; (viii) estrutura administrativa, dentre outros.

As informações obtidas na referida análise juntamente com as conclusões decorrentes dos demais documentos auditados são transcritas no relatório de auditoria que é analisado pelas partes interessadas, que decidirão sobre a viabilidade do negócio.

5.2.1 Histórico da sociedade

No histórico da sociedade são transcritas todas as informações relevantes desde sua constituição até a data base da auditoria. Nessa parte incluem-se a data de constituição da sociedade, os sócios que constituíram a sociedade e fizeram parte do quadro social, os locais em que a sociedade teve sua sede localizada, eventuais processos de reorganização societária, dentre outras informações.

5.2.2 Estrutura corporativa e o contrato social/estatuto social

É importante verificar todas as alterações contratuais, caso a sociedade auditada seja uma sociedade limitada, ou as assembleias gerais, caso a sociedade seja uma sociedade anônima, para extrair as principais informações societárias, a estrutura corporativa e os sócios/acionistas. É fundamental verificar se todos os documentos societários foram devidamente registrados perante a Junta Comercial do Estado da sede da sociedade, perante a Secretaria da Receita Federal e demais órgãos exigidos por lei.

Caso a sociedade auditada seja uma sociedade limitada, deve-se verificar se o Contrato Social possui os requisitos listados no art. 997 do Código Civil (BRASIL, 2002). A ausência de um dos requisitos pode causar questionamento quanto à existência legal da sociedade.

Deve-se verificar se o contrato social prevê a aplicação supletiva da Lei n. 6.404/76 (Lei das Sociedades Anônimas ou LSA; BRASIL, 1976). Neste caso, a sociedade poderá utilizar os dispositivos da LSA que lhe sejam aplicáveis nos casos em que a Lei n. 10.406/2002 (Código Civil) nas partes referentes à sociedade limitada e sociedade simples for omissa.

Na hipótese de a sociedade auditada ter sido constituída antes de 2002, é importante averiguar se o contrato social foi adaptado nos termos do Código Civil. Caso tal adequação não tenha sido realizada, é recomendável a realização da adequação antes do fechamento do negócio proposto.

Caso a sociedade auditada seja uma sociedade anônima, deve-se verificar se esta é uma sociedade aberta, ou seja, se tem valores mobiliários de sua emissão admitidos à negociação no mercado de

143

valores mobiliários, ou fechada. Em caso de sociedade anônima aberta, deve-se verificar se o registro de tal sociedade está atualizado na Comissão de Valores Mobiliários e se existem processos administrativos envolvendo a companhia, seus controladores ou administradores.

O relatório de auditoria deve dispor sobre todas as informações estabelecidas no estatuto social e nas assembleias gerais da sociedade anônima que esteja sendo auditada, devendo constar, inclusive, os procedimentos para eleger os administradores, o *quorum* necessário para as deliberações, os procedimentos para a cessão de ações, bem como toda e qualquer cláusula que possa limitar os poderes da parte interessada em realizar o negócio objeto da auditoria.

Tais cláusulas devem ser especialmente analisadas nas operações em que se visa adquirir o controle da sociedade, uma vez que referidos dispositivos podem limitar os poderes dos acionistas majoritários.

5.2.3 Auditores e contadores

No relatório de auditoria deve constar se a sociedade possui contadores e auditores, os quais são imprescindíveis em qualquer sociedade que deseja ter transparência em sua contabilidade e atividades. O contador é fundamental, pois é responsável pela gestão econômica da sociedade, pelos cálculos dos impostos, pela vistoria das movimentações financeiras e por apurar os resultados, os quais servem de base para futuras decisões que a sociedade venha a tomar.

Os auditores, por sua vez, mantêm estrita relação com os profissionais acima descritos já que é na auditoria que se verifica a exatidão dos procedimentos contábeis na empresa. Assim, destaca-se a importância da atividade do auditor para a continuidade operacional da sociedade auditada, visto que a eventual descoberta de algum ilícito é capaz de gerar sérias consequências relativas ao regimento e à sobrevivência da empresa, influenciando, ainda, nos demais negócios jurídicos por ela compactuados.

5.2.4 Livros societários

A listagem dos livros societários da sociedade auditada bem

como a forma de escrituração de tais livros devem constar no relatório de auditoria. Nos termos do art. 100 da LSA, a companhia deve ter os seguintes livros societários: (i) Livro de Registro de Ações Nominativas; (ii) Livro de Transferência de Ações Nominativas; (iii) Livro de Registro de Partes Beneficiárias e Nominativas e Transferência de Partes Beneficiárias Nominativas; (iv) Livro de Atas de Assembleias Gerais; (v) Livro de Presença de Acionistas; (vi) Livro de Ata de Reunião do Conselho de Administração e, se houver Diretoria, Livro de Ata de Reuniões de Diretoria; e (vii) Livro de Atas e Pareceres do Conselho Fiscal.

Ainda, deve ser informado no relatório de auditoria se todos os referidos livros estão autenticados pela Junta Comercial do Estado da sede da sociedade auditada conforme determina Instrução Normativa n. 102/2006 do Departamento Nacional de Registro e Comércio (DNRC; BRASIL, 2006).

Livros registrados e atualizados nos termos da lei demonstram a transparência e a organização da sociedade auditada.

Os livros societários devem ser cautelosamente analisados quando se realiza uma auditoria, uma vez que todos os ônus sobre as ações, restrições referentes à sua transferência e existência de acordo de acionistas devem estar escriturados em tais livros.

145

5.2.5 Valores mobiliários

Os valores mobiliários são instrumentos utilizados pelas sociedades anônimas que os emitem para captar recurso para que possam ser subscritos por investidores. Os principais valores mobiliários são as ações, as debêntures, as partes beneficiárias e o bônus de subscrição. No relatório de auditoria deve constar a descrição de todos os valores mobiliários que já foram emitidos pela sociedade auditada.

5.2.5.1 Ações

O capital social de uma sociedade por ações é composto por unidades mínimas denominadas ações, que obrigatoriamente possuem o mesmo valor nominal. As ações são representadas por títulos equivalentes a parcelas do capital social, que após serem subscritas por pessoas físicas ou jurídicas lhes conferem a qualidade de sócios da companhia.

A LSA, em seu art. 15, estabelece as espécies de ações que podem compor o capital social de uma sociedade por ações, sendo elas: ordinárias, preferenciais ou de fruição.

Ações ordinárias são obrigatórias na criação de uma sociedade anônima, pois conferem aos seus detentores os direitos ordinários de um acionista, incluindo o direito de voto.

As ações preferenciais diferem das demais por conferirem ao seu titular vantagem de ordem patrimonial, entretanto podem ter restrição ao direito de voto.

Ações de fruição, na definição de Fábio Ulhoa Coelho, consistem naquelas que "são atribuídas aos acionistas cujas ordinárias ou preferenciais foram totalmente amortizadas" (COELHO, 2003, p. 106). Vale esclarecer que amortização é o recebimento antecipado pelo acionista de valor que lhe seria percebido no caso de liquidação ou de dissolução da sociedade, porém é importante ressaltar que nesse caso o capital social da companhia não pode sofrer prejuízo. Na prática do direito societário brasileiro não se observa com muita frequência a presença de ações de fruição.

5.2.5.2 Ações preferenciais

Atualmente, no caso de haver qualquer restrição ao direito de voto, a quantidade de ações preferenciais não pode ultrapassar o limite de 50% do total das ações emitidas pela sociedade (art. 15, § 2º, da LSA). Tal limitação objetiva garantir que a maior parte das ações confira direito de voto ao seu titular, impedindo que detentores de pequena quantidade de ações ordinárias exerçam o controle político da sociedade (RIZZARDO, 2007, p. 304).

Constituem privilégios das ações preferenciais a prioridade na distribuição do dividendo fixo ou mínimo, a prioridade no reembolso do capital, ou a acumulação destas duas preferências ou vantagens[2].

Necessariamente, o estatuto social deve estabelecer as restrições e privilégios inerentes às ações preferenciais daquela companhia, assim como prevê o art. 19 da LSA. Logo, no silêncio do estatuto social quanto a eventuais restrições, estará o preferencialista dotado de poder de voto, assim como o ordinarista.

Pode-se dizer que as vantagens e os privilégios que a legislação brasileira confere aos sócios detentores de ações preferenciais têm caráter compensatório, trata-se de uma contraprestação pela restrição ao direito de voto.

Independentemente do grau de limitação de uma ação preferencial ou dos privilégios que possua, não poderão os ordinaristas alterar unilateralmente as vantagens patrimoniais dos preferencialistas. O art. 136 da LSA disciplina a matéria em seu inciso II e § 1º, ao exigir que qualquer deliberação que acarrete alteração nas preferências ou vantagens das ações preferenciais seja aprovada previamente ou ratificada por mais da metade dos titulares das ações preferenciais prejudicadas[3].

Além da garantia das vantagens patrimoniais, o inciso III do art. 109 da LSA[4] garante ao acionista detentor de ações preferenciais o direito de fiscalização. A supressão do direito de voto, apesar de excluir a participação em atos decisórios da companhia, não exclui o acionista preferencial do direito de fiscalizar a empresa. "Tem ele direito de fiscalizar como a sociedade anônima está sendo administrada, mas não pode interferir nessa administração" (COELHO, 2003, p. 106).

---

[2] É o que se infere da leitura do *caput* e dos incisos do art. 17 da Lei n. 6.404/1976.

[3] Art. 136 da Lei n. 6.404/76.

[4] Art. 109 da Lei n. 6.404/76.

O art. 111 da LSA é o responsável pela autorização à restrição do direito de voto para os detentores de ações preferenciais e também cria a possibilidade de aquisição do direito de voto ("voto contingente") após 3 (três) exercícios consecutivos sem percepção de dividendos fixos ou mínimos a quem de direito, podendo o estatuto da empresa reduzir esse prazo, mas nunca aumentá-lo, uma vez que o referido artigo utiliza a expressão "pelo prazo previsto no estatuto, *não superior* a 3 (três) exercícios consecutivos"[5].

Essa previsão legal confere aos preferencialistas maior segurança quanto ao bem-estar financeiro da companhia, pois o fato de a empresa não auferir recursos suficientes para suprir a desvantagem do acionista de ter seu direito de voto tolhido pode significar má administração da sociedade, caso em que o acionista preferencial adquire poder de voto para defender seu patrimônio.

5.2.5.2.1 Aquisição de direito de voto de ações preferenciais nos casos de ausência de dividendo fixo ou mínimo

Nos casos de estatutos que conferem dividendos fixos ou mínimos, é fundamental verificar se a empresa fez o pagamento de tais dividendos nos exercícios anteriores, pois a Lei das S/A estabelece a aquisição de direito de voto quando não são recebidas as referidas vantagens econômicas pelo prazo de 3 (três) exercícios consecutivos, caso não haja menor prazo estatutariamente estabelecido.

Configurado o decurso de tempo estabelecido, ocorre a suspensão temporária da eficácia da cláusula estatutária de limitação ou supressão do direito de voto, conforme o entendimento de Fábio Ulhoa Coelho, assim "os preferencialistas podem votar amplamente nas assembleias gerais até receberem o dividendo a que têm direito" (2003, p. 103).

---

[5] Art. 111 da Lei n. 6.404/76.

É importante esclarecer que o momento exato da aquisição do poder de voto ocorre quando se aprova a destinação do resultado do exercício, sem que tenha previsão do pagamento do dividendo fixo ou mínimo. A partir daí, para a decisão de outros eventuais pontos presentes na pauta da mesma assembleia, já serão computados os votos dos acionistas preferenciais.

A suspensão da previsão estatutária de restrição de voto perdurará até que o acionista prejudicado receba o dividendo fixo ou mínimo a que faz jus. Para o adimplemento da obrigação, há que se observar se o estatuto prevê dividendo cumulativo ou não cumulativo. No primeiro caso, em conformidade com o doutrinador, o valor referente ao exercício que não gerou a vantagem patrimonial preestabelecida deverá ser acrescido ao montante correspondente ao próximo exercício. No segundo caso, o valor que deixou de ser pago não será computado quando do pagamento do montante auferido no próximo exercício.

A LSA, em seu art. 17, § 4º[6], estabelece que a cumulatividade estará expressa no estatuto, caso este seja omisso quanto à matéria, os dividendos não serão cumulativos.

A verificação do pagamento dos dividendos fixos e mínimos aos acionistas preferencialistas ganha uma importância maior quando o objetivo for a aquisição do controle da sociedade por meio da aquisição das ações ordinárias necessárias para tanto, pois com a aquisição do direito de voto dos preferencialistas, o controlador poderá perder o controle de fato da sociedade até o pagamento de tais dividendos.

O exposto até o momento não gera muita discussão doutrinária ou jurisprudencial, uma vez que a lei é bem clara ao abordar

[6] Art. 17, § 4º Salvo disposição em contrário no estatuto, o dividendo prioritário não é cumulativo, a ação com dividendo fixo não participa dos lucros remanescentes e a ação com dividendo mínimo participa dos lucros distribuídos em igualdade de condições com as ordinárias, depois de a estas assegurado dividendo igual ao mínimo.

o caso da aquisição de direito temporário de voto quando não há pagamento de dividendo mínimo ou fixo. Entretanto, a norma é omissa quanto à hipótese de o único privilégio estabelecido ser a prioridade no reembolso do capital, cuja previsão legal encontra-se no inciso II do art. 17 da LSA.

Em outras palavras, a ausência de pagamento de dividendos aos preferencialistas que não sejam fixos ou mínimos obrigatórios poderá ensejar a aquisição do direito de voto de tal preferencialista e, consequentemente, tornar-se um obstáculo à realização da operação societária proposta?

O Superior Tribunal de Justiça, em dezembro de 2009, proferiu acórdão abordando a matéria referente ao Recurso Especial n. 818.506 (SUPERIOR TRIBUNAL DE JUSTIÇA, 2009). A decisão foi no sentido de que "a aquisição temporária do direito de voto pelas ações preferenciais, nos termos do § 1º do art. 111 da LSA (voto contingente), é restrita às ações preferenciais que fazem jus a dividendos fixos ou mínimos. Ausência de violação ao referido dispositivo legal".

Assim, se prevalecer o entendimento atual do Superior Tribunal de Justiça, apenas o não pagamento de dividendos fixos ou mínimos poderá ensejar a aquisição do direito de voto dos acionistas preferencialistas, sendo apenas estes os casos que poderão ensejar um obstáculo ou necessidade de ajuste para a realização da operação societária de fusão ou aquisição.

5.2.5.3 Outros valores mobiliários

As debêntures são títulos negociáveis que conferem aos seus titulares direito de crédito por meio de uma escritura de emissão e nos termos das condições mencionadas no certificado (art. 52 da LSA). As referidas condições devem ser analisadas com cautela quando da realização da auditoria, uma vez que as debêntures representam um crédito detido por um investidor contra a sociedade, que na data do resgate pode ser conversível em ações e, inclusive, conferir direito de voto ao seu subscritor.

Os bônus de subscrição são títulos negociáveis e emitidos pela sociedade anônima que conferem ao subscritor o direito de emitir até o limite do capital autorizado no estatuto social. A emissão de tais títulos pode ter a finalidade de facilitar a venda de ações ou debêntures visando à melhoria na estruturação do aumento de capital social (art. 75 da LSA).

As partes beneficiárias são títulos negociáveis, sem valor nominal, emitidos pela sociedade anônima, consistindo na participação dos lucros anuais em até 10%. O direito de crédito nesse caso só pode ser exercido nos exercícios em que a sociedade auferir lucro. Este título negociável não confere direitos de acionistas, como, por exemplo, o direito a voto, para os seus detentores, salvo o da fiscalização[7].

Como se pode notar, é fundamental analisar em uma auditoria as características de todos os valores mobiliários de emissão da sociedade uma vez que são créditos que terceiros detêm contra sociedade e, em algumas vezes podem, inclusive, garantir direito de voto para os seus detentores.

5.2.6 Acordo de acionista

Nos acordos de acionistas, quando existentes, podem ser estabelecidas regras para a compra e venda de ações, a preferência para adquiri-las, o exercício de direito ao voto, ou ao poder de controle. Todas as características do acordo de acionista da sociedade auditada devem constar no relatório de auditoria, inclusive: (i) os nomes dos titulares das ações ordinárias e preferenciais vinculados no acordo; (ii) o percentual do capital social detido por cada acionista vinculado no acordo; (iii) a data de celebração; (iv) o prazo de vigência; (v) a existência de cláusula de sucessão; (vi) o procedimento para nomeação dos administradores; (vii) as formas de rescisão do acordo e suas consequências; (viii) o direito de opção de compra e venda de

---

[7] Arts. 46 e 47 da LSA.

ações; (ix) o direito de preferência na subscrição e aquisição de ações; (x) *tag along* e *drag along,* e (xi) acordos de voto.

Todas as cláusulas mencionadas acima devem ser analisadas e descritas pormenorizadamente no relatório de auditoria.

Dentre as cláusulas de um acordo de acionistas que podem representar um obstáculo à realização de um determinada operação, isto sempre a depender do objeto da operação, temos, por exemplo, os acordos de voto que estabelecem um *quorum* significativamente superior aos estabelecidos em lei.

Exemplificativamente, caso o interesse do comprador seja a aquisição do controle da sociedade e exista cláusula no estatuto ou no acordo de acionistas que estabeleça um *quorum* de 80% (oitenta por cento) para as deliberações, isto significará que para que este comprador realmente possa exercer o controle absoluto, este terá de adquirir 80% (oitenta por cento) das ações, o que poderá significar um investimento significativamente superior aos eventuais 50% (cinquenta por cento) inicialmente previstos.

Outra possibilidade seria requerer a alteração de tais cláusulas antes da realização da operação.

Para melhor visualização do quanto exposto, segue abaixo exemplo de cláusula em acordo de acionista nesse sentido:

X. As deliberações tomadas em Assembleia Geral, em regra, o serão por acionistas representando a maioria do capital social com direito a voto. No entanto, os acionistas acordam expressamente que a aprovação das matérias a seguir elencadas dependerá do voto favorável de acionistas representando, no mínimo, 70% (setenta por cento) do capital social com direito a voto:

(i) alterações do Estatuto Social da Companhia no que diz respeito a: (a) prazo de duração da Companhia; (b) objeto social; (c) aumentos de capital acima do valor autorizado pelo Estatuto Social; (d) alteração do valor do capital autorizado; (e) exclusão do direito de preferência para subscrição de ações e/ou valores mobiliários conversíveis em ações; (f) definição dos poderes e procedimentos da Assembleia Geral de Acionistas; (g) composição, modo de eleição e competência do Conselho de Administração; (h) composição, modo de eleição e competência da Diretoria e da competência individual de cada Diretor;

(ii) a cisão, incorporação, fusão, transformação, dissolução ou liquidação da Companhia, bem como nomeação de liquidantes, composição com credores, pedido de concordata e declaração de falência;

(iii) a aprovação das demonstrações financeiras e balanços da Companhia.

X.1. Para os fins do disposto no item X acima, os acionistas reunir-se-ão, até 5 (cinco) dias antes da realização de Assembleia Geral que tenha na ordem do dia quaisquer das matérias acima e, pelo voto favorável de acionistas representando, no mínimo, 70% (setenta por cento) do capital social com direito a voto, decidirão a posição a ser tomada. Qualquer dos acionistas poderá ser representado na reunião de que trata este subitem por procurador desde que devidamente constituído e com poderes específicos.

X.2. Os acionistas obrigam-se a votar de forma a negar aprovação em Assembleia Geral a qualquer das matérias listadas no item X acima que não tenha obtido, na reunião dos acionistas de que trata o subitem X.1 acima, voto favorável de acionistas representando, no mínimo, 80% (oitenta por cento) do capital social.

153

Outra cláusula a ser destacada ao analisar o acordo de acionista da empresa auditada é a que estabelece o direito de preferência na aquisição de ações pelos demais acionistas. Nestes casos, o procedimento para o exercício do direito de preferência estabelecido no documento em pauta deverá ser rigorosamente observado.

Ainda, cumpre destacar as cláusulas de *tag along* e *drag along*.

O *tag along* é um dispositivo contratual que visa proteger os sócios minoritários na eventual troca do controle da sociedade; trata-se de um direito, mas não de uma obrigação de vender as suas ações, geralmente pelo mesmo preço ofertado ao controlador.

Caso o escopo da operação societária seja a aquisição direta ou indireta do controle, deve ser averiguado na auditoria societária se existe acordo de acionistas e se este prevê o *tag along*. Em caso positivo, o adquirente do controle direto ou indireto da sociedade auditada deve fazer oferta de aquisição das ações aos minoritários.

Visando facilitar a identificação da cláusula de *tag along*, formulamos o seguinte exemplo:

Direitos de Transferência Conjunta — *tag along*. Caso o acionista controlador deseje alienar ou transferir, direta ou indiretamente, parte ou a totalidade de suas respectivas ações a qualquer terceiro, os acionistas minoritários que não exercerem seu respectivo direito de preferência terão o direito irrevogável e irretratável de exigir, no mesmo prazo concedido para o exercício do respectivo direito de preferência, que o acionista majoritário somente aliene as ações ofertadas, caso as ações detidas pelos acionistas minoritários sejam também adquiridas pelo terceiro, nos mesmos termos e condições da alienação das ações detidas pelo acionista controlador ("tag along").

A cláusula de *drag along*, quando prevista em um acordo de acionistas, concede aos acionistas majoritários, em caso de alienação de suas ações, o direito de obrigar os acionistas minoritários a alienarem suas ações pelo mesmo preço e condição da venda das ações dos acionistas majoritários.

Tal cláusula também pode estar disposta de diversas formas no acordo de acionista, como, por exemplo:

Drag along. Caso os acionistas detentores de 70% das ações ordinárias desejem alienar, transferir, direta ou indiretamente, a totalidade de suas respectivas ações a qualquer terceiro, o acionista minoritário que não exercer o seu respectivo direito de preferência terá a obrigação irrevogável e irretratável de vender, juntamente com os acionistas detentores de 70% das ações, suas respectivas ações ordinárias ao terceiro, nos mesmos termos e condições da alienação das ações ordinárias detidas pela Parte Ofertante ("drag along").

5.2.7 Administração da sociedade

Nos termos do art. 138 da LSA, as sociedades anônimas são administradas pelo Conselho de Administração e pela Diretoria ou somente pela Diretoria, caso assim o Estatuto Social estabeleça. Entretanto, as sociedades abertas e as de capital autorizado devem necessariamente ser administradas tanto pelo Conselho de Administração como pela Diretoria.

No relatório de auditoria devem constar todas as informações referentes à administração da sociedade, tais como: os órgãos de administração, o número de administradores, o prazo do mandato, o número de administradores que cada acionista pode nomear, os poderes de cada administrador.

Também devem ser averiguadas as atas de reunião da Diretoria e do Conselho de Administração para verificar se há impasse ou conflito na tomada de decisões dos administradores. A presença de tais conflitos pode interferir no desenvolvimento das atividades da sociedade, que pode ser prejudicado quando tais desentendimentos retardam as tomadas de decisões administravas da sociedade.

5.2.7.1 *Conselho fiscal*

O Conselho Fiscal é um instrumento conferido aos acionistas para fiscalizar a administração da sociedade. É aconselhável que toda sociedade anônima tenha um Conselho Fiscal, embora o seu funcionamento seja opcional. No desenvolvimento da auditoria, os pareces e representações do Conselho Fiscal devem ser analisados juntamente com as atas de tal órgão, uma vez que estes informam a legalidade e a adequabilidade contábil e outros atos dos administradores em tais documentos. Adicionalmente, todas as outras informações referentes ao Conselho Fiscal devem ser descritas no relatório de auditoria, como, por exemplo: quantidade de integrantes do Conselho Fiscal, o nome de seus integrantes, dentre outras.

5.3 Relatório

Após análise de todos os documentos societários disponíveis da sociedade auditada, o relatório de auditoria deve ser elaborado e apontar os eventuais obstáculos para a realização da operação pretendida ou medidas que devem ser adotadas pela sociedade auditada para viabilizar o fechamento do negócio.

Diversos podem ser os obstáculos que impossibilitem o fechamento da operação, tais como: o exercício do direito de preferência ou de veto dos atuais sócios ou acionistas da sociedade auditada, cláusula de *tag along* quando não se pretende adquirir a totalidade do capital social da sociedade auditada, valor relevante de débitos detidos contra a sociedade auditada, limitação do exercício do direito de sócios ou acionistas que não podem ser alterados etc.

Além dos obstáculos que inviabilizam a execução do negócio, o relatório também deverá apontar as imperfeições da sociedade auditada que podem ser ajustadas para tornar possível a realização da operação, tais como: atualização dos livros societários, adequação do contrato social ao Código Civil, realização de Assembleias Gerais ordinárias, dentre outros.

5.4 Considerações finais

É tendência no Brasil o contínuo crescimento das operações societárias nos próximos anos, uma vez que este é um dos meios mais eficientes para propiciar o crescimento e o fortalecimento das sociedades brasileiras.

Entretanto, antes da realização de qualquer negócio é fundamental a realização de uma auditora para verificar a situação jurídica e financeira da sociedade objeto da operação. Sob o ponto de vista jurídico, antes do início da auditoria o escopo do negócio deve estar bem definido.

Em seguida todos os documentos disponíveis devem ser analisados, as informações relevantes devem ser transcritas no relatório de auditoria e os eventuais obstáculos que podem inviabilizar a operação, bem como os ajustes que devem ser realizados antes da realização do negócio devem ser apontados no relatório.

Com a adoção de todos os procedimentos descritos neste artigo os riscos das operações societárias são reduzidos consideravelmente, e o objetivo pretendido torna-se mais fácil de ser alcançado.

REFERÊNCIAS

ALFREDO LAMY FILHO. Parecer Processual. Relatora: Ministra Nancy Andrighi. 9-4-2001. **Processo n. 358.01.2001.001263-7** — 3ª Vara Judicial da Comarca de Mirassol, fls. 1.059 a 1.071 dos autos.

BRASIL. **Instrução Normativa n. 102, de 25 de abril de 2006**, do Departamento Nacional de Registro e Comércio (DNRC). Disponível em: <http://www.dnrc.gov.br/Legislacao/INLIVROS. pdf>. Acesso em: 14 mar. 2011.

BRASIL. **Lei n. 6.404, de 15 de dezembro de 1976**. Disponível em: <http://www.planalto.gov.br/ccivil_03/Leis/L6404consol. htm>. Acesso em: 14 mar. 2011.

BRASIL. **Lei n. 10.406, de 10 de janeiro de 2002**. Disponível em: <http://www.planalto.gov.br/ccivil/leis/2002/L10406.htm>. Acesso em: 14 mar. 2011.

BRASIL. Superior Tribunal de Justiça. **Recurso Especial n. 818.506/SP**. 3ª Turma. Relatora: Ministra Nancy Andrighi. Brasília J. em 17-12-2009. Disponível em: <https://ww2.stj.jus.br/revista-eletronica/ita.asp?registro=200600206031&dt_publicacao=17/03/2010>. Acesso em: 22 fev. 2011.

CARVALHOSA, Modesto. **Comentários à Lei de Sociedades Anônimas**. 5. ed. São Paulo: Saraiva, 2009. v. 1.

_____. **Comentários à Lei de Sociedades Anônimas**. 5. ed. São Paulo: Saraiva, 2009. v. 2.

COELHO, Fábio Ulhoa. **Curso de Direito Comercial**. 6. ed. São Paulo: Saraiva, 2003. v. 2.

_____. Parecer Processual. Relatora: Ministra Nancy Andrighi. 22-4-2002. **Processo n. 358.01.2001.001263-7** — 3ª Vara Judicial da Comarca de Mirassol, fls. 1.271 a 1.286.

KPMG — Corporate Finance Ltda. **Estudo sobre fusões e aquisições, KPMG Corporate Finance Ltda.** Disponível em: <http://www.kpmg.com/BR/PT/Estudos_Analises/artigosepubli-cacoes/Documents/Fusoes%20e%20Aquisicoes/2010/FA_4otrim_2010.pdf>. Acesso em: 11 fev. 2011.

RIZZARDO, Arnaldo. **Direito de empresa**. 2. ed. Rio de Janeiro: Forense, 2007.

6 RESPONSABILIDADE CIVIL DOS ADMINISTRADORES EM OPERAÇÕES DE FUSÕES & AQUISIÇÕES

Larissa Teixeira Quattrini

Coordenadora e professora do Programa de Educação Executiva da DIREITO GV (GVlaw); mestre e doutoranda em Direito pela Pontifícia Universidade Católica de São Paulo — PUCSP; LL.M pela U. C. Berkeley; advogada em São Paulo.

6.1 Introdução

O crescimento do mercado de ações brasileiro e a consequente necessidade de profissionalização da administração das companhias, bem como o crescimento das operações de fusões & aquisições no Brasil, inclusive entre sociedades anônimas de capital aberto, demonstram a necessidade do estudo do limite da responsabilidade civil desses administradores sob este novo prisma.

O legislador pátrio definiu deveres gerais dos administradores de companhias de forma exemplificativa nos arts. 153 a 158 da Lei das S/A (Lei n. 6.404/76; BRASIL, 1976). Dentre tais poderes, sobressaem os deveres de diligência, lealdade e de informar. Na realidade, poder-se-ia afirmar que tais poderes formam uma espécie de base comum[1] entre os comportamentos considerados diligentes.

Tais deveres, listados de forma exemplificativa podem gerar incertezas quanto ao padrão de comportamento esperado de um diretor ou membro de conselho de administração, em especial em operações societárias.

O presente artigo busca demonstrar, através do estudo de casos, qual é o padrão de comportamento a ser adotado pelos administradores visando ao cumprimento de tais deveres em operações de fusões e aquisições.

---

[1] Nesse mesmo sentido temos Alfredo Lamy Filho e José Luiz Bulhões Pedreira (1992, p. 235).

6.2 Dever de diligência

O dever de diligência, previsto no art. 153 da Lei das S/A, consiste na obrigação do administrador da companhia de empregar, "no exercício de suas funções, o cuidado e a diligência que todo homem ativo e probo costuma empregar na administração dos seus próprios negócios". Referido artigo manteve o princípio contido no art. 116, § 7º, do Decreto-Lei n. 2.627, de 1940 e acrescentou o *Standard of care for directors*[2] presente em diversas leis e decisões judiciais norte-americanas.

O dever de diligência prescreve ao administrador padrões de comportamento amplos, flexíveis e capazes de abranger diversas situações conforme as circunstâncias e especialidade de cada caso. Dessa forma, a Lei das S/A (BRASIL, 1976), seguindo o modelo das legislações norte-americanas, define as condutas-tipo que devem ser observadas pelo administrador no desempenho de suas atividades. A adequação da manifestação da conduta do administrador no exercício de suas funções ao padrão estabelecido pela Lei das S/A é função do intérprete. O padrão de diligência não é rígido e permite uma interpretação ampla, seu conceito abstrato não implica um comportamento determinado, mas sim padrão de comportamento (CARVALHOSA, 2009, p. 273).

Os padrões determinados no art. 153 da Lei das S/A estabelecem que as atividades do administrador devem ser desempenhadas sempre com boa-fé. Assim, o administrador que incorrer em erro de julgamento, após utilizar de boa-fé, capacidade técnica, experiência

---

[2] O *Standard of due care* dos Estados Unidos determina que "a director for officer is expected to act in good faith, to exercise the care that an ordinarily prudent person would exercise in similar circumstances, and to act in the best interest of the corporation" (JENT e MILLER, 2006, p. 793). Tradução livre: É de esperar que um conselheiro ou diretor aja com boa-fé, que tenha a diligência e o cuidado que uma pessoa prudente geralmente exerceria em circunstâncias similares, e aja no melhor interesse da sociedade.

e conhecimentos específicos na administração da companhia com cautela e diligência, não poderá ser responsabilizado.

Os padrões normativos de conduta subjetiva estabelecidos no art. 153 da Lei das S/A visam os fins estabelecidos no art. 154 da mesma lei, ou seja, o "interesse social da companhia, satisfeitas as exigências do bem público e da função social da empresa".

Assim, responderá o administrador nos casos em que for negligente, imprudente ou imperito no desempenho de suas funções e isso resultar em dano jurídico ou material para a Companhia, bem como nos casos de omissão ou ação culposa do administrador[3].

Adicionalmente, visando evitar a formação de partidos na administração, a Lei das S/A no art. 154 determina que "os administradores eleitos por grupos ou classes de acionistas têm para a companhia os mesmos deveres que os demais" e não podem para defender a classe de acionistas que os elegeu faltar com seus deveres de direcionar a companhia a cumprir seus fins contratuais de lucro e seu papel institucional".

Para tanto, o administrador não deve, conforme o art. 154 da Lei das S/A: (i) praticar ato de liberalidade à custa da companhia; (ii) tomar por empréstimos recursos ou bens da companhia, ou usar em proveito próprio, de sociedade em que tenha interesse, ou de terceiros, os seus bens, serviços ou créditos, sem prévia autorização do conselho de administração ou da assembleia geral; ou (iii) receber de terceiros sem autorização estatutária ou da assembleia qualquer modalidade de vantagem pessoal, direta ou indireta, em razão de exercício de seu cargo.

163

---

[3] No mesmo sentido se posiciona o sistema norte-americano ao determinar que "Directors and officers who have not exercised the required duty of care can be held liable for the harms suffered by the corporation as a result of their negligences" (JENT e MILLER, 2006, p. 793). Tradução livre: Conselheiros e Diretores que não atuem com o devido dever de diligência podem ser responsabilizados pelos danos sofridos pela sociedade como resultado de sua negligência.

Cumpre ressaltar que o administrador ao conduzir seus trabalhos nos termos da lei não responde pelos resultados decorrentes de sua gestão. O art. 154 da Lei das S/A ao determinar que o administrador deve exercer suas atribuições para lograr os fins e no interesse da companhia está indicando a obrigação meio e não de resultado.

Essa excludente de responsabilidade do administrador é semelhante ao *Business Judgment Rule,* regra norte-americana pela qual os administradores não são responsabilizados por perdas e danos causados à companhia em decorrência de ações tomadas com boa-fé dentro dos poderes conferidos pelo Estatuto Social[4]. Em tais casos, os tribunais não analisam o mérito da decisão tomada pelo administrador, mas limitam-se a averiguar se a decisão do administrador resultou de um processo razoável e bem informado, ou seja, o foco é transferido da decisão em si para o processo de tomada de decisão.

No processo decisório o administrador deve-se basear em todas as informações razoavelmente necessárias para tomá-las, tais como memorandos elaborados por outros administradores e terceiros contratados. Adicionalmente, o administrador deve tomar uma decisão refletida, isto é, deve analisar todas as alternativas e consequências de cada uma. Por fim, a decisão deve ser desinteressada, ou seja, não deve resultar em vantagens pecuniárias aos administradores.

As razões para a regra em comento são importantes, pois estabelecem parâmetros de atuação aos administradores, o que gera

[4] No direito norte-americano *Business Judgment Rule* é "a rule that immunizes corporate management from liability for actions that result in corporate losses or damages If the actions are undertaken in good faith and are within both the Power of the corporation and the authority of management to make" (JENT e MILLER, 2006, p. 796). Tradução livre: É uma regra que imuniza os administradores da responsabilidade decorrente de ações que resultem em danos ou perdas corporativas. Se as ações foram realizadas com boa-fé e dentro dos poderes e das atribuições conferidos pelo Estatuto Social, assim como pela lei.

segurança, especialmente para decisões de maior risco, que são igualmente importantes na busca dos interesses da sociedade.

A *Business Judment Rule* já foi invocada pela Comissão de Valores Mobiliários (CVM) para verificar se administradores de companhia cumpriram o dever de diligência na tomada de suas decisões que causaram prejuízos a terceiros. O primeiro dos casos julgados pela autarquia foi o Cataguazes (Processo Administrativo Sancionador CVM n. 1443/2005/RJ; j. em 10-5-2006[5]). O Relator Pedro Oliva Marcílio de Sousa incluiu em seu voto tal regra do direito americano para servir como subsídio para análise dos atos do administrador, nas seguintes palavras:

> Para evitar os efeitos prejudiciais da revisão judicial, o Poder Judiciário americano criou a chamada "regra da decisão negocial" (*business judgement rule*), segundo a qual, desde que alguns cuidados sejam observados, o Poder Judiciário não irá rever o mérito da decisão negocial em razão do dever de diligência.
>
> *Em razão da regra da decisão negocial, o Poder Judiciário americano* **preocupa-se apenas com o processo que levou à decisão e não com o seu mérito**. *Para utilizar a regra da decisão negocial, o administrador deve seguir os seguintes princípios:*
>
> *(i)* Decisão informada: (...) Decisão refletida: *(...) (iii) Decisão desinteressada* (CVM, Proc. n. RJ-1443/2005, v.u., j. 21-3-2003).

Um dos casos americanos precursores da aplicação do *Business Judment Rule* e que discute a aplicação da referida norma em uma operação societária é o Smith v. Van Gorkom[6], acionistas minoritários contra os Membros do Conselho de Administração da Trans

---

[5] BRASIL. Comissão de Valores Mobiliários (CVM). **Processo administrativo sancionador n. 1443/2005/RJ**. Relator Pedro Oliveira Marcílio de Souza. J. em 10-5-2006. Disponível em: <http://www.cvm.gov.br/asp/cvmwww/inqueritos/detpas.asp?sg_uf=RJ&Ano=2005&NumProc=1443>. Acesso em: 28 fev. 2011.

[6] 488 A.2d 858, 1985 Del. 46 A.L.R.4th 821; Fed. Sec. L. Rep. (CCH) P91,921.

Union Corporation, sociedade anônima aberta cujo principal negócio era *lease* de *railcars* (KLEIN, RAMSEYER, BAINGRIDGE, 2003, p. 320).

O ponto central do caso é se os membros do Conselho de Administração, dadas as circunstâncias do caso, merecem a aplicação da *Business Judgement Rule*, em outras palavras, se houve ou não cumprimento do dever de diligência.

A Trans Union gerava um fluxo de caixa anual de centenas de milhões de dólares. No entanto, a empresa não detinha os requisitos para se beneficiar de um programa de benefício fiscal chamado "Investment Tax Credits ITCs". Por conta disto, acreditava-se que o valor das ações negociadas na Bolsa de Valores de Nova York não refletia o valor real destas.

No dia 27 de agosto de 1980, o diretor presidente da empresa (CEO), sr. Jerome Van Gorkom, reuniu-se com a diretoria, momento em que várias alternativas foram colocadas para a questão tributária, inclusive a venda da sociedade para uma sociedade que pudesse otimizar a questão tributária.

Em 5 de setembro de 1980, houve outra reunião de diretoria, na qual o diretor financeiro (CFO), sr. Donald Romans, levantou a possibilidade de um *leveraged buyout*[7]. Ainda, ele e o sr. Bruce S. Chel-

---

[7] "Method of purchasing outstanding stock of publicly held corporation by management or outside investors, with financing consisting primarily of funds borrowed from investment bankers or brokers. The initial and subsequent long term capital used for the buyout is usually secured by the target company's assets with repayment generated from the company's retained or future earnings, sales of certain of its assets and the like" (BLACK's, 1990, p. 906). Tradução livre: Trata-se de uma operação societária que se caracteriza pela aquisição de uma companhia de capital aberto, por meio de financiamento (dívida) junto a instituições financeiras por curto ou longo prazo, em contrapartida à prestação de uma garantia, geralmente lastreada nos ativos da sociedade adquirida. A expectativa de pagamento da dívida contraída está calcada nos lucros retidos ou futuros que se espera realizar com a sociedade adquirida, ou ainda, pela venda de certos ativos, dentre outros.

berg, diretor de operações (COO), apresentaram um estudo breve, superficial e preliminar referente ao *leveraged buyout* e tudo indicava que seria fácil a obtenção de recursos para um *leveraged buyout* considerando o valor de US$ 50,00 por ação. Entretanto, provavelmente haveria dificuldade na obtenção de tais recursos considerando o valor de US$ 60,00 por ação. Donald Romans esclareceu que tais números eram apenas para fins de levantamento de empréstimo e não valor da companhia ou avaliação desta.

Nesta mesma reunião Jeronme Van Gorkom, CEO, vetou a possibilidade de um *leveraged buyout* pelos diretores (*management buyout*[8]).

Não obstante, Van Gorkom resolveu, sem o conhecimento dos demais diretores, procurar Jay A. Pritzker, um especialista em M&A, e apresentou uma proposta para aquisição da companhia cujo valor de venda seria US$ 55,00 multiplicado pelo número de ações (US$ 690 milhões), bem como uma estrutura de financiamento na qual o desembolso efetivo do comprador seria de apenas US$ 200 milhões[9].

Em 13 de setembro de 1980, Van Gorkom e Pritzker se encontraram e Van Gorkom apresentou a referida proposta. Adicionalmente, Van Gorkom propôs que a Companhia ficasse livre por determinado período para aceitar qualquer oferta superior, dessa forma o preço proposto seria "testado" pelo mercado. Pritzker já adiantou

167

---

[8] "A management buy-out is the acquisition of a company's controlling interest from existing shareholders by its managers/executives, who usually team up with venture capitalists or private equity businesses in order to carry out the transaction, since such acquisition may require a significant amount of funds" (BLACK's, 1990, p. 906). Tradução livre: Trata-se de uma operação societária que se caracteriza pela aquisição de uma sociedade por seus administradores/diretores, normalmente em conjunto com fundos de *venture capital* ou *private equity*, haja vista cuidar-se de um negócio que poderá exigir o investimento de grandes quantias.

[9] Nota-se que o financiamento foi negociado e obtido pela Trans Union junto ao seu principal banco.

de forma incisiva que sua organização não seria utilizada como alavanca para um leilão e que em contrapartida exigia que a Trans Union viabilizasse imediatamente que sua organização comprasse, através da emissão de novas ações, 1.750.000 ações pelo preço de mercado da época. Além disso, que a Trans Union poderia aceitar oferta melhor, porém não poderia buscar outro comprador e tampouco oferecer a potenciais compradores informações sobre a companhia, além daquelas disponíveis publicamente.

Em 15 de setembro, Pritzker informou a Van Gorkom que ele estava efetivamente interessado na compra da Trans Union através de um *cash-out merger*[10], e solicitou informações adicionais referentes à companhia.

No dia 18 de setembro, Van Gorkom e Pritzker se encontraram novamente e acordaram o preço por ação de R$ 55,00, bem como a emissão de um milhão de novas ações que seriam adquiridas por Pritzker pelo valor unitário de US$ 38,75. Pritzker solicitou a seu advogado que redigisse o contrato final e estabeleceu um prazo de três dias para que o conselho de administração da Trans Union decidisse pela conclusão da operação.

Van Gorkom convocou, em 20 de setembro, a diretoria da Trans Union que na sua maioria foi contra a proposta, em especial Donald Romans que afirmou que o valor era baixo e que a compra

---

[10] "A merger transaction in which certain shareholders or interests in a corporation are required to accept cash for their shares while other shareholders receive shares in the continuing enterprise. Modern statutes generally authorize cash mergers, though courts test such mergers on the basis of fairness and, in some states, business purpose" (BLACK's, 1990, p. 988). Tradução livre: Trata-se de uma fusão em que alguns acionistas de uma companhia são pagos em dinheiro por suas respectivas ações, enquanto outros acionistas recebem novas ações na nova companhia. Nos Estados Unidos, as leis autorizam que a fusão seja estruturada dessa forma, contudo, em ações judiciais que têm por objeto esse tipo de operação, o parâmetro para as decisões acerca de sua validade consubstancia-se no teste da justa causa (*fairness*) e, em alguns Estados, no propósito do negócio (*business purpose*).

de um milhão de ações por Pritzker iria diminuir a possibilidade de a companhia encontrar outro comprador, além de determinadas implicações tributárias referentes a tal emissão.

A despeito da objeção dos diretores, Van Gorkom reuniu-se naquele mesmo dia com os membros do conselho de administração, fez uma apresentação de 20 minutos colocando a proposta de Pritzker e distribuiu uma minuta do contrato. Os conselheiros aprovaram a operação depois de apenas duas horas de reunião e naquela mesma noite o contrato foi assinado. Nenhum dos membros do conselho e nem mesmo Van Gorkom leu o contrato antes da sua celebração.

O fato relevante comunicando a celebração do contrato foi publicado no dia 22 de setembro.

Diante de tal anúncio, muitos dos diretores reclamaram da celebração do contrato e ameaçaram pedir demissão. Em virtude de tal reação da diretoria, o conselho de administração se reuniu novamente e deliberou pela alteração de determinados pontos do acordo, em especial autorizar o Conselho de Administração a buscar uma oferta maior, entretanto, o conselho de administração novamente não leu os termos do aditivo ao contrato que foi, uma vez mais, redigido pelo advogado do comprado. Apesar de o referido aditivo autorizar a busca por compradores com melhor proposta, houve a inserção de determinadas cláusulas que acabavam por restringir e dificultar a venda para terceiros interessados[11].

169

---

[11] "… As will be seen, the amendments were considerably at variance with Van Gorkom's representations of the amendments to the Board on October 8; and the amendments placed serious constraints on Trans Union's ability to negotiate a better deal and withdraw from the Pritzker agreement" (KLEIN, RAMSEYER, BAINGRIDGE, 2003, p. 325). Tradução livre: Como será demonstrado, as alterações contratuais eram consideravelmente contrárias às declarações de Van Gorkom ao Conselho de Administração em 8 de outubro em relação a tais alterações contratuais; e as alterações contratuais estabeleciam sérias limitações à capacidade da Trans Union de negociar um acordo melhor e se retirar do acordo Pritzker.

Ainda como consequência da reação dos diretores, um banco de investimento foi contratado para buscar outro potencial comprador durante um período de três meses. Durante tal prazo a única empresa a efetivamente demonstrar interesse foi a General Electric Credit Corporation que, entretanto, condicionou a apresentação de sua proposta à rescisão do contrato com Pritzker, o que não foi possível tendo em vista as cláusulas restritivas acima mencionadas.

Assim, em 10 de fevereiro, os acionistas da Trans Union aprovaram a proposta de fusão apresentada por Pritzker, sendo que a votação teve 69,9% dos votos a favor, 7,25% contra e 22,85% de abstenção.

Diante dos fatos acima descritos, os pontos levantados pelo tribunal foram: os Membros do Conselho merecem a proteção do *Business Judgment Rule* na decisão de 20 de setembro? As medidas posteriores têm o condão de sanar eventual quebra do dever de diligência? A aprovação pela maioria dos acionistas pode isentar os Conselheiros de responsabilidade?

Em relação à primeira questão a conclusão da Corte de Delaware foi:

> Os Conselheiros (i) não estavam bem informados quanto à atuação de Van Gorkom em forçar a venda e estabelecer o preço da companhia, (ii) não estavam bem informados quanto ao valor instrínseco da companhia, e (iii) considerando as circunstâncias foram, no mínimo, negligentes ao aprovar a venda da companhia em duas horas, sendo que a companhia não estava em crise[12].

---

[12] "... The directors (1) did not adequately inform themselves as to Van Gorkom's role in forcing the 'sale' of the Company and in establishing the per share purchase price; (2) were uninformed as to the intrinsic value of the Company; and (3) given these circumstances, at a minimum, were grossly negligent in approving the 'sale' of the Company upon two hours consideration, without prior notice, and without the exigency of a crisis or emergency" (KLEIN, RAMSEYER, BAINGRIDGE, 2003, p. 327).

Quanto ao segundo aspecto, a conclusão foi que as medidas posteriores não possuem o condão de sanar as falhas, tendo em vista que de novo houve quebra do dever de diligência, por exemplo, novamente não houve a leitura do aditivo ao contrato.

Por último, a aprovação da operação pela maioria dos acionistas não isenta os conselheiros de responsabilidade, pois estes não estavam informados de todos os atos e circunstâncias referentes à operação (*Lack of Full Disclosure*).

A partir das conclusões da Corte de Delaware e fazendo a transposição para o direito brasileiro, passaremos a discutir quais medidas poderiam proteger os conselheiros em situação semelhante ou, em outras palavras, quais medidas demonstrariam a adoção de um comportamento diligente pelos membros do conselho de administração.

Inicialmente, seria a contratação de empresa especializada para realizar uma avaliação na companhia, pois somente uma avaliação adequada poderia revelar o valor intrínseco das ações.

Caso a contratação de uma empresa especializada para realização de uma avaliação não se justifique considerando o custo de tal contratação e os valores envolvidos na operação, a alternativa seria a solicitação à diretoria de um relatório com a apresentação de análise sobre o valor das ações, bem como recomendações destes diretores.

Outra medida simples, porém importante, seria adicionalmente a apresentação oral dos termos da operação proposta a redação de um resumo (*term sheet*) com os principais aspectos da negociação.

A leitura, análise e discussão dos termos do contrato, com tempo suficiente para uma efetiva ponderação quanto aos aspectos positivos e negativos da operação proposta, é fundamental, especialmente quando a empresa objeto da operação não está em situação de crise. Nesse sentido, também é recomendável a solicitação de parecer dos advogados da empresa quanto aos aspectos jurídicos da operação, bem como quanto à adequação do contrato aos termos da operação aprovada.

Ainda, é aconselhável que ata de reunião do conselho de administração ou diretoria que deliberou sobre a matéria seja redigida de forma detalhada, na qual constem os questionamentos levantados, ponderações quanto à matéria a ser deliberada, bem como tempo de discussão.

Quanto à busca de uma proposta mais vantajosa como demonstração de comportamento diligente, tal medida é questionável e somente poderá ser vista como um argumento adicional dependendo do contexto que envolve a operação correspondente. No caso descrito acima ela se mostrou ineficaz, em outros, pode vir a ser vantajosa e em outros, até mesmo prejudicial à empresa.

6.3 Dever de lealdade

O dever de lealdade é, de forma resumida, o dever que o administrador possui de agir sempre com o objetivo de servir e proteger os interesses da companhia e seus acionistas.

Nessa linha é a definição prevista no art. 155 da LSA que estabelece que "o administrador deve servir com lealdade à companhia e manter reserva sobre os seus negócios". Referido artigo lista, novamente de forma exemplificativa, que é vedado que o administrador: (i) use em benefício próprio ou de terceiros as oportunidades comerciais de que tenha conhecimento em razão do exercício de seu cargo, independentemente de isso trazer prejuízo ou não para a sociedade; (ii) omitir-se no exercício ou na proteção de direitos da companhia ou, visando à obtenção de vantagens para si ou para outrem, deixar de aproveitar oportunidades de negócio de interesse da companhia; e (iii) adquirir para revender com lucro bem ou direito que sabe necessário à companhia, ou que esta tencione adquirir.

O preceito estabelecido no art. 155 da LSA, fruto da elaboração do *Common Law*, foi introduzido no Brasil pela LSA em 1976. Tal norma é uma transposição das leis societárias norte-americanas que definem o *Standard of Loyalty*[13].

---

[13] Define-se como "faithfulness to one's obligation and duties. In the corporate context, the duty of loyalty requires directors and officer to subordinate their per-

Cumpre ressaltar que há quebra do dever de lealdade mesmo que a companhia não tenha prejuízo decorrente da quebra de tal dever, uma vez que "o ilícito é formal, na espécie, e não decorre objetivamente da ofensa do direito da companhia, haja ou não prejuízo para o patrimônio social" (CARVALHOSA, 2009, p. 305).

Seguindo os preceitos estabelecidos no *Common Law*, a interpretação do art. 159 da LSA, ao estabelecer que pode ser proposta ação de responsabilidade contra o administrador que *causar prejuízo* ao patrimônio social da companhia, não pode ser literal, uma vez que em tais situações, a simples violação legal, ainda que não cause prejuízo para a companhia, acarreta responsabilidade do agente. O prejuízo em tal caso deve ser entendido como fraude à lei e não dano material.

Ocorre que a definição acima discutida, advinda da Lei das S/A (BRASIL, 1976), é insuficiente para verificarmos o padrão de comportamento que o administrador deve seguir visando atender a tal dever, em especial em operações societárias.

No direito americano, o administrador que violar o dever de lealdade não terá a proteção do *Business Judgement Rule,* analisado acima, uma vez que a Corte deve rever todos os aspectos que envolveram a operação. O padrão a ser aplicado será o de justiça (*entire fairness*[14]). A definição de *entire fairness* foi trazida pelo caso Weinberg

---

sonal interests to the welfare of the corporation. Among other things, this means that directors may not use corporate funds or confidential information for personal advantage. They must also refrain from self-dealing" (JENT e MILLER, 2006, p. 794). Tradução livre: Lealdade para com suas obrigações e deveres. No contexto corporativo, o dever da lealdade requer que conselheiros e diretores subordinem seus interesses próprios ao bem-estar da corporação. Entre outras coisas, isto significa que diretores não devem se utilizar dos fundos corporativos ou de informações confidenciais para obter vantagem pessoal. É vedado a eles, também, se utilizarem de seus poderes e prerrogativas em benefício próprio.

[14] "The court them proceeds to discuss various factors". Tradução livre: O Tribunal procede com a discussão de diversos fatores.

v. UOP, que trata da quebra do dever de lealdade no contexto de uma operação de aquisição, considerado um caso precursor na matéria, o qual pela sua importância passaremos a analisar.

O caso **Weinberg v. UOP, Inc.**[15] trata de acionistas minoritários contra a UOP, antigamente denominada Universal Oil Products Company, uma empresa com várias linhas de negócios, dentre eles, serviços de petróleo e petroquímica, fabricação de produtos de metal, plástico e outros, cujas ações eram negociadas na Bolsa de Valores de Nova York (KLEIN, RAMSEYER, BAINGRIDGE, 2003, p. 727).

Em 1974, a empresa Signal Companies, Inc. (Signal) adquiriu 50,5% (controle) da UOP. Assim, após a aquisição, dos 13 diretores da UOP seis eram diretores ou empregados diretos da Signal.

Dois anos depois, em 1977, a Signal, buscando novos investimentos, resolveu olhar novamente para a UOP como objeto de novos investimentos.

A pedido do conselho de administração da Signal, dois dos diretores da UOP prepararam um estudo que concluía que seria um ótimo investimento para a Signal a aquisição dos outros 49,5% das ações da UOP por um preço por ação de até US$ 24,00. Não obstante, eles resolveram fazer uma proposta de US$ 21,00 por ação.

Em 28 de fevereiro de 1978, uma reunião do Comitê Executivo da Signal foi convocada para deliberar sobre a proposta a ser realizada à UOP. Como cortesia chamaram o Presidente da UOP, James V. Crawford, que também era ligado à Signal.

Crawford achou a proposta excelente, porém não sabia do estudo que estabelecia o valor de US$ 24,00 como um bom preço a ser pago pela Signal.

Uma reunião do conselho de administração da UOP foi convocada para apresentação da proposta para 6 de março de 1978, ou seja, após apenas 4 dias úteis.

---

[15] 457 A.2d 701, Del Sup. 1983.

Nesses quatro dias, o Lehman Brothers foi contratado para emitir uma *Fairness Opinion*[16] em relação ao preço por ação. O Lehman Brothers foi o escolhido para tal tarefa pois era o banco de investimento da UOP havia anos e o sócio da Lehman Brothers, James W. Glanville, tinha sido membro do conselho de administração e consultor financeiro da UOP.

Um time composto por três analistas da Lehman Brother realizou uma auditoria e, através da análise de poucos documentos, emitiu o parecer concluindo que o preço era "justo" em apenas três dias.

Na reunião de 6 de março de 1978, os membros do conselho da UOP que também pertenciam à diretoria da Signal não votaram. Participaram, entretanto, ativamente das discussões e, inclusive, consta da ata de reunião do conselho a observação de que, se eles votassem, seria pela aprovação da proposta.

Todo o procedimento de negociação, avaliação e aprovação da proposta foi realizado em apenas quatro dias úteis, entretanto o assunto foi colocado para aprovação dos acionistas quase três meses depois, ou seja, em 26 de maio de 1978.

Por se tratar de um caso de quebra do dever de lealdade, o caso foi analisado através do conceito de *entire fairness* — justiça —, que significa:

> O conceito de justo tem dois aspectos basilares: negociação justa e preço justo. O primeiro engloba questões como quando a negociação foi distribuída no tempo, como foi iniciada, estruturada, nego-

---

[16] "It consists of an opinion given by a qualified, independent source, such as an investment banking firm, a commercial banker, an appraiser, or a consultant specializing in valuation, as to the appropriateness of an offering price in view of a proposed transaction" (BLACK's, 1990, p. 906). Tradução livre: Cuida-se de uma avaliação, sob o ponto de vista econômico e financeiro, levada a efeito por alguém qualificado, e independente, tal como um banco de investimento, um banco comercial ou um consultor especializado em avaliações de empresas, sobre ser adequada ou não uma oferta no âmbito de um negócio ou operação societária.

ciada, informada aos membros do Conselho e como a aprovação dos membros do Conselho e acionistas foi obtida. O último aspecto da justiça refere-se a considerações econômicas e fiananceiras da proposta, incluindo todos os fatores relevantes como ativos, valor de mercado, faturamento, projeções futuras e todo e qualquer elemento que possa vir a afetar o valor intrínsico das ações da Companhia.

No caso de quebra do dever de lealdade todos os aspectos devem ser analisados. Neste caso específico, a Corte de Delaware apontou os seguintes aspectos:

(i) conflito dos diretores da UOP que preparam o relatório baseados em informações obtidas na UOP cuja conclusão era um preço maior que o ofertado;

(ii) o procedimento completo de negociação, avaliação e aprovação ocorreu em apenas quatro dias úteis;

(iii) os demais membros do conselho não dispunham de todas as informações relevantes, em especial a análise de dois de seus membros feita para Signal;

(iv) as circunstâncias que envolvem a emissão do parecer do Lehman Brother não foram informadas aos acionistas, passando a impressão de que o parecer fora elaborado cuidadosamente e com calma; e

(v) fragilidade do critério de avaliação da ações.

Diante disso, a Corte de Delaware entendeu pela responsabilização dos membros do conselho de administração por quebra do dever de lealdade.

Considerando a importância de se evitar litígios como o acima exemplificado, pois eles são prejudiciais a uma sociedade empresária, quais medidas poderiam ser adotadas pelos administradores em situação semelhante?

Em oposição ao comportamento descrito acima, teríamos as seguintes medidas:

(i) tempo adequado e independência na elaboração de avaliação;

(ii) acesso a todas as informações;

(iii) aprovação pelos diretores independentes, sem a interferência dos não independentes;

(iv) constituição de um comitê independente para as negociações; e

(v) votação da matéria pelos minoritários, porém com acesso a todas as informações relevantes.

6.4 Parecer de orientação n. 35 da CVM

A incorporação da Fit Residencial ("Fit"), sociedade controlada pela Gafisa S.A. ("Gafisa"), pela Construtora Tenda S.A. ("Tenda"), que resultou no controle da Tenda pela Gafisa, foi objeto do processo administrativo RJ 2008-7849[17] perante a Comissão de Valores Mobiliários (CVM). No referido processo foi discutido o direito de *tag along* dos acionistas minoritários da Tenda em vista de tal incorporação.

Antes da incorporação, a Tenda era controlada pelos seguintes acionistas: HPJO Participações S.A. (47,15% ações ordinárias), José Olavo Mourão Alves Pinto (1,74% ações ordinárias) e Henrique Alves Pinto (1,74% ações ordinárias), totalizando 50,63% do capital votante. Em 1º de setembro de 2008 foi divulgado acordo de acionistas composto pelos três acionistas acima e André Aragão Martins Vieira (0,57% das ações ordinárias), qualificado como acionista minoritário, totalizando 51,20% do capital votante.

O estatuto social da Tenda, em uma de suas cláusulas transcritas abaixo, previa proteção à dispensa acionista da seguinte forma:

Na hipótese de haver Controle Difuso, qualquer Acionista Adquirente (conforme definição abaixo), que adquira ou se torne titular

177

---

[17] BRASIL. Comissão de Valores Mobiliários (CVM). **Processo Administrativo n. 7849/2008/RJ**. Disponível em: <http://www.cvm.gov.br/asp/cvmwww/processos/formproc3.asp?uf=RJ&ano=2008&ident=7849&req_int=>. Acesso em: 28 fev. 2011.

de ações de emissão da Companhia, inclusive por força de usufruto que lhe assegure direitos políticos de sócio, em quantidade igual ou superior a 20% do total de ações de emissão da Companhia, excluídas para os fins deste cômputo as ações em tesouraria, deverá, no prazo de 60 dias a contar da data de aquisição ou do evento que resultou na titularidade de ações nessa quantidade, realizar ou solicitar o registro de uma oferta pública para aquisição da totalidade das ações de emissão da Companhia ("OPA"), observando-se o disposto na regulamentação aplicável da Comissão de Valores Mobiliários, os regulamentos da Bolsa de Valores de São Paulo e os termos deste Capítulo.

O disposto neste Artigo não se aplica na hipótese de uma pessoa se tornar titular de ações de emissão da Companhia em quantidade superior a 20% do total das ações de sua emissão, em decorrência: da incorporação de uma outra sociedade pela Companhia ou da incorporação da Companhia por uma outra sociedade; e da incorporação de ações de uma outra sociedade pela Companhia ou da incorporação de ações da Companhia por uma outra sociedade.

Na referida operação de incorporação não foi concedido o direito de *tag along* para os acionistas minoritários, fato que gerou polêmica e discussão nos veículos de comunicação. Adicionalmente, a ausência do *tag along* causou variação no valor das ações da Tenda, as quais após a divulgação da operação valorizaram 22% (vinte e dois por cento) e logo em seguida, quando se tornou pública a ausência do *tag along*, o valor de tais ações desvalorizou-se consideravelmente.

Visando justificar a ausência do *tag along* na referida incorporação, o presidente da Gafisa, Wilson Amaral, esclareceu que

(...) por definição, "tag along" significa prêmio de controle e, nesse caso, não houve prêmio ao controlador. Primeiro, ele não vendeu o controle, mas, sim, abriu mão dele, sem qualquer contrapartida, uma vez que não recebeu dinheiro algum por isso. Ele teve a participação diluída e não recebeu vantagem alguma. (...) *tag along* pode ser entendido também como o direito de ir a reboque. É exatamente o que está acontecendo. Controlador e minoritário estão recebendo o mesmo tratamento.

O argumento contrário é que de fato o instituto da incorporação havia sido utilizado com outro objetivo, qual seja, evitar a realização da OPA.

Nesse sentido, o posicionamento de Nelson Eizirik é de que (...) a CVM consolidou corretamente o entendimento de que a disciplina do artigo 4º e seus parágrafos, da Lei n. 6404/76, bem como as disposições da Instrução CVM n. 361/2002, referentes aos procedimentos para cancelamento de registro de companhia aberta, com a exigência da formulação de oferta pública, não se confundem com o instituto da incorporação de todas as ações do capital social de uma companhia ao patrimônio de outra para convertê-la em subsidiária integral, instituto este regulado pelo artigo 252 da Lei das S.A. (EIZIRIK, 2009, p. 97).

Acrescentou, ainda, que, "caso o instituto seja utilizado com a finalidade única de se atingir o fechamento de capital da companhia cujas ações serão incorporadas, a incorporação de ações caracterizará negócio jurídico em fraude à lei" (EIZIRIK, 2009, p. 98).

Muitos foram os argumentos favoráveis e contrários e, ao final, a CVM concluiu que a operação de incorporação apresentada não ensejaria a Oferta Pública de Ações (254-A da Lei n. 6.404/76), sendo o argumento-base para tal conclusão que "(...) a lei institui ambas as operações, não cabendo a esta CVM definir que uma operação deságua necessariamente na outra" (Felipe Claret Mota; Superintendente da CVM).

Ao desenvolver o raciocínio acima Felipe Claret Mota citou voto do ex-Diretor da CVM, Luiz Antonio, que esclarece que

(...) a CVM estaria exorbitando de seus poderes se exigisse a realização de ofertas públicas ou outros procedimentos adicionais que não fossem essencialmente informacionais, uma vez que a Lei 6.404/76, após reforma da Lei. 10.303/01, conferiu tratamento específico para o caso, não exigiu a realização prévia de oferta pública e tampouco delega poderes à CVM para que o fizesse nessas situações.

O caso acima, juntamente com outros como Datasul/Totvs e Company/Brascan, levantou questionamentos referentes às medidas de governança corporativa, conforme palavras do próprio superintendente daquela autarquia, Felipe Claret Mota em seu parecer:"(...) restou ainda aos investidores a dúvida sobre se houve tratamento igualitário, veiculado pelos fatos relevantes, ou seja, sendo majoritário ou minoritário, se realmente todos foram diluídos na mesma proporção e ao mesmo valor das ações".

Por conta do reconhecimento da necessidade de transparência para que dúvidas como a acima exposta não ocorressem é que a CVM, inspirada no direito americano, em especial nos casos acima estudados, emitiu o Parecer de Orientação CVM n. 35, de agosto de 2008.

Nesse sentido foram as palavras do Diretor da CVM, Marcos Barbosa Pinto, ao justificar o referido Parecer de Orientação CVM n. 35/2008:

> De todas as operações frequentes no mercado brasileiro, as incorporações de controladas são, sem sombra de dúvida, as mais problemáticas. Qualquer desequilíbro na relação de troca das ações pode trazer perdas consideráveis para os acionistas.

O objetivo de tal Parecer de Orientação foi justamente estabelecer padrões de comportamento a serem seguidos pelos administradores visando a aumentar a transparência e impedir abusos nas incorporações.

Segundo o Parecer n. 35 da CVM, os administradores das companhias abertas controladas ou sob controle comum devem adotar os seguintes procedimentos: (i) a relação de troca e demais termos e condições da operação devem ser objeto de negociações efetivas entre as partes na operação; (ii) o início das negociações deve ser divulgado ao mercado imediatamente, como fato relevante, a menos que o interesse social exija que a operação seja mantida em sigilo; (iii) os administradores devem buscar negociar a melhor relação de troca e os melhores termos e condições possíveis para os acionistas da companhia, devem obter todas as informações necessárias para desempenhar sua função, devem ter tempo suficiente para desempenhar sua função; (iv) as deliberações e negociações devem ser devidamente documentadas, para posterior averiguação; (v) os administradores devem considerar a necessidade ou conveniência de contratar assessores jurídicos e financeiros e devem se assegurar de que os assessores contratados sejam independentes em relação ao controlador e remunerados adequadamente, pela companhia; (vi) os trabalhos dos assessores contratados devem ser devidamente supervisionados; (vii) eventuais avaliações produzidas pelos assessores devem ser devidamente fundamentadas e os respectivos critérios, especificados; (viii) os administradores devem considerar a possibilidade de adoção de formas alternativas para conclusão da operação, como ofertas de aquisição ou de permuta de ações e devem rejeitar a operação caso a relação de troca e os demais termos e condições propostos sejam insatisfatórios; (ix) a decisão final dos administradores sobre a matéria, depois de analisá-la com lealdade à companhia e com a diligência exigida pela lei, deve ser devidamente fundamentada e documentada; e (x) todos os documentos que embasaram a decisão dos administradores devem ser colocados à disposição dos acionistas, na forma do art. 3º da Instrução CVM n. 319, de 3 de dezembro de 1999[18].

Quanto ao deveres fiduciários dos administradores, a CVM recomenda que

> (...) um comitê especial independente seja constituído para negociar a operação e submeter suas recomendações ao conselho de administração, observando as orientações contidas no parágrafo anterior; ou a operação seja condicionada à aprovação da maioria dos acionistas não controladores, inclusive os titulares de ações sem direito a voto ou com voto restrito[19].

---

[18] BRASIL. Comissão de Valores Mobiliários (CVM). **Instrução n. 319, de 3 de dezembro de 1999**. Disponível em: <http://www.cvm.gov.br>. Acesso em: 28 fev. 2011.

[19] Idem.

No tocante à formação do comitê especial, a CVM recomenda a adoção de uma das seguintes alternativas:

i) comitê composto exclusivamente por administradores da companhia, em sua maioria independentes;

ii) comitê composto por não administradores da companhia, todos independentes e com notória capacidade técnica, desde que o comitê esteja previsto no estatuto, para os fins do art. 160 da Lei n. 6.404, de 1976; ou

iii) comitê composto por: (a) um administrador escolhido pela maioria do conselho de administração; (b) um conselheiro eleito pelos acionistas não controladores; e (c) um terceiro, administrador ou não, escolhido em conjunto pelos outros dois membros.

Segundo o referido parecer, a independência dos membros do comitê especial não poderá ser prevista de antemão, mesmo assim a independência será presumida pela CVM, salvo demonstração em contrário.

A CVM deixa claro que o Parecer n. 35/2008 estabelece formas adequadas para o cumprimento dos deveres fiduciários previstos nos arts. 153, 154, 155 e 245 da Lei n. 6.404/76, entretanto os procedimentos não são exclusivos nem exaustivos.

6.5 Considerações finais

Os administradores de sociedades anônimas devem adotar procedimentos que demonstrem transparência nas negociações de operações de fusões & aquisições. Nesse sentido, medidas que impliquem tratamento efetivamente igualitário entre controladores e minoritários, inclusive, durante as negociações de tais operações devem ser buscadas.

Os casos do *common law* acima estudados, bem como os procedimentos sugeridos no Parecer de orientação n. 35 da CVM (CVM, 2008) são exemplos de medidas que conferem maior transparência, o que gerará consequentemente maior segurança para os administradores no exercício de suas funções, bem como proteção aos direitos dos minoritários, além de funcionarem como forma de prevenção de litígios.

REFERÊNCIAS

DOUTRINA

BLACK, Henry Campbell. **Black's law dictionary.** 6th ed. St. Paul, Minnesota: Centennial Edition, 1990.

BULHÕES PEDREIRA, José Luiz; LAMY FILHO, Alfredo. **A Lei das S.A.** Rio de Janeiro: Renovar, 1992.

CARVALHOSA, Modesto. **Comentários à Lei de Sociedades Anônimas.** São Paulo: Saraiva, 2009, v. 3.

EIZIRIK, Nelson *et al.* **Fusão, cisão, incorporação e temas correlatos.** São Paulo: Quartier Latin, 2009.

JENT, Gaylord A.; MILLER, Roger Leroy. **Business law today.** New York: Thomson West, 2006.

KLEIN, William A.; COFFE Jr., John C. **Business organization and finance, legal and economic principles.** New York: Foundation Press, 2004.

KLEIN, William A; RAMSEYER, J. Mark; BAINGRIDGE, Stephen M. **Business Associations, agency, partnerships and corporations.** 5th ed. New York: Foudation Press, Thomson West, 2003.

LEGISLAÇÃO

BRASIL. **Decreto-Lei n. 2.627, de 26 de setembro de 1940.** Disponível em: <http://www.planalto.gov.br/ccivil/Decreto-Lei/Del2627.htm>. Acesso em: 28 fev. 2011.

BRASIL. **Lei n. 6.404, de 15 de dezembro de 1976.** Disponível em: <http://www.planalto.gov.br/ccivil_03/Leis/L6404consol.htm>. Acesso em: 25 fev. 2011.

BRASIL. Comissão de Valores Mobiliários (CVM). **Instrução n. 319, de 3 de dezembro de 1999.** Disponível em: <http://www.cvm.gov.br>. Acesso em: 28 fev. 2011.

OUTRAS REFERÊNCIAS

BRASIL. Comissão de Valores Mobiliários (CVM). **Processo administrativo sancionador n. 1443/2005/RJ.** Relator Pedro Oliveira Marcílio de Souza. J. em 10-5-2006. Disponível em: <http://www.cvm.gov.br/asp/cvmwww/inqueritos/detpas.asp?sg_uf=RJ&Ano=2005&NumProc=1443>. Acesso em: 28 fev. 2011.

BRASIL. Comissão de Valores Mobiliários (CVM). **Processo administrativo n. 7849/2008/RJ.** Disponível em: <http://www.cvm.gov.br/asp/cvmwww/processos/formproc3.asp?uf=RJ&ano=2008&ident=7849&req_int=>. Acesso em: 28 fev. 2011.

BRASIL. Comissão de Valores Mobiliários (CVM). **Parecer de orientação n. 35, de 1º de setembro de 2008.** Disponível em: <http://www.normaslegais.com.br/legislacao/parecercvm35_2008.htm>. Acesso em: 28 fev. 2011.

CASE WEINBERG V. UOP, INC — 457 A 2d 701, Del Sup. 1983.

CASE SMITH V. VAN GORKOM — 488 A.2d 858,1985 Del.46 A.L.R.4th 821; Fed. Sec. L. Rep. (CCH) P91,921.

7 IMPLICAÇÕES TRIBUTÁRIAS EM OPERAÇÕES DE M&A

Bruno Macorin Carramaschi

Professor do Programa de Educação Executia da
DIREITO GV (GVlaw); especialista em Direito Tributário pela
Pontifícia Universidade Católica do Estado de São Paulo — PUCSP;
LL.M. em Direito Tributário Internacional pela Universidade de Leiden
(Holanda); sócio do escritório Lefosse Advogados.

7.1 Introdução

Não é difícil imaginar que a implementação de uma reorganização societária ou de uma operação que envolva a alienação/aquisição de ativos (as comumente chamadas operações de *Mergers & Acquisitions* — M&A) possa gerar os mais diversos impactos tributários. Esses impactos, por sua vez, variam significativamente, a depender:

(a) do tipo de reorganização societária implementada — *e.g.*, incorporação, fusão, cisão, conferência de bens (também conhecida pelo termo em inglês *drop-down of assets*), redução de capital, incorporação de ações etc.;

(b) da forma utilizada para alienação/aquisição dos ativos — *e.g.*, compra e venda, permuta, conferência de bens etc.; e

(c) das partes envolvidas — *e.g.*, pessoas jurídicas ou físicas, residentes ou não residentes no Brasil.

Por outro lado, seria equivocado concluir que a implementação de toda reorganização societária ou operação de alienação/aquisição tenha objetivos estritamente tributários. Pelo contrário, a nossa experiência demonstra que, a despeito de a definição das implicações tributárias ser fundamental para a estruturação de uma operação de M&A, elas são apenas consequência da exteriorização de atos ou negócios realizados por pessoas jurídicas e físicas, na maioria das vezes, por conta de objetivos extrafiscais.

Embora as conhecidas operações de M&A, como dito acima, englobem tanto as operações de reorganização societária como as de alienação/aquisição de ativos em geral, este artigo tem como objetivo principal apontar, de maneira sumária, as principais implicações tributárias resultantes de um processo de alienação/aquisição de participação societária detida em sociedade residente no Brasil quando realizada fora do mercado bursátil. Em outras palavras, a intenção primordial é elencar os aspectos mais importantes, do ponto de vista tributário, que devem ser levados em consideração tanto pelo adquirente quanto pelo alienante dessas participações societárias.

Portanto, o leitor não deve esperar uma abordagem detalhada e profunda em relação aos assuntos discutidos, uma vez que, para tanto, seria necessária a elaboração de um livro e não de um artigo sobre a matéria.

7.2 Implicações tributárias para o alienante

Como serão a seguir apontadas, as implicações tributárias que decorrem da alienação de participação societária são principalmente originadas quando, como resultado dessa alienação, for verificada a apuração de ganho de capital (definido como sendo o resultado positivo da diferença entre o preço de alienação e o custo de aquisição da participação societária).

Referidas implicações serão diferentes, como já antecipado, a depender de o alienante ser qualificado como: (a) pessoa física residente no Brasil, (b) pessoa jurídica residente no Brasil ou (c) não residente no Brasil.

Passamos a tratar de cada um desses cenários nos tópicos seguintes.

7.2.1 Tributação do ganho de capital auferido por pessoa física residente no Brasil

A alienação de participação societária por pessoa física residente no Brasil, dentre as que serão discutidas neste artigo, é a que apresenta a menor complexidade do ponto de vista fiscal. Os motivos para se chegar a essa conclusão são muito simples:

(a) existência de apenas um imposto incidente na operação;

(b) existência de apenas uma alíquota do imposto incidente na operação; e

(c) forma direta e simples de determinação do custo de aquisição.

Como se pode imaginar, estando a pessoa física alienante sujeita apenas à tributação do ganho de capital pelo Imposto de Renda da Pessoa Física (IRPF), só haverá implicação tributária a ser considerada na hipótese de apuração de "renda", no sentido *lato*, decorrente da operação de alienação. Isto porque, o IRPF somente incidirá na medida em que houver um acréscimo patrimonial experimentado pelo alienante[1]. Assim, não há que se falar em geração de qualquer implicação tributária, na hipótese de apuração de *perda de capital* por parte da pessoa física alienante[2].

Pois bem. Em havendo apuração de ganho de capital na alienação de participação societária por uma pessoa física, haverá incidência do IRPF sobre tal ganho à alíquota de 15%[3]. Neste particu-

---

[1] O art. 43 do Código Tributário Nacional (CTN) define o imposto de renda da seguinte maneira: "Art. 43. O imposto, de competência da União, sobre a renda e proventos de qualquer natureza tem como fato gerador a aquisição da disponibilidade econômica ou jurídica: I — de renda, assim entendido o produto do capital, do trabalho ou da combinação de ambos; II — de proventos de qualquer natureza, assim entendidos os acréscimos patrimoniais não compreendidos no inciso anterior". BRASIL. **Lei n. 5.172, de 25 de outubro de 1976** (Código Tributário Nacional — CTN). Disponível em: <http://www.planalto.gov.br/ccivil_03/Leis/L5172Compilado.htm>. Acesso em: 14 jan. 2011.

[2] Diferentemente do que ocorre com as pessoas jurídicas residentes no Brasil, a eventual perda apurada na operação não pode ser usada para compensar ganhos e rendimentos de qualquer natureza que a pessoa física tiver auferido.

[3] Conforme art. 142 do Decreto n. 3.000, de 26 de março de 1999 (Regulamento do Imposto sobre a Renda — RIR/1999). BRASIL. **Decreto n. 3.000, de 26 de março de 1999** (Regulamento do Imposto sobre a Renda — RIR/1999). Disponível em: <http://www.planalto.gov.br/ccivil_03/decreto/d3000.htm>. Acesso em: 14 jan. 2011.

lar, destaca-se que a tributação do ganho de capital opera-se de forma definitiva, isto é, uma vez tributado, o ganho de capital não deve ser computado como parte integrante dos demais rendimentos auferidos pela pessoa física para fins de tributação pelo IRPF quando da apresentação da Declaração de Imposto de Renda da Pessoa Física (DIRPF) a alíquotas progressivas de 0% a 27,5%.

O ganho de capital, sujeito a tributação, é definido como sendo a diferença positiva entre o preço de alienação e o custo de aquisição do bem alienado[4]. O custo de aquisição da participação societária, no caso de uma pessoa física, é aquele declarado na DIR-PF no momento da aquisição, não estando sujeito a qualquer tipo de atualização monetária a partir do ano de 1996[5].

Portanto, se uma determinada pessoa física resolve alienar sua participação societária detida em uma sociedade brasileira (adquirida, por exemplo, por R$ 150.000,00) pelo preço de R$ 200.000,00, haverá apuração de ganho de capital no valor de R$ 50.000,00, sujeitos à tributação pelo IRPF à alíquota de 15% (resultando num imposto devido de R$ 7.500,00).

Destaca-se, por fim, que, independentemente de quem seja o adquirente, não recairá sobre este qualquer responsabilidade de retenção do imposto de renda devido na modalidade fonte. Em outras palavras, compete exclusivamente ao alienante pessoa física a obrigação de calcular e recolher aos cofres públicos o IRPF devido sobre o ganho de capital auferido.

7.2.2 Tributação do ganho de capital auferido por pessoa jurídica residente no Brasil

Diferentemente do que ocorre no caso de alienação realizada por uma pessoa física, a tributação a que está sujeita uma pessoa jurídica quando da alienação de uma participação societária não se restringe apenas ao Imposto sobre a Renda da Pessoa Jurídica (IRPJ).

---

[4] Conforme art. 138 do RIR/1999.

[5] Conforme art. 131 do RIR/1999.

É certo, contudo, que, como será visto mais adiante, embora a operação de alienação de uma participação societária se subsuma à hipótese de incidência de outros tributos, o que há, na prática, é a incidência apenas do IRPJ e da Contribuição Social sobre o Lucro Líquido (CSLL). Vejamos.

A pessoa jurídica está sujeita, na teoria, à incidência dos seguintes tributos quando da alienação de um determinado bem:

(a) IRPJ e Contribuição Social Sobre o Lucro Líquido (CSLL);

(b) contribuição ao Programa de Integração Social (PIS) e Contribuição para o Financiamento da Seguridade Social (COFINS);

(c) Imposto sobre Produtos Industrializados (IPI) e Imposto sobre a Circulação de Mercadorias e Serviços (ICMS); e

(d) Imposto sobre Transmissão de Bens Imóveis (ITBI).

Todavia, pelo fato de uma participação societária ser caracterizada como um ativo permanente ou mesmo por não se constituir um produto industrializado, nem sequer uma mercadoria, não só a legislação do PIS e da COFINS (como será a seguir comentado) como também a do IPI e do ICMS excluem tal operação do âmbito de incidência desses tributos. Ademais, por não se caracterizar como um bem imóvel, não há que se falar em tributação pelo ITBI na venda de uma participação societária ainda que a sociedade, cuja participação está sendo alienada, detenha entre seus ativos bem imóveis.

7.2.2.1 IRPJ e CSLL

Lucro Real / Lucro Presumido

Em linhas gerais, todas as pessoas jurídicas que se dedicam a atividades com finalidade lucrativa estão sujeitas ao IRPJ e à CSLL, os quais podem ser calculados, em regra, de acordo com dois regimes distintos de apuração: (a) o Lucro Real[6], que é o regime-padrão de

---

[6] Artigo 246 do RIR/1999. BRASIL. **Decreto n. 3.000, de 26 de março de 1999** (Regulamento do Imposto sobre a Renda — RIR/1999). Disponível em: <http://

apuração do lucro tributável; ou (b) o Lucro Presumido[7], que é o regime alternativo passível de ser adotado pelas pessoas jurídicas que não estão obrigadas à tributação do IRPJ pelo Lucro Real.

Segundo o regime de apuração do lucro tributável pelo Lucro Real, as pessoas jurídicas devem calcular o IRPJ e a CSLL de acordo com o lucro líquido contábil do período de apuração (trimestral ou anual) ajustado pelas adições, exclusões ou compensações prescritas ou autorizadas por Lei. De outro modo, as pessoas jurídicas optantes do Lucro Presumido devem calcular o IRPJ e a CSLL trimestralmente, tomando por base um coeficiente de presunção aplicável sobre a receita bruta apurada que pode variar de 1,6% até 32%. Nesse caso, a pessoa jurídica não está autorizada a deduzir ou compensar quaisquer despesas incorridas para a execução de suas atividades, e todas as demais receitas não relacionadas às atividades operacionais da pessoa jurídica, tais como os ganhos de capital e as receitas financeiras, não compõem o cálculo da base presumida, ficando diretamente sujeitas às alíquotas do IRPJ e da CSLL.

Como se percebe, a menos que a atividade principal da pessoa jurídica alienante seja a compra e venda de participações societárias, a opção pela tributação segundo o regime do Lucro Presumido é menos vantajosa, uma vez que, além de os ganhos de capital serem tributados sem a aplicação do percentual de presunção de lucro acima comentado, não há possibilidade de dedução do custo de aquisição da participação societária para fins de determinação da base de cálculo tributável pelo IRPJ e pela CSLL.

Alíquotas e compensação de prejuízos

Não obstante a existência desses dois regimes, as alíquotas aplicáveis do IRPJ e da CSLL são as mesmas em ambos os regimes: (i) 15% de IRPJ sobre o Lucro Real, acrescido de uma alíquota adicional de 10% sobre os lucros tributáveis que excederem o valor

www.planalto.gov.br/ccivil_03/decreto/d3000.htm>. Acesso em: 14 jan. 2011.

[7] Art. 516 do RIR/1999. Idem.

mensal de R$ 20.000,00, e (ii) 9% de CSLL. Esses dois tributos são normalmente referidos como incidentes sobre o lucro da pessoa jurídica à alíquota conjunta de 34%.

O preço de alienação da participação societária, diferentemente do que ocorre no caso das pessoas físicas, deve ser incluído pela pessoa jurídica, em sua integralidade, no cômputo das bases de cálculo do IRPJ e da CSLL (não se tratando, portanto, de tributação definitiva e separada). Por outro lado, como contrapartida, o custo de aquisição da participação societária é reconhecido pela pessoa jurídica como uma despesa dedutível.

Muito embora uma análise rápida desse mecanismo de tributação possa levar a crer que o que se está efetivamente tributando pelo IRPJ e pela CSLL é o ganho de capital originado na operação de alienação, não é isso realmente o que se verifica. Isto porque, no caso das pessoas jurídicas, é possível que se faça a compensação do resultado gerado na operação de alienação com prejuízos fiscais eventualmente existentes na escrituração fiscal (e também com prejuízos fiscais acumulados[8]), ainda que desvinculados da operação de alienação em si.

Por esse motivo, embora a regra seja a de que a venda de uma determinada participação societária por uma pessoa física é menos onerosa do ponto de vista fiscal, do que a venda da mesma participação por uma pessoa jurídica, pode haver exceções. Isto porque, embora a alíquota combinada do IRPJ e da CSLL seja superior à alíquota do IRPF (34% contra 15%, respectivamente), a possibilidade de utilização de prejuízos fiscais para compensar o ganho tributável gerado na operação, em especial quando não se

193

---

[8] O art. 510 do RIR/1999 limita a compensação de prejuízos fiscais acumulados a 30% do lucro tributável do período de apuração. BRASIL. **Decreto n. 3.000, de 26 de março de 1999** (Regulamento do Imposto sobre a Renda — RIR/1999). Disponível em: <http://www.planalto.gov.br/ccivil_03/decreto/d3000.htm>. Acesso em: 14 jan. 2011.

vislumbra a utilização desses prejuízos em curto prazo, pode tornar a alienação da participação pela pessoa jurídica mais vantajosa economicamente.

Responsabilidade pelo pagamento do IRPJ e da CSLL

Assim como ocorre com a tributação do ganho de capital pelas pessoas físicas, compete exclusivamente à pessoa jurídica que aliena a participação societária apurar e recolher o IRPJ e a CSLL devidos sobre o ganho de capital auferido na operação. Assim, independentemente da qualificação do adquirente (pessoa física ou jurídica, residente ou não residente no Brasil), não lhe é imputada qualquer responsabilidade pela retenção de qualquer tributo nessa operação.

7.2.2.2 PIS e COFINS

O PIS e a COFINS são contribuições federais que incidem sobre o faturamento mensal da pessoa jurídica e podem ser calculadas de acordo com duas sistemáticas distintas: a cumulativa e a não cumulativa, as quais são definidas em função do regime de apuração do lucro adotado pela pessoa jurídica (Lucro Real ou Lucro Presumido), ou da natureza das atividades por ela desempenhadas.

Em regra, o PIS e a COFINS não cumulativos são calculados, com algumas exceções, sobre a totalidade das receitas auferidas pelas pessoas jurídicas à alíquota conjunta de 9,25% (PIS — 1,65% e COFINS — 7,6%). Nesse caso, os contribuintes estão autorizados a tomar créditos relativos a essas contribuições em situações específicas determinadas por lei.

O PIS e a COFINS cumulativos, por outro lado, são devidos apenas sobre as receitas decorrentes da venda de bens e prestação de serviços que constituam o objeto social da pessoa jurídica. Sob essa sistemática, essas contribuições incidem à alíquota conjunta reduzida de 3,65% (PIS — 0,65% e COFINS — 3,0%), mas os contribuintes não estão autorizados a registrar créditos dessas contribuições.

Normalmente, as pessoas jurídicas que apuram o IRPJ e a CSLL de acordo com o regime do Lucro Real estão sujeitas ao PIS e à

COFINS não cumulativos, ao passo que as pessoas jurídicas optantes do regime do Lucro Presumido estão obrigadas ao recolhimento do PIS e da COFINS de acordo com a sistemática cumulativa.

De qualquer maneira, o fato é que o art. 3º, IV, da Lei n. 9.718, de 27 de novembro de 1998[9] (em relação ao PIS e à COFINS cumulativos), o art. 1º, § 3º,VI, da Lei n. 10.637, de 30 de dezembro de 2002[10] (em relação ao PIS não cumulativo) e o art. 1º, § 3º, II, da Lei n. 10.833, de 29 de dezembro de 2003[11] (em relação à COFINS não cumulativa), prescrevem que devem ser excluídas da receita bruta sujeita a tais contribuições as receitas decorrentes da venda de ativo permanente/imobilizado[12].

Isto significa dizer que, a despeito de potencialmente sujeita à tributação pelo PIS e pela COFINS, a receita originada com a venda de participação societária acaba por não ser onerada por tais contribuições. Neste particular, vale o comentário no sentido de que todos os dispositivos acima citados são expressos em excluir da base de cálculo do PIS e da COFINS as receitas decorrentes da *venda* de ativo permanente/imobilizado. A utilização específica do termo "venda"

195

---

[9] BRASIL. **Lei n. 9.718, de 27 de novembro de 1998**. Disponível em: <http://www.planalto.gov.br/ccivil_03/Leis/L9718.htm>. Acesso em: 14 jan. 2011.

[10] BRASIL. **Lei n. 10.637, de 30 de dezembro de 2002**. Disponível em: <http://www.planalto.gov.br/ccivil_03/Leis/2002/L10637.htm>. Acesso em: 14 jan. 2011.

[11] BRASIL. **Lei n. 10.883, de 29 de dezembro de 2003**. Disponível em: <http://www.planalto.gov.br/ccivil_03/Leis/2003/L10.833compilado.htm>. Acesso em: 14 jan. 2011.

[12] De acordo com o art. 179, IV, da Lei n. 6.404, de 15 de dezembro de 1976, devem ser classificados como ativo imobilizado os direitos que tenham por objeto bens corpóreos destinados à manutenção das atividades da companhia ou da empresa ou exercidos com essa finalidade, inclusive os decorrentes de operações que transfiram à companhia os benefícios, riscos e controle desses bens. As participações societárias são consideradas, em regra, como ativo permanente para fins fiscais. BRASIL. **Lei n. 6.404, de 15 de dezembro de 1976**. Disponível em: <http://www.planalto.gov.br/ccivil_03/Leis/L6404consol.htm>. Acesso em: 14 jan. 2011.

aliada à previsão contida no art. 111 do CTN[13] podem levar as autoridades fiscais a entender que a receita gerada com outras operações que impliquem alienação de participação societária — por exemplo, a permuta ou a conferência de bens — poderia estar sujeita à tributação, uma vez que, embora espécies do gênero alienação, não se caracterizam tipicamente como uma operação de compra e venda.

Todavia, somos da opinião de que se trata de risco remoto e que sua eventual materialização poderia ser considerada como contra o espírito e o objetivo das exclusões de tributação trazidas pela legislação do PIS e da COFINS.

7.3 Tributação do ganho de capital auferido por não residentes no Brasil

Comentários iniciais

A tributação do ganho de capital auferido por não residentes é matéria complexa e que ainda suscita debates acalorados entre especialistas no assunto. Podemos dizer que os principais motivos dessa complexidade são (a) a falta de legislação clara a respeito do tema; (b) a escassez de precedentes administrativos e judiciais; e (c) a inércia das autoridades fiscais em providenciar esclarecimentos sobre a matéria.

Adicionalmente, a publicação da Lei n. 10.833[14] trouxe ainda mais polêmica ao tema, não em relação à definição dos parâmetros para se calcular o ganho de capital propriamente dito, mas por ter introduzido norma específica (art. 26) que passou a sujeitar à tribu-

---

[13] Segundo o qual a legislação tributária que disponha sobre outorga de isenção deve ser interpretada literalmente. BRASIL. **Lei n. 5.172, de 25 de outubro de 1976** (Código Tributário Nacional — CTN). Disponível em: <http://www.planalto.gov.br/ccivil_03/Leis/L5172Compilado.htm>. Acesso em: 14 jan. 2011.

[14] BRASIL. **Lei n. 10.883, de 29 de dezembro de 2003**. Disponível em: <http://www.planalto.gov.br/ccivil_03/Leis/2003/L10.833compilado.htm>. Acesso em: 14 jan. 2011.

tação pelo Imposto de Renda Retido na Fonte (IRRF) as operações realizadas entre dois não residentes (i.e., adquirente e alienante) quando o objeto da alienação for um bem localizado no Brasil.

A despeito de haver opiniões divergentes sobre o tema[15], entendemos que, após a publicação da referida Lei, as operações realizadas entre dois não residentes envolvendo bem localizado no Brasil passaram a ser passíveis de tributação pelo IRRF[16]. Para fins ilustrativos, transcrevemos abaixo a norma comentada:

> Art. 26. O adquirente, pessoa física ou jurídica residente ou domiciliada no Brasil, ou o procurador, quando o adquirente for residente ou domiciliado no exterior, fica responsável pela retenção e recolhimento do imposto de renda incidente sobre o ganho de capital a que se refere o art. 18 da Lei n. 9.249, de 26 de dezembro de 1995, auferido por pessoa física ou jurídica residente ou domiciliada no exterior que alienar bens localizados no Brasil.

Alíquotas e objeto tributável

Pois bem. Assim como no caso das pessoas físicas residentes no Brasil, a tributação do ganho de capital do não residente na alienação de participação societária está sujeita somente à tributação pelo imposto de renda, sendo esta também considerada como definitiva[17]. A alíquota aplicável sobre o ganho de capital varia de 15% a 25%, sendo esta última aplicada no caso de o beneficiário ser resi-

---

[15] CEZAROTI, Guilherme. A tributação do ganho de capital nas operações entre não residentes prevista na Lei n. 10.833/2003. **Revista Dialética de Direito Tributário**. São Paulo, n. 105, 2004, p. 50.

[16] No mesmo sentido: MARTINS, Natanael et al. A tributação do ganho de capital auferido por não residente em operação com outro não residente tendo por objeto alienação de bem situado no Brasil infringe as disposições legais referentes ao imposto de renda brasileiro? **Revista de Direito Tributário Internacional**. São Paulo. Quartier Latin, ano 3, n. 7, p. 113.

[17] Art. 685 do RIR/1999. BRASIL. **Decreto n. 3.000, de 26 de março de 1999** (Regulamento do Imposto sobre a Renda — RIR/1999). Disponível em: <http://www.planalto.gov.br/ccivil_03/decreto/d3000.htm>. Acesso em: 14 jan. 2011.

dente em país considerado como paraíso fiscal pela legislação tributária brasileira[18].

Como pode ser observado pelos comentários feitos até o momento, dentre os três elementos necessários para a definição do ganho de capital tributável (i.e., o preço de alienação, a alíquota aplicável e o custo de aquisição), é a determinação do custo de aquisição do não residente relativamente à participação societária detida no Brasil que se constitui como a causadora das maiores polêmicas sobre o tema.

A dificuldade em se determinar o custo de aquisição do não residente decorre principalmente do fato de que a aquisição da participação societária é feita, na maioria absoluta das vezes, com recursos estrangeiros que são remetidos ao Brasil. Nos termos da legislação cambial vigente, esse valor deve ser registrado junto ao Banco Central do Brasil (BACEN) e, mediante o fechamento de contratos de câmbio, é convertido em moeda local (no caso, convertido em Real). Em outras palavras, enquanto não há dúvidas de que um residente no Brasil calcula o custo de aquisição com base na moeda brasileira[19], a dúvida que se coloca nesse caso é se o custo de

---

[18] Conforme definição constante do Artigo 24 da Lei n. 9.430/1996, são considerados como paraísos fiscais os países (i) que não tributem a renda ou que a tributem à alíquota máxima inferior a vinte por cento; ou (ii) cuja legislação não permita o acesso a informações relativas à composição societária de pessoas jurídicas, à sua titularidade ou à identificação do beneficiário efetivo de rendimentos atribuídos a não residentes. BRASIL. **Lei n. 9.430, de 27 de dezembro de 1996**. Disponível em: <http://www.planalto.gov.br/ccivil/leis/L9430.htm>. Acesso em: 14 jan. 2011. A Instrução Normativa SRF 1.037, de 4 de junho de 2010, trouxe em seu art. 1º a lista dos países ou dependências que são, de acordo com a opinião da Secretaria da Receita Federal do Brasil (SRF), considerados como paraísos fiscais. BRASIL. **Instrução Normativa n. 1.037, de 4 de junho de 2010**, da Secretaria da Receita Federal do Brasil (SRF). Disponível em: <http://www.receita.fazenda.gov.br/Legislacao/ins/2010/in10372010.htm>. Acesso em: 14 jan. 2011.

[19] A menos que a aquisição tenha sido feita com recursos originariamente auferidos em moeda estrangeira, como será mais adiante comentado.

aquisição do não residente também deveria ser apurado em moeda local ou, por outro lado, com base na moeda estrangeira que serviu de base para fazer o investimento (e que fica registrada perante o BACEN). É o que passamos a analisar.

Definição do custo de aquisição em moeda estrangeira ou moeda local

Embora essa dúvida tenha persistido por muitos anos, em especial por conta da publicação da Lei n. 9.249, de 26 de dezembro de 1996[20], entendemos que, após a publicação da Medida Provisória n. 2.158-35, de 24 de agosto de 2001[21], algo que já era sustentável juridicamente passou a ser indubitável. Isto porque, o art. 24 da MP n. 2.158[22] assegurou que, no caso de investimento feito com rendimentos auferidos originariamente em moeda estrangeira, o ganho de capital, no caso de alienação desse investimento, deverá ser calculando levando-se em consideração o custo de aquisição do não residente em moeda estrangeira[23], *in verbis*:

Art. 24. O ganho de capital decorrente da alienação de bens ou direitos e da liquidação ou resgate de aplicações financeiras, de

199

---

[20] A dúvida se dava especialmente por conta da redação do art. 18 da Lei n. 9.249/1996 que prevê que o "ganho de capital auferido por residente ou domiciliado no exterior será apurado e tributado de acordo com as regras aplicáveis aos residentes no País." Com base nesse dispositivo, suspeitava-se que as autoridades fiscais utilizariam o custo histórico do não residente em moeda local para fins de cálculo do ganho de capital, uma vez que é assim que os residentes no Brasil o calculam para fins de apuração do ganho de capital. BRASIL. **Lei n. 9.249, de 26 de dezembro de 1996**. Disponível em: <http://www.receita.fazenda.gov.br/legislacao/leis/Ant2001/lei924995.htm>. Acesso em: 14 jan. 2011.

[21] BRASIL. **Medida Provisória n. 2.158-35, de 24 de agosto de 2011**. Disponível em: <http://www.planalto.gov.br/ccivil_03/mpv/2158-35.htm>. Acesso em: 14 jan. 2011.

[22] Idem.

[23] Embora o art. 24 faça referência apenas à moeda norte-americana, no caso dólar, entendemos que esse dispositivo deve ser aplicado indistintamente a investimentos feitos com base em outras moedas, por exemplo, o euro ou o iene.

propriedade de pessoa física, adquiridos, a qualquer título, *em moeda estrangeira*, será apurado de conformidade com o disposto neste artigo, mantidas as demais normas da legislação em vigor.

(...)

§ 5º Na hipótese de aquisição ou aplicação, por residente no País, com rendimentos auferidos originariamente em moeda estrangeira, a base de cálculo do imposto será a diferença positiva, *em dólares dos Estados Unidos*, entre o valor de alienação, liquidação ou resgate e o custo de aquisição do bem ou do direito, convertida em Reais mediante a utilização do valor do dólar para compra, divulgado pelo Banco Central do Brasil para a data da alienação, liquidação ou resgate, ou, no caso de operação a prazo ou a prestação, na data do recebimento de cada parcela" (grifou-se).

Um exemplo pode ajudar na compreensão do tema. Imagine que um investidor residente nos Estados Unidos da América tenha adquirido participação societária no Brasil mediante remessa para o Brasil de US$ 100.000,00 (cem mil dólares). Imagine também que na época da aquisição a paridade entre o dólar e o real era de US$ 1 para R$ 1 — o que fez com que o investimento inicial em moeda estrangeira fosse transformado em R$ 100.000,00 (cem mil reais). Após um ano da realização do investimento, momento em que a paridade entre o dólar e o real já era de US$ 1 para R$ 4, o investidor estrangeiro resolve alienar sua participação societária a um investidor brasileiro pelo valor original de seu investimento em moeda estrangeira, isto é, pelos mesmos US$ 100.000,00.

Com base no art. 43 do CTN[24], transcrito acima[25], já seria sustentável argumentar que o não residente não deveria sofrer qualquer tipo de tributação no Brasil, uma vez que não estaria auferindo qualquer renda. Ocorre que, se fosse tomado como parâmetro para

---

[24] BRASIL. **Lei n. 5.172, de 25 de outubro de 1976** (Código Tributário Nacional — CTN). Disponível em: <http://www.planalto.gov.br/ccivil_03/Leis/L5172Compilado.htm>. Acesso em: 14 jan. 2011.

[25] *Vide* nota de rodapé 1.

o cálculo do ganho de capital não o custo de aquisição em moeda estrangeira (i.e., US$ 100.000,00), mas sim o custo histórico de aquisição em moeda local (i.e., R$ 100.000,00), haveria ganho de capital tributável nessa operação, haja vista que no momento da venda o valor de US$ 100.000,00 não mais equivaleria a R$ 100.000,00, mas sim a R$ 400.000,00 (ou seja, ganho de capital de R$ 300.000,00).

Todavia, com base no art. 24 da MP 2.158[26], em uma situação como a acima descrita, o cálculo do ganho de capital deve ser feito em moeda estrangeira, comparando-se o valor do custo em moeda estrangeira (i.e., US$ 100.000,00) com o preço estabelecido entre as partes para venda da participação societária também em moeda estrangeira (i.e., US$ 100.000,00). Essa forma de cálculo elimina a apuração de qualquer ganho de capital na transação.

O que se percebe é que se o custo de aquisição do não residente fosse calculado em moeda nacional e não em moeda estrangeira, o que se acabaria tributando pelo IRRF seria a variação cambial incorrida entre a data do investimento e a data da alienação, e não o ganho de capital efetivamente.

O interessante disso tudo é que, com a sequencial desvalorização do dólar perante o real, pode acabar sendo mais vantajoso, atualmente, efetuar o cálculo do ganho de capital levando-se em consideração o custo apurado em moeda nacional (para investimentos feitos quando o dólar estava mais valorizado). Resta saber, contudo, se as autoridades fiscais, numa situação como essa, passariam a sustentar que o custo de aquisição deveria ser calculado em moeda estrangeira.

De qualquer forma, assumindo que o custo de aquisição do não residente, do ponto de vista estritamente técnico, deva mesmo ser calculado em moeda estrangeira, há ainda uma outra questão a ser enfrentada.

---

[26] BRASIL. **Medida Provisória n. 2.158-35, de 24 de agosto de 2011**. Disponível em: <http://www.planalto.gov.br/ccivil_03/mpv/2158-35.htm>. Acesso em: 14 jan. 2011.

Definição dos documentos comprobatórios do custo de aquisição quando calculado em moeda estrangeira

Embora tenha sido comum no Brasil a utilização do valor do capital estrangeiro registrado junto ao BACEN para determinar o custo de aquisição de uma participação societária detida por um investidor estrangeiro, entendemos não ser este necessariamente o critério mais adequado para tal determinação[27].

As razões que embasam nosso entendimento são fundamentadas no fato de que o montante do capital estrangeiro registrado no BACEN nem sempre reflete o valor de aquisição pago pelo investidor estrangeiro na aquisição da participação societária. Isto fica evidente quando se toma como exemplo uma situação em que um não residente tenha adquirido de outro não residente participação societária em uma pessoa jurídica brasileira. Isto porque, neste caso, as regras do BACEN determinam que haja apenas uma transferência do registro do capital estrangeiro anteriormente feito pelo alienante para o adquirente, independentemente se o valor efetivamente pago pelo adquirente pela participação societária for maior ou menor que o valor registrado perante o BACEN.

A nosso ver, a utilização do capital estrangeiro registrado junto ao BACEN nessa situação poderia levar a uma tributação do capital do não residente e não da renda representada pela diferença entre o custo de aquisição e o preço de venda da participação societária, algo que representaria uma violação da previsão contida no art. 43 do CTN[28].

---

[27] Para entendimento segundo o qual o ganho de capital é necessariamente calculado pela diferença entre o preço de venda e o valor do investimento registrado em moeda estrangeira no BACEN ver: HIGUCHI, Hiromi et al. **Imposto de renda das empresas, interpretação e prática**. 35. ed. São Paulo: IR Publicações Ltda., p. 615.

[28] BRASIL. **Lei n. 5.172, de 25 de outubro de 1976** (Código Tributário Nacional — CTN). Disponível em: <http://www.planalto.gov.br/ccivil_03/Leis/L5172Compilado.htm>. Acesso em: 14 jan. 2011.

Se isso já não fosse suficiente, destaca-se que as próprias autoridades fiscais manifestaram opinião no sentido de que o custo de aquisição de um não residente deve ser demonstrado pelos documentos comumente relacionados ao tipo de operação que gerou a aquisição (por exemplo, com base no valor de compra constante do contrato de compra e venda), e somente na ausência destes é que seria possível a utilização, como referência subsidiária, do valor registrado junto ao BACEN.

Para fins ilustrativos, transcrevemos a seguir a prescrição contida no art. 26, da Instrução Normativa SRF n. 208, de 27 de dezembro de 2002[29]:

> Art. 26. A alienação de bens e direitos situados no Brasil realizada por não residente está sujeita à tributação definitiva sob a forma de ganho de capital, segundo as normas aplicáveis às pessoas físicas residentes no Brasil.
>
> § 1º O ganho de capital é determinado pela diferença positiva entre o valor de alienação e o custo de aquisição do bem ou direito.
>
> (...)
>
> § 3º O valor de aquisição do bem ou direito para fins do disposto neste artigo deve ser comprovado com documentação hábil e idônea.
>
> § 4º Na impossibilidade de comprovação, o custo de aquisição é:
>
> I — apurado com base no capital registrado no Banco Central do Brasil, vinculado à compra do bem ou direito;
>
> II — igual a zero, nos demais casos.

Embora haja instrução normativa expedida pelas próprias autoridades fiscais determinando de forma explícita que o custo de aquisição do não residente pode ser demonstrado pelos documentos comumente relacionados ao tipo de operação que gerou a aquisição, não se pode descartar o risco de as próprias autoridades fiscais en-

---

[29] BRASIL. **Instrução Normativa n. 208, de 27 de dezembro de 2002**, da Secretaria da Receita Federal do Brasil (SRF). Disponível em: <http://www.receita.fazenda.gov.br/legislacao/ins/2002/in2082002.htm>. Acesso em: 14 jan. 2011.

tenderem que o custo de aquisição, apesar de poder ser calculado em moeda estrangeira, deva necessariamente corresponder ao montante do capital estrangeiro registrado no BACEN e não ao montante efetivamente pago pelo não residente.

Isto porque, adicionalmente a qualquer outra manifestação genérica das autoridades fiscais, há uma decisão específica do Primeiro Conselho de Contribuintes (antiga denominação do atual Conselho Administrativo de Recursos Fiscais — CARF)[30], na qual ficou entendido que o custo de aquisição das ações de uma pessoa jurídica brasileira detidas por um estrangeiro deveria ser o valor do capital estrangeiro registrado no BACEN e não o preço efetivamente pago por essas ações.

Todavia, deve-se levar em consideração que essa decisão foi tomada em um caso em que diversas operações foram realizadas fora do Brasil com o claro propósito de elevar o custo de aquisição do não residente. A decisão não foi unânime, havendo conselheiros da turma julgadora que consideraram que o custo de aquisição deveria ser o valor efetivamente pago pelo não residente. Como este é o único precedente do qual temos conhecimento que trata da questão ora analisada, entendemos que não deve ser considerado como representativo do posicionamento do CARF sobre a questão.

---

[30] Acórdão 106-13.552. Ementa: "GANHOS DE CAPITAL DE RESIDENTES OU DOMICILIADOS NO EXTERIOR — Existem duas incidências distintas do imposto de renda: uma sobre ganhos de capital relativos a investimentos em moeda estrangeira, outra sobre ganhos de capital auferidos na alienação de bens e direitos; na primeira espécie, a base de cálculo corresponde à diferença entre os valores em moeda estrangeira, de alienação e de aquisição convertidos em reais pela taxa de câmbio na data de alienação, sendo que *o valor de aquisição será o registrado no Banco Central do Brasil*. (...)" (grifou-se). BRASIL. Conselho Administrativo de Recursos Fiscais — CARF. **Acórdão 106-13.552**, 6ª Câmara/Primeiro Conselho de Contribuintes. Relatora: Sueli Efigênia Mendes de Britto. J. em 15-10-2003. Disponível em: <http://carf.fazenda.gov.br/sincon/public/pages/ConsultarJurisprudencia/consultarJurisprudenciaCarf.jsf>. Acesso em: 17 jan. 2011.

Responsabilidade pelo pagamento do IRRF

Numa transação envolvendo um alienante não residente no Brasil, a apuração e o pagamento (mediante retenção na fonte) do IRRF são de responsabilidade, nos termos do art. 26, da Lei n. 10.833[31] (transcrito acima), (i) do adquirente, se residente no Brasil; ou (ii) do procurador do adquirente, quando este também não for residente no Brasil.

7.4 Breves comentários sobre o planejamento tributário do alienante

Costuma-se denominar planejamento tributário, nas palavras de Nilton Latorraca[32]:

> (...) a atividade empresarial que, desenvolvendo-se de forma estritamente preventiva, projeta os atos e fatos administrativos com o objetivo de informar quais os ônus tributários em cada uma das opções legais disponíveis.

> O objeto do planejamento tributário é, em última análise, a economia tributária. Cotejando as várias opções legais, o administrador obviamente procura orientar os seus passos de forma a evitar, sempre que possível, o procedimento mais oneroso do ponto de vista fiscal.

É de conhecimento notório que na década de 1990 e também nos primeiros anos da década de 2000, muitas alienações de participação societária foram feitas no Brasil sem que tivesse havido a apuração de ganho de capital tributável. Consequentemente, tais operações foram implementadas sem que houvesse o pagamento de nem um centavo de imposto de renda. Tal cenário não se deu por conta da ausência efetiva de ganho de capital gerado nas operações de alienação (i.e., não se deu porque as alienações foram feitas com prejuízo ou, mais propriamente, com a apuração de perda de capi-

205

---

[31] BRASIL. **Lei n. 10.883, de 29 de dezembro de 2003**. Disponível em: <http://www.planalto.gov.br/ccivil_03/Leis/2003/L10.833compilado.htm>. Acesso em: 14 jan. 2011.

[32] LATORRACA, Nilton. **Direito Tributário, imposto de renda das empresas**. 14. ed. São Paulo: Atlas, p. 62.

tal), mas sim pela utilização de um "planejamento tributário" que, embora propiciasse a apuração de um ganho ao alienante, tal ganho era e continua sendo considerado não tributável pelo imposto de renda.

A operação que mais foi implementada para atingir esse objetivo é vulgarmente conhecida nos dias atuais como operação "casa e separa". Para fins de exemplificação dos passos que compõem essa operação, assumiremos as seguintes premissas:

(a) Vendedor: pessoa jurídica residente no Brasil (PJ A)

(b) Adquirente: pessoa jurídica residente ou não residente no Brasil (PJ B)

(c) Custo de aquisição: R$ 100

(d) Preço de venda: R$ 1.000

(e) Patrimônio líquido da sociedade a ser vendida (PJ C): R$ 100

Ilustração 1 — Situação de pré-implementação da operação

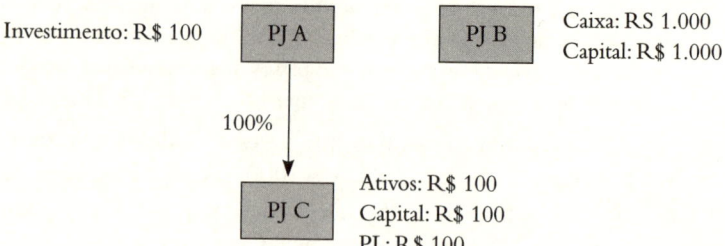

Com base nas premissas acima, caso a PJ A vendesse a participação detida na PJ C pelo valor de R$ 1.000, apuraria ganho de capital tributável de R$ 900, sujeito à alíquota combinada de IRPJ e CSLL de 34% (o que geraria uma tributação efetiva de R$ 306). Todavia, em vez de implementar uma operação direta de compra e venda, as partes estruturavam a seguinte operação:

a PJ B realizava um aumento de capital na PJ C no valor de R$ 1.000 (i.e., valor exatamente equivalente ao preço de venda estabelecido entre as partes);

o valor investido era dividido em duas contas contábeis distintas na PJ C: capital social e reserva de ágio. O valor de R$ 100 era destinado à conta de capital social (propiciando então a aquisição de 50% da participação societária da PJ C) e a parcela remanescente (R$ 900) era destinada à conta de reserva de ágio.

Após a realização desse investimento, a situação societária poderia ser ilustrada da seguinte maneira:

Ilustração 2 — Situação societária após o investimento

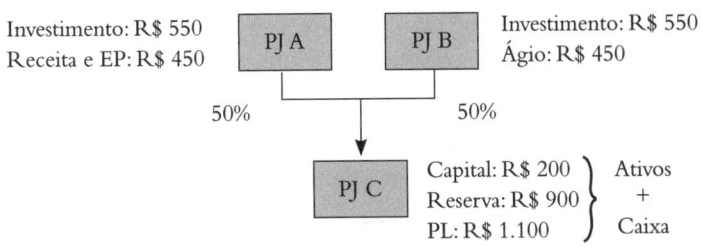

Investimento: R$ 550
Receita e EP: R$ 450

PJ A   PJ B

Investimento: R$ 550
Ágio: R$ 450

50%   50%

PJ C

Capital: R$ 200 ⎫ Ativos
Reserva: R$ 900 ⎬ +
PL: R$ 1.100 ⎭ Caixa

Como pode ser aferido pelos efeitos acima, a PJ A experimentou um aumento no valor de seu investimento (custo) na PJ C de R$ 100 para R$ 550, cuja contrapartida é o registro de uma receita. Ocorre, contudo, que, nos termos do art. 428 do RIR/1999[33], a receita de equivalência patrimonial decorrente da variação no percentual de participação societária é isenta de tributação pelo IRPJ (e pela CSLL, por consequência). Isso significa dizer que, se a PJ A vendesse, após a implementação desse primeiro passo, a participação que detinha na PJ C pelo valor de R$ 1.000, não mais apuraria um ganho de capital de R$ 900, mas sim de R$ 450, reduzindo subs-

---

[33] "Art. 428. Não será computado na determinação do lucro real o acréscimo ou a diminuição do valor de patrimônio líquido de investimento, decorrente de ganho ou perda de capital por variação na percentagem de participação do contribuinte no capital social da coligada ou controlada." BRASIL. **Decreto n. 3.000, de 26 de março de 1999** (Regulamento do Imposto sobre a Renda — RIR/1999). Disponível em: <http://www.planalto.gov.br/ccivil_03/decreto/d3000.htm>. Acesso em: 14 jan. 2011.

tancialmente, portanto, o valor do IRPJ e da CSLL incidentes na operação. Mas isso ainda não é tudo.

Após a realização do investimento feito pela PJ B na PJ C, as partes implementavam uma operação de cisão desproporcional[34] na PJ C, por meio da qual a PJ B passava a ser a detentora de 100% da participação societária de uma nova sociedade constituída como resultado da cisão (PJ D). A operação de cisão era implementada de tal forma que eram vertidos para a PJ D todos os ativos (e passivos) operacionais da PJ C que eram de interesse da PJ B, remanescendo na PJ C, todavia, todo o caixa usado pela PJ B quando da realização do investimento inicial.

A estrutura societária pós-cisão pode então ser assim ilustrada:

Ilustração 3 — Operação de cisão desproporcional

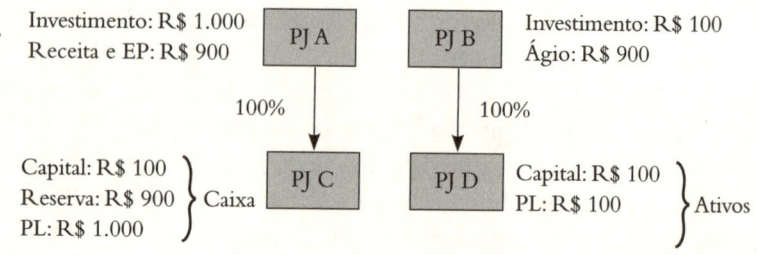

Como se percebe, ao final da operação de cisão desproporcional, a PJ A passa novamente a ser a detentora de 100% da parti-

---

[34] A cisão é definida pelo art. 229 da Lei n. 6.404/1976 como sendo "a operação pela qual a companhia transfere parcelas do seu patrimônio para uma ou mais sociedades, constituídas para esse fim ou já existentes, extinguindo-se a companhia cindida, se houver versão de todo o seu patrimônio, ou dividindo-se o seu capital, se parcial a versão". BRASIL. **Lei n. 6.404, de 15 de dezembro de 1976**. Disponível em: <http://www.planalto.gov.br/ccivil_03/Leis/L6404consol.htm>. Acesso em: 14 jan. 2011.

cipação na PJ C, mas, agora, a PJ C detém apenas ativos financeiros (dinheiro), ou seja, exatamente aquilo em que a PJ A tinha interesse antes do início da operação. Por outro lado, como dito acima, a PJ B passa a ser a detentora exclusiva da PJ D que, embora sendo uma nova sociedade, detém exatamente os mesmos ativos que antes eram detidos pela PJ C e que eram do interesse da PJ B.

Essa operação, válida na sua forma e eficiente no que diz aos seus efeitos fiscais, sempre foi questionada pelas autoridades fiscais, mas os autos de infração lavrados contra os contribuintes eram rejeitados quando levados a julgamento no CARF[35].

Para ilustrar nossos comentários, transcrevemos a seguir ementa de decisão proferida pela 6ª Câmara do Conselho de Contribuintes nesse sentido, no acórdão 106-09.343, de 18 de setembro de 1997[36]:

IRPF — GANHO DE CAPITAL — SIMULAÇÃO. Para que se possa caracterizar a simulação em atos jurídicos, é indispensável que os atos praticados não pudessem ser realizados, fosse por vedação

---

[35] Para uma análise detalhada sobre diversos acórdãos do CARF envolvendo o tema "planejamento tributário" vide: SCHOUERI, Luís Eduardo (coord.). **Planejamento tributário e o "propósito negocial"**. São Paulo: Quartier Latin, 2010.

[36] BRASIL. Conselho Administrativo de Recursos Fiscais — CARF. **Acórdão 106-09343**, 6ª Câmara/Primeiro Conselho de Contribuintes. Relator: Luiz Augusto Sacchi. J. em 18-9-1997. Disponível em: <http://carf.fazenda.gov.br/sincon/public/pages/ConsultarJurisprudencia/consultarJurisprudenciaCarf.jsf>. Acesso em: 17 jan. 2011. Outros julgados no mesmo sentido: **Acórdão 103-21.046**, 3ª Câmara/Primeiro Conselho de Contribuintes. Relator: Pascoal Raucci. J. em 16-10--2002. Disponível em: <http://carf.fazenda.gov.br/sincon/public/pages/ConsultarJurisprudencia/consultarJurisprudenciaCarf.jsf>. Acesso em: 17 jan. 2011. Acórdão 101-94.127/2003. BRASIL. Conselho Administrativo de Recursos Fiscais — CARF. **Acórdão 101-94.127**, 1ª Câmara/Primeiro Conselho de Contribuintes. Relatora: Sandra Maria Faroni. J. em 28-2-2003. Disponível em: <http://carf.fazenda.gov.br/sincon/public/pages/ConsultarJurisprudencia/consultarJurisprudenciaCarf.jsf>. Acesso em: 17 jan. 2011.

legal ou por qualquer outra razão. Se não existia impedimento para a realização de aumento de capital, a efetivação de incorporação e de cisões, tal como realizadas, e cada um dos atos praticados não é de natureza diversa daquele que de fato aparenta, não há como qualificar-se a operação como simulada. Os objetivos visados com a prática dos atos não interferem na qualificação dos atos praticados, portanto, se os atos praticados eram lícitos, as eventuais consequências contrárias ao fisco devem ser qualificadas como elisão fiscal e não evasão ilícita.

Todavia, a partir de 2003, houve uma mudança profunda na maneira como o Conselho de Contribuintes passou a analisar os chamados "planejamentos tributários". Inspirado nas discussões que sucederam a publicação da Lei Complementar n. 104, de 10 de janeiro de 2001[37] (que incluiu o parágrafo único ao art. 116 do CTN[38]), o Conselho de Contribuintes passou a dar relevo não mais simplesmente à legalidade e forma dos atos e negócios praticados, mas sim à substância e essência destes.

Com base nessa nova corrente julgadora, estruturas artificiais, isto é, implementadas com o objetivo de esconder a verdadeira intenção das partes, passaram a ser desconsideradas pelos membros do Conselho de Contribuintes sob o argumento de que eram simuladas. Como resultado, atribuíam-se a elas os mesmos efeitos que seriam derivados da operação que se tentou dissimular (no exemplo acima, simulava-se uma operação societária de investimento conjunto, nor-

---

[37] BRASIL. **Lei Complementar n. 104, de 10 de janeiro de 2001**. Disponível em: <http://www.planalto.gov.br/ccivil_03/Leis/LCP/Lcp104.htm>. Acesso em: 17 jan. 2011.

[38] Artigo 116, parágrafo único: "A autoridade administrativa poderá desconsiderar atos ou negócios jurídicos praticados com a finalidade de dissimular a ocorrência do fato gerador do tributo ou a natureza dos elementos constitutivos da obrigação tributária, observados os procedimentos a serem estabelecidos em lei ordinária". BRASIL. **Lei n. 5.172, de 25 de outubro de 1976** (Código Tributário Nacional — CTN). Disponível em: <http://www.planalto.gov.br/ccivil_03/Leis/L5172Compilado.htm>. Acesso em: 14 jan. 2011.

malmente conhecidas como *joint ventures*, para se dissimular uma operação de compra e venda).

Ademais, considerando que tais operações eram desconsideradas para fins fiscais com base na existência de simulação perpetrada pelas partes envolvidas, além da obrigatoriedade de recolher o IRPJ e a CSLL devidos sobre o ganho de capital dissimulado, as autoridades fiscais passaram a aplicar multa majorada de 150% sobre o valor dos tributos não pagos, em substituição à multa regular de 75%.

Abaixo transcrevemos ementa de outra decisão proferida pelo próprio Conselho de Contribuintes, no acórdão 101-95.537, de 24 de maio de 2006[39], sobre o mesmo tipo de operação que anteriormente era validada:

> OPERAÇÃO ÁGIO — SUBSCRIÇÃO DE PARTICIPAÇÃO COM ÁGIO E SUBSEQUENTE CISÃO — VERDADEIRA ALIENAÇÃO DE PARTICIPAÇÃO — Se os atos formalmente praticados, analisados pelo seu todo, demonstram não terem as partes outro objetivo que não se livrar de uma tributação específica, e seus substratos estão alheios às finalidades dos institutos utilizados ou não correspondem a uma verdadeira vivência dos riscos envolvidos no negócio escolhido, tais atos não são oponíveis ao fisco, devendo merecer o tratamento tributário que o verdadeiro ato dissimulado produz. Subscrição de participação com ágio, seguida de imediata cisão e entrega dos valores monetários referentes ao ágio, traduz verdadeira alienação de participação societária.

Como se percebe, a realização de operações de aumento de capital seguidas de cisão desproporcional passaram a ser consideradas

211

---

[39] BRASIL. Conselho Administrativo de Recursos Fiscais — CARF. **Acórdão 101-95.537**, 1ª Câmara/Primeiro Conselho de Contribuintes. Relatora: Sandra Maria Faroni. J. em 24-5-2006. Disponível em: <http://carf.fazenda.gov.br/sincon/public/pages/ConsultarJurisprudencia/consultarJurisprudenciaCarf.jsf>. Acesso em: 17 jan. 2011.

simuladas[40]. Em outras palavras, embora considerada lícita e válida quando analisados os passos implementados de forma individual, a análise feita da operação como um todo possibilitava a conclusão de que as partes estavam buscando esconder a realidade dos fatos e a sua verdadeira intenção. O professor Marco Aurélio Greco[41], ao tecer comentários sobre operações que são consideradas preocupantes do ponto de vista de sustentabilidade, teceu os seguintes comentários sobre a operação "casa e separa":

> Outra hipótese é a das operações em que um terceiro (interessado em determinado patrimônio, estabelecimento, imóvel etc.), ao invés de adquiri-lo diretamente, ingressa como sócio da respectiva pessoa jurídica titular seguindo-se uma cisão, de modo que o antigo sócio fique com uma pessoa jurídica cujo ativo é formado pelo dinheiro aportado em aumento de capital (eventualmente com ágio) pelo novo sócio e este com pessoa jurídica cujo ativo é formado pelos elementos que lhe interessava adquirir (estabelecimento, imóvel etc.).
>
> Ponto relevante a considerar é o da *affectio societatis*. Com efeito, onde está a *affectio* entre duas pessoas se uma aceita que a outra ingresse como sócio de pessoa jurídica, seguindo-se imediatamente a cisão? Entrou para sair? Não há *affectio* se não houver a intenção da permanência. Se a permanência não for possível, por razão superveniente à entrada, esta é vicissitude nova a ser considerada. Mas entrar para sair é não ter *affectio societatis*.

Diante desse novo cenário, qualquer "planejamento tributário" deve ser implementado apenas se representar a vontade das partes, sob pena de vir a ser futuramente questionado com sucesso pelas autoridades fiscais. Em outras palavras, não basta mais que os atos praticados

---

[40] Quanto aos negócios jurídicos simulados, vale lembrar que o Código Civil de 2002 (Lei n. 10.406, de 10 de janeiro de 2002) inovou ao estabelecer expressamente a nulidade destes.

[41] GRECO, Marco Aurélio. **Planejamento tributário**. São Paulo: Dialética, 2004, p. 359.

sejam lícitos e não proibidos por lei, é preciso que reflitam, na essência, o ato ou o negócio que se pretende realizar.

7.5 Implicações tributárias para o adquirente

Assim como a tributação do ganho de capital para o alienante, o ágio se caracteriza como um dos elementos mais importantes para o adquirente em qualquer processo de M&A. Como será abordado mais adiante, desde que estruturada corretamente, a aquisição de uma participação societária pode propiciar a geração de despesas dedutíveis da base de cálculo do IRPJ e da CSLL, as quais são consumadas pela possibilidade de amortização do ágio gerado no processo de aquisição.

Vejamos então como o ágio é gerado e amortizado em um processo de aquisição de participação societária.

7.5.1 Registro e amortização do ágio

Nos termos do art. 20 do Decreto-Lei n. 1.598/77[42] (reproduzido no art. 385 do RIR/1999), o contribuinte que avaliar investimento em sociedade coligada ou controlada pelo valor de patrimônio líquido (i.e., pelo método da equivalência patrimonial) deverá, por ocasião da aquisição da participação, desdobrar o custo de aquisição em:

(a) valor de patrimônio líquido; e

(b) ágio[43], que corresponde à diferença positiva entre o custo de aquisição e o valor de patrimônio líquido.

213

---

[42] BRASIL. **Decreto-Lei n. 1.598, de 26 de dezembro de 1977**. Disponível em: <http://www.planalto.gov.br/ccivil/Decreto-Lei/Del1598.htm>. Acesso em: 17 jan. 2011.

[43] Não trataremos das implicações decorrentes do registro de deságio neste artigo por se tratar de situação atípica e pelo fato de que uma vez compreendidos os efeitos do ágio, automaticamente estarão compreendidos os efeitos do deságio, haja vista que estes são exatamente opostos aos efeitos decorrentes daqueles.

Vejamos um exemplo para ilustrar a definição acima proposta.

Imaginem que o valor do patrimônio líquido de uma determinada sociedade é de R$ 300 milhões. Caso outra sociedade venha a adquirir a totalidade das ações daquela sociedade pelo valor de R$ 500 milhões, deverá desdobrar o custo de aquisição das ações em R$ 300 milhões como investimento (i.e., valor de patrimônio líquido) e R$ 200 milhões como ágio.

Ainda, conforme prevê o § 2º do art. 20 do Decreto-Lei n. 1.598[44], o lançamento do ágio deverá indicar, dentre os seguintes, seu fundamento econômico:

I — valor de mercado de bens do ativo da coligada ou controlada superior ao custo registrado na sua contabilidade;

II — valor de rentabilidade da coligada ou controlada, com base em previsão dos resultados nos exercícios futuros;

III — fundo de comércio, intangíveis e outras razões econômicas.

Na hipótese de o ágio ser fundamentado nos termos dos itens I e II acima, determina o § 3º do art. 20 do Decreto-Lei n. 1.598[45] que o ágio deverá ser baseado em demonstração que o contribuinte arquivará como comprovante da escrituração fiscal (i.e., por laudo de avaliação preparado por profissionais ou firmas especializadas).

Embora a regra seja de que o ágio somente se torna dedutível para fins de determinação da base de cálculo do IRPJ no momento da alienação ou liquidação do investimento[46], a partir de 1998, com a publicação da Lei n. 9.532, de 10 de dezembro de 1997[47] (art. 7º),

---

[44] Idem.

[45] Idem.

[46] Há argumentos para sustentar a amortização do ágio mesmo antes da alienação ou liquidação do investimento para fins de determinação da base de cálculo da CSLL, por ausência de regra que determine a adição, para fins fiscais, da despesa resultante da amortização do ágio apurada nos registros contábeis.

[47] BRASIL. **Lei n. 9.532, de 10 de dezembro de 1977**. Disponível em: <http://www.planalto.gov.br/ccivil_03/Leis/L9532.htm>. Acesso em: 17 jan. 2011.

passou a ser permitida a dedutibilidade do ágio, de forma antecipada, nas hipóteses em que a pessoa jurídica absorva por meio de incorporação, fusão ou cisão o patrimônio de sociedade adquirida com ágio. Nesse caso, o tratamento do ágio será determinado conforme o fundamento que lhe deu causa da seguinte maneira:

(a) diferença entre o valor de livros e o valor de mercado dos bens detidos pela sociedade adquirida: o ágio deverá ser acrescido ao custo dos bens e deduzido via depreciação, amortização ou baixa;

(b) expectativa de rentabilidade futura da sociedade adquirida: o ágio deverá ser registrado em conta de ativo diferido e amortizado/deduzido à taxa máxima de 1/60 ao mês (prazo mínimo de 5 anos); e

(c) fundo de comércio, intangíveis e outras razões econômicas: o ágio somente será dedutível no encerramento das atividades da sociedade ou na alienação do intangível a que estiver relacionado.

Com base nas regras acima, é possível perceber que o ágio justificado com base na rentabilidade futura da sociedade adquirida é o que, em regra, proporciona maior eficiência do ponto de vista fiscal. Isto porque permite que o valor pago a título de ágio (no exemplo acima R$ 200 milhões) possa ser deduzido para fins fiscais num prazo de 5 anos, ou seja, em tempo substancialmente mais reduzido do que aquele que seria verificado no caso de justificativa com base no valor de mercado dos ativos — cuja dedução fiscal se verifica por meio da depreciação dos bens adquiridos podendo levar de 10 a 20 anos geralmente. Isto para não falar no caso de justificação do ágio com base na aquisição de intangíveis, fundo de comércio ou por outras razões econômicas, situação em que o ágio não pode ser amortizado antecipadamente para fins fiscais.

Assim, novamente com base no exemplo acima citado, a sociedade adquirente poderia amortizar o ágio gerado nessa operação (i.e., R$ 200 milhões) após, por exemplo, incorporar a participação detida na sociedade adquirida, num prazo mínimo de 5 anos, ou seja, poderia diminuir o seu resultado tributável na ordem de R$ 40 milhões por ano (o que geraria uma economia fiscal, por ano, de aproximadamente R$ 13,6 milhões)[48].

Muito embora menos suscetíveis de questionamento, a geração e a amortização do ágio também passaram a ser alvo de investigação por parte das autoridades fiscais. Isto se deu, especialmente, por conta da implementação de operações realizadas "dentro de casa", isto é, sem o envolvimento de sociedades não relacionadas, em que o ágio era artificialmente gerado com o único intuito de reduzir a carga tributária de um determinado grupo de sociedades.

Por conseguinte, os mesmos cuidados apontados em relação aos "planejamentos tributários" que são implementados, por exemplo, para reduzir ou eliminar a tributação sobre o ganho de capital, devem ser observados quando da estruturação da operação de compra pelo adquirente para fins de registro do ágio. Caso contrário, o ágio também pode vir a ser questionado pelas autoridades fiscais e, consequentemente, serem glosadas as despesas tratadas como dedutíveis geradas mediante sua amortização.

Para fins de ilustração, transcrevemos a seguir ementa de uma recente decisão do Conselho de Contribuintes no Acórdão 103-23.441, de 17 de abril de 2008[49], em que o ágio foi questionado com sucesso pelas autoridades fiscais:

DESPESAS COM ÁGIO. CARACTERIZADA SIMULAÇÃO. INDEDUTIBILIDADE. PROVAS. São indedutíveis as despesas com ágio quando provado nos autos que as mesmas foram levadas a efeito a partir da prática de simulação através de negócio jurídico

---

[48] Assumindo que a sociedade tenha lucros tributáveis de, no mínimo, R$ 40 milhões por ano e que esteja sujeita à alíquota combinada do IRPJ e da CSLL de 34%.

[49] BRASIL. Conselho Administrativo de Recursos Fiscais — CARF. **Acórdão 103-23.441**, 3ª Câmara/Primeiro Conselho de Contribuintes. Relator: Paulo Jacinto do Nascimento. J. em 17-4-2008. Disponível em: <http://carf.fazenda.gov.br/sincon/public/pages/ConsultarJurisprudencia/consultarJurisprudenciaCarf.jsf>. Acesso em: 17 jan. 2011.

que aparenta transferir direitos a pessoa diversa daquela à qual realmente se transmitem.

SIMULAÇÃO. CARACTERIZAÇÃO. O fato de os atos societários terem sido formalmente praticados, com registro nos órgãos competentes, escrituração contábil etc. não retira a possibilidade de a operação em causa se enquadrar como simulação, isso porque faz parte da natureza da simulação o envolvimento de atos jurídicos lícitos. Afinal, simulação é a desconformidade, consciente e pactuada entre as partes que realizam determinado negócio jurídico, entre o negócio efetivamente praticado e os atos formais (lícitos) de declaração de vontade. Não é razoável esperar que alguém tente dissimular um negócio jurídico dando-lhe a aparência de um outro ilícito.

Em adição a isso, dois outros pontos devem ser levados em consideração quando se fala de geração e amortização de ágio nos dias de hoje. O primeiro refere-se ao já conhecido receio de que mais cedo ou mais tarde a permissão da amortização antecipada do ágio em caso de operação de incorporação, fusão ou cisão venha a ser revogada; o segundo tem a ver com as alterações na legislação societária trazidas pelas Leis n. 11.638, de 28 de dezembro de 2007[50], e n. 11.941, de 27 de maio de 2009[51].

Em relação ao primeiro ponto, fica a dúvida, assim como vem ocorrendo em anos anteriores, de se a permissão para antecipação da amortização do ágio nos eventos de incorporação, fusão ou cisão vai efetivamente ser revogada. Por conta desse receio, é muito comum que a implementação das operações de incorporação seja realizada antes do início do ano subsequente ao da aquisição, como tentativa de garantir que o início da dedutibilidade do ágio se dê antes do

217

---

[50] BRASIL. **Lei n. 11.638, de 28 de dezembro de 2007**. Disponível em: <http://www.planalto.gov.br/ccivil_03/_ato2007-2010/2007/lei/l11638.htm>. Acesso em: 17 jan. 2011.

[51] BRASIL. **Lei n. 11.941, de 27 de maio de 2009**. Disponível em: <http://www.planalto.gov.br/ccivil_03/_ato2007-2010/2009/lei/l11941.htm>. Acesso em: 17 jan. 2011.

BRUNO MACORIN CARRAMASCHI

início do ano-calendário subsequente (quando normalmente passam a ser aplicáveis as eventuais alterações da legislação tributária perpetradas no final do ano-calendário anterior). A esse respeito, vale apenas o comentário de que, mesmo que se realizem as operações de incorporação antes da possível revogação do art. 7º da Lei n. 9.532[52], tendo em vista que a amortização do ágio se dá mensalmente, ainda assim poderia haver o risco de as autoridades fiscais sustentarem que a amortização não mais seria admitida.

De qualquer forma, é evidente que a realização da incorporação antes da potencial revogação da norma permite que a sociedade que já está se beneficiando com a amortização do ágio argumente que já tem direito adquirido à referida amortização, algo que certamente não seria possível na hipótese de realização da operação de incorporação posteriormente à revogação.

Para fins de ilustração da discussão comentada, transcrevemos abaixo trecho do artigo assinado por Natanael Martins (ex-conselheiro do Conselho de Contribuintes) e Daniele Souto Rodrigues[53], segundo o qual haveria direito adquirido à amortização do ágio na situação de incorporação realizada anteriormente à revogação do atual benefício fiscal:

> Com efeito, ainda que norma posterior publicada em substituição ao RTT revogue a possibilidade de dedução fiscal do ágio, sem prejuízo das demais fundamentações relativas ao encontro das normas societárias e tributárias, sobre o qual não se pretende adentrar nesta ocasião, entende-se que a amortização daquele já registrado e que estaria em curso de dedução fiscal pela pessoa jurídica incorporadora seria perfeitamente possível. (...)
>
> Considerando que a amortização fiscal do ágio torna-se possível a partir do momento em que há a reunião do patrimônio da investidora e da investida, seja por meio de fusão, cisão ou incorporação,

---

[52] BRASIL. **Lei n. 9.532, de 10 de dezembro de 1977**. Disponível em: <http://www.planalto.gov.br/ccivil_03/Leis/L9532.htm>. Acesso em: 17 jan. 2011.

[53] ROCHA, Sergio André (coord.). **Direito tributário, societário e a reforma da Lei das S/A**. São Paulo: Quartier Latin, 2010. v. 2. p. 480-482.

ocorrendo uma dessas operações societárias, passa a empresa suces-
sora a ter direito à sua amortização na forma e limites impostos pela
Lei n. 9.532/97, norma de competência no dizer de Tércio Sampaio
Ferraz, na medida em que dita todas a regras e condições ao direito
que outorgou.

Parece-nos correto afirmar, pois, no sentido das conclusões de De
Plácido e Silva, Sampaio Dória e Tércio Sampaio Ferraz Júnior, que,
quando da ocorrência de algum dos eventos descritos na Lei n.
9.532/97, a sociedade beneficiária do investimento incorporado
passa a ter direito adquirido à amortização fiscal do ágio.

Em relação ao segundo ponto, embora a promulgação da Lei
n. 11.638[54], cujo objetivo, dentre outros, foi o de iniciar a aproxima-
ção do sistema contábil brasileiro ao sistema contábil internacional
(*International Financial Reporting Standards — IFRS*), tenha causado
diversas dúvidas sobre a possibilidade de continuar fundamentando
o ágio gerado inteiramente com base na rentabilidade futura da
sociedade adquirida[55], o fato é que com a publicação da Lei n.
11.941[56], tal receio ficou minimizado, em especial pelo fato de que
essa lei foi explícita ao prescrever que as mudanças contábeis trazidas
pela Lei n. 11.638[57] não deveriam gerar quaisquer implicações fiscais.

A esse respeito, é digno de nota o artigo publicado por Jimir
Doniak Jr.[58] sobre o tema, com o qual concordamos, *in verbis*:

219

---

[54] BRASIL. **Lei n. 11.638, de 28 de dezembro de 2007**. Disponível em:
<http://www.planalto.gov.br/ccivil_03/_ato2007-2010/2007/lei/l11638.htm>.
Acesso em: 17 jan. 2011.

[55] Óbvio que estamos tratando de situação em que seria possível sustentar, do ponto de vista econômico-financeiro, que o ágio pago se justifica com base na rentabilidade futura da sociedade adquirida.

[56] BRASIL. **Lei n. 11.941, de 27 de maio de 2009**. Disponível em: <http://
www.planalto.gov.br/ccivil_03/_ato2007-2010/2009/lei/l11941.htm>. Acesso em:
17 jan. 2011.

[57] Idem.

[58] ROCHA, Sergio André (coord.). **Direito tributário, societário e a reforma
da Lei das S/A**. São Paulo: Quartier Latin, v. 2. p. 295 e s.

Como se sabe, a Lei n. 11.638/07 alterou a Lei n. 6.404/76, a Lei das S/A, em sua parte contábil. O objetivo foi modernizar e adaptar as normas brasileiras àquelas vigentes no restante do mundo. Nas explicações constantes do Anteprojeto de Alteração da Lei n. 6.404/76 afirmou-se que ele visava adequar as disposições da Lei das S/A *"(...) à nova realidade da economia brasileira, levando-se em conta o processo, cada vez mais crescente, de globalização dos mercados, bem como a evolução havida, em nível mundial, dos Princípios Fundamentais da Contabilidade."* (...)

Como decorrência desse tratamento, surge a questão a ser examinada aqui. Até a promulgação da Lei n. 11.638/07, da redação do § 3º do artigo 226 e das novas previsões da CVM, procurava-se quase sempre justificar eventual ágio (entendido aqui como diferença entre o custo de aquisição do investimento e o valor do patrimônio líquido) como tendo o fundamento de rentabilidade futura. Isso possibilitaria a amortização com efeitos fiscais, em caso de incorporação. Com o novo tratamento contábil, há a determinação de prévia verificação, para fins contábeis, do valor de mercado dos bens do ativo (bem como de seus passivos) da empresa a ser incorporada, o que pode reduzir o montante do ágio registrado na contabilidade.

O principal argumento levantado pelo tributarista para concluir pela continuidade da possibilidade de justificação do ágio para fins fiscais exclusivamente com base na rentabilidade futura[59], não obstante a existência de regra contábil que determine a avaliação prévia do valor de mercado dos ativos, é o seguinte:

A conclusão a que se chega das três diferenças apontadas é que, como decorrência da Lei n. 11.638/07 e das normas dela derivadas, passou a existir todo um tratamento distinto entre o ágio para efeitos fiscais e para efeitos contábeis (a distinção que já existia se radicalizou). São

---

[59] No mesmo sentido: FALOPPA, José Otavio Haddad; MARANESI, Fábio Alves. Ágio na aquisição de investimentos — divergência entre normas contábeis e fiscais. **Direito tributário, societário e a reforma da Lei das S/A**. São Paulo: Quartier Latin. v. 2. p. 333.

sistemas diferentes, ainda que sobre o mesmo tema. A aplicação inadvertida das regras de um sistema em outro pode gerar reflexos inadequados e até difíceis de serem previstos. Pode-se eventualmente julgar necessária a alteração das regras tributárias, mas não ignorá-las por conta de modificações na esfera da contabilidade.

7.5.2 Breves comentários sobre o planejamento tributário do adquirente

Como comentado acima, o principal aspecto fiscal do ponto de vista do adquirente de participação societária é a possibilidade de registro do ágio[60]. Assim, é muito importante que a operação de aquisição seja estruturada de forma a garantir a possibilidade de registro e aproveitamento da amortização do ágio.

A estrutura mais comum que podemos comentar é aquela utilizada por não residentes que pretendem adquirir participação societária em sociedades brasileiras. Em vez de efetuarem a aquisição da participação societária diretamente do exterior, esta é feita por meio de sociedade subsidiária constituída no Brasil especificamente para este fim. O objetivo dessa estruturação é exatamente permitir o registro do ágio e a sua futura amortização (quando da incorporação da subsidiária brasileira do investidor estrangeiro pela sociedade adquirida), algo que não aconteceria se a aquisição tivesse sido realizada diretamente pelo investidor não residente.

Embora essa estrutura continue sendo amplamente utilizada por investidores não residentes que pretendem adquirir participação societária em sociedade brasileira, a recomendação atual é que o

---

[60] Obviamente que várias implicações fiscais significativas podem decorrer da estrutura contratual adotada pelas partes, especialmente no que se refere a (i) sucessão de responsabilidade fiscais, (ii) condições para pagamento do preço, (iii) existência de retenção do preço em conta-garantia (as chamadas *escrow accounts*). Todavia, enquanto essas implicações variam caso a caso, o ágio, com raríssimas exceções, é elemento comum a todo tipo de operação de aquisição.

investidor estrangeiro tente, na medida do possível, dar substância à subsidiária constituída no Brasil de modo a minimizar o risco de que as autoridades fiscais venham a questionar a geração e a amortização do ágio com base no argumento de que a aquisição, não obstante na forma ter sido feita pela sociedade subsidiária brasileira, na essência foi realizada diretamente pelo investidor estrangeiro. Novamente seria usado o argumento de simulação, segundo o qual o investidor não residente não tinha a intenção de constituir a subsidiária brasileira, tanto é que, em momento seguinte a sua constituição, tal subsidiária é incorporada pela sociedade adquirida.

Nesses casos, a recomendação é que a aquisição seja feita pelo investidor estrangeiro por meio de uma sociedade subsidiária brasileira já constituída e, se possível, operacional. Na hipótese de o estrangeiro ainda não ter qualquer presença física no Brasil, é importante que a sociedade subsidiária brasileira não seja incorporada imediatamente após a operação de aquisição. Além disso, recomenda-se que, na medida do possível, a subsidiária seja utilizada para outras finalidades, por exemplo, para realizar investimentos, tudo no intuito de demonstrar que a subsidiária brasileira também tem vida própria.

7.6 Considerações finais

Como se verifica dos comentários acima, a simples venda de uma participação societária pode gerar diferentes impactos tributários, seja para o comprador, seja para o vendedor. Esses impactos ficam ainda mais complicados de se determinar quando o vendedor da participação é uma pessoa não residente no Brasil, na medida em que não só a definição do custo de aquisição fica mais complexa e sujeita a questionamentos, como também compete ao adquirente (brasileiro ou estrangeiro) fazer a retenção do imposto de renda sobre o ganho de capital devido na operação.

Além do conhecimento das implicações fiscais decorrentes dos diversos modos possíveis para alienação de uma participação societária, é de suma importância que as recentes decisões proferidas pelo CARF sejam levadas em consideração. Isto porque, embora esteja claro que operações meramente formais e sem qualquer substância (i.e., simuladas) certamente não gerarão os efeitos tributários desejados, ainda não existe um posicionamento claro da corte administrativa sobre como aferir o grau de substância desejado para que a operação venha finalmente a ser considerada válida e seus efeitos tributários confirmados.

REFERÊNCIAS

DOUTRINA

CEZAROTI, Guilherme. A tributação do ganho de capital nas operações entre não residentes prevista na Lei n. 10.833/2003. **Revista Dialética de Direito Tributário**. São Paulo, n. 105, 2004.

FALOPPA, José Otavio Haddad; MARANESI, Fábio Alves. Ágio na aquisição de investimentos — divergência entre normas contábeis e fiscais. **Direito tributário, societário e a reforma da Lei das S/A**. São Paulo: Quartier Latin. v. 2.

GRECO, Marco Aurélio. **Planejamento tributário**. São Paulo: Dialética, 2004.

HIGUCHI, Hiromi et al. **Imposto de renda das empresas, interpretação e prática**. 35. ed. São Paulo: IR Publicações Ltda.

LATORRACA, Nilton. **Direito tributário, imposto de renda das empresas**. 14. ed. São Paulo: Atlas.

MARTINS, Natanael et al. A tributação do ganho de capital auferido por não residente em operação com outro não residente tendo por objeto alienação de bem situado no Brasil infringe as disposições legais referentes ao imposto de renda brasileiro? **Revista de Direito Tributário Internacional**. São Paulo, Quartier Latin, ano 3, n. 7.

ROCHA, Sergio André (coord.). **Direito tibutário, societário e a reforma da Lei das S/A.** São Paulo: Quartier Latin, 2010. v. 2. p. 480-482.

SCHOUERI, Luís Edurado (coord.). **Planejamento tributário e o "propósito negocial"**. São Paulo: Quartier Latin, 2010.

LEGISLAÇÃO

BRASIL. **Decreto-Lei n. 1.598, de 26 de dezembro de 1977.** Disponível em: <http://www.planalto.gov.br/ccivil/Decreto-Lei/Del1598.htm>. Acesso em: 17 jan. 2011.

BRASIL. **Decreto n. 3.000, de 26 de março de 1999** (Regulamento do Imposto sobre a Renda — RIR/1999). Disponível em: <http://www.planalto.gov.br/ccivil_03/decreto/d3000.htm>. Acesso em: 14 jan. 2011.

BRASIL. **Instrução Normativa n. 208, de 27 de dezembro de 2002,** da Secretaria da Receita Federal do Brasil (SRF). Disponível em: <http://www.receita.fazenda.gov.br/legislacao/ins/2002/in2082002.htm>. Acesso em: 14 jan. 2011.

BRASIL. **Instrução Normativa n. 1.037, de 4 de junho de 2010,** da Secretaria da Receita Federal do Brasil (SRF). Disponível em: <http://www.receita.fazenda.gov.br/Legislacao/ins/2010/in10372010.htm>. Acesso em: 14 jan. 2011.

BRASIL. **Lei n. 5.172, de 25 de outubro de 1976** (Código Tributário Nacional — CTN). Disponível em: <http://www.planalto.gov.br/ccivil_03/Leis/L5172Compilado.htm>. Acesso em: 14 jan. 2011.

BRASIL. **Lei n. 6.404, de 15 de dezembro de 1976.** Disponível em: <http://www.planalto.gov.br/ccivil_03/Leis/L6404consol.htm>. Acesso em: 14 jan. 2011.

BRASIL. **Lei n. 9.532, de 10 de dezembro de 1977.** Disponível em: <http://www.planalto.gov.br/ccivil_03/Leis/L9532.htm>. Acesso em: 17 jan. 2011.

BRASIL. **Lei n. 9.249, de 26 de dezembro de 1996.** Disponível em: <http://www.receita.fazenda.gov.br/legislacao/leis/Ant2001/lei924995.htm>. Acesso em: 14 jan. 2011.

BRASIL. **Lei n. 9.430, de 27 de dezembro de 1996.** Disponível em: <http://www.planalto.gov.br/ccivil/leis/L9430.htm>. Acesso em: 14 jan. 2011.

BRASIL. **Lei n. 9.718, de 27 de novembro de 1998.** Disponível em: <http://www.planalto.gov.br/ccivil_03/Leis/L9718.htm>. Acesso em: 14 jan. 2011.

BRASIL. **Lei Complementar n. 104, de 10 de janeiro de 2001.** Disponível em: <http://www.planalto.gov.br/ccivil_03/Leis/LCP/Lcp104.htm>. Acesso em: 17 jan. 2011.

BRASIL. **Lei n. 10.406, de 10 de janeiro de 2002.** Disponível em: <http://www.planalto.gov.br/ccivil/leis/2002/L10406.htm>. Acesso em: 21 fev. 2011.

BRASIL. **Lei n. 10.637, de 30 de dezembro de 2002.** Disponível em: <http://www.planalto.gov.br/ccivil_03/Leis/2002/L10637.htm>. Acesso em: 14 jan. 2011.

BRASIL. **Lei n. 10.883, de 29 de dezembro de 2003.** Disponível em: <http://www.planalto.gov.br/ccivil_03/Leis/2003/L10.833compilado.htm>. Acesso em: 14 jan. 2011.

BRASIL. **Lei n. 11.638, de 28 de dezembro de 2007.** Disponível em: <http://www.planalto.gov.br/ccivil_03/_ato2007-2010/2007/lei/l11638.htm>. Acesso em: 17 jan. 2011.

BRASIL. **Lei n. 11.941, de 27 de maio de 2009.** Disponível em: <http://www.planalto.gov.br/ccivil_03/_ato2007-2010/2009/lei/l11941.htm>. Acesso em: 17 jan. 2011.

BRASIL. **Medida Provisória n. 2.158-35, de 24 de agosto de 2011.** Disponível em: <http://www.planalto.gov.br/ccivil_03/mpv/2158-35.htm>. Acesso em: 14 jan. 2011.

OUTRAS REFERÊNCIAS

BRASIL. Conselho Administrativo de Recursos Fiscais — CARF. **Acórdão 106-13.552**, 6ª Câmara/Primeiro Conselho de Contribuintes. Relatora: Sueli Efigênia Mendes de Britto. J. em 15-10-2003. Disponível em: <http://carf.fazenda.gov.br/sincon/public/pages/ConsultarJurisprudencia/consultarJurisprudenciaCarf.jsf>. Acesso em: 17 jan. 2011.

BRASIL. Conselho Administrativo de Recursos Fiscais — CARF. **Acórdão 106-09343**, 7ª Câmara/Primeiro Conselho de Contribuintes. Relator: Luiz Augusto Sacchi. J. em 18-9-1997. Disponível em: <http://carf.fazenda.gov.br/sincon/public/pages/ConsultarJurisprudencia/consultarJurisprudenciaCarf.jsf>. Acesso em: 17 jan. 2011.

BRASIL. Conselho Administrativo de Recursos Fiscais — CARF. **Acórdão 103-21.046**, 3ª Câmara/Primeiro Conselho de Contribuintes. Relator: Pascoal Raucci. J. em 16-10-2002. Disponível em: <http://carf.fazenda.gov.br/sincon/public/pages/ConsultarJurisprudencia/consultarJurisprudenciaCarf.jsf>. Acesso em: 17 jan. 2011.

BRASIL. Conselho Administrativo de Recursos Fiscais — CARF. **Acórdão 101-94.127**, 1ª Câmara/Primeiro Conselho de Contribuintes. Relatora: Sandra Maria Faroni. J. em 28-2-2003. Disponível em: <http://carf.fazenda.gov.br/sincon/public/pages/ConsultarJurisprudencia/consultarJurisprudenciaCarf.jsf>. Acesso em: 17 jan. 2011.

BRASIL. Conselho Administrativo de Recursos Fiscais — CARF. **Acórdão 101-95.537**, 1ª Câmara/Primeiro Conselho de Contribuintes. Relatora: Sandra Maria Faroni. J. em 24-5-2006. Disponível em: <http://carf.fazenda.gov.br/sincon/public/pages/ConsultarJurisprudencia/consultarJurisprudenciaCarf.jsf>. Acesso em: 17 jan. 2011.

BRASIL. Conselho Administrativo de Recursos Fiscais — CARF. **Acórdão 103-23.441**, 3ª Câmara/Primeiro Conselho de Contri-

buintes. Relator: Paulo Jacinto do Nascimento. J. em 17-4-2008.
Disponível em: <http://carf.fazenda.gov.br/sincon/public/pages/
ConsultarJurisprudencia/consultarJurisprudenciaCarf.jsf>. Acesso
em: 17 jan. 2011.

8 CONSIDERAÇÕES SOBRE OPERAÇÕES DE REORGANIZAÇÃO SOCIETÁRIA NO CONTEXTO DE TRANSAÇÕES DE FUSÕES E AQUISIÇÕES

João Carlos Mascarenhas Horta

Professor do Programa de Educação Executiva da DIREITO GV (GVlaw); mestre em Direito Empresarial pela Faculdade de Direito da Universidade Federal de Minas Gerais — UFMG; advogado do escritório Azevedo Sette Advogados, em São Paulo.

8.1 Introdução

A economia brasileira tornou-se mais dinâmica nos últimos anos. Neste contexto, transações de fusões e aquisições vêm se tornando cada vez mais frequentes, envolvendo valores cada vez mais expressivos e adotando formas cada vez mais complexas. Segundo o Estudo sobre Fusões e Aquisições realizado trimestralmente pela KPMG *Corporate Finance*, foram realizadas 351 transações ao longo do primeiro semestre de 2010, o que constitui um recorde histórico no Brasil e representa crescimento de 76% (setenta e seis por cento) em relação ao ano de 2009[1]. A Associação Brasileira das Entidades do Mercado Financeiro e de Capitais — ANBIMA aponta que operações de fusões e aquisições envolveram R$ 84,8 (oitenta e quatro bilhões e oitocentos milhões) bilhões apenas no primeiro semestre do ano[2].

A crescente internacionalização das transações e dos profissionais nelas envolvidos acabou por consolidar modelos e padrões formais importados, especialmente do direito americano, que se

---

[1] KPMG *Corporate Finance* Ltda. **Pesquisas de Fusões e Aquisições 2010** — Espelho das transações realizadas no Brasil. Disponível em:

<http://www.kpmg.com.br/publicacoes/fusoes_aquisicoes/2010/FA_2otrim_2010_v3.pdf>. Acesso em 12 out. 2010.

[2] Associação Brasileira das Entidades do Mercado Financeiro e de Capitais — ANBIMA. **Boletim de Fusões e Aquisições.** Disponível em: <http://www.anbima.com.br/publicacoes/arqs/bol-fa_10-1bi.pdf>. Acesso em 12 out. 2010.

tornaram quase uma regra implícita na estruturação e implementação de tais transações. A formatação estrangeira, entretanto, deve necessariamente se socorrer de institutos societários regidos cogentemente pelo direito brasileiro.

Diante de tais informações, o presente trabalho busca apresentar considerações, sob o ponto de vista prático, acerca da utilização de operações de reorganização societária (transformação, incorporação, cisão e fusão) no âmbito das transações de fusões e aquisições, bem como acerca da necessidade de tratamento específico das consequências potenciais de tais operações nos instrumentos jurídicos que regulam a transação de fusão e aquisição em que se inserem.

A importância do tema reside no fato de que a doutrina brasileira possui a tendência de analisar as operações de reorganização societária de maneira isolada, sob um prisma essencialmente legalista, muitas vezes deixando de lado os efeitos práticos (ou a falta deles) na realidade econômica em que tais operações normalmente estão inseridas.

Portanto, ao longo deste estudo, analisaremos certas operações de reestruturação societária comumente utilizadas em transações de fusões e aquisições, procurando apontar suas causas mais relevantes, objetivos, efeitos práticos e jurídicos, bem como indicar as precauções recomendadas para a elaboração dos instrumentos jurídicos que regulam a transação de fusão e aquisição em que se inserem.

8.2 Operações de reorganização societária no contexto de transações de fusões e aquisições

8.2.1 Conceito e padrão formal de uma operação de fusão e aquisição

Para os fins deste trabalho, adotaremos um conceito amplo do termo "fusão e aquisição", que, portanto, significará qualquer negócio jurídico por meio do qual uma sociedade ou indivíduo, direta ou indiretamente, adquira participação societária (minoritária ou

controladora) em outra sociedade ou grupo de sociedades, aumente
sua participação societária (minoritária ou controladora) em outra
sociedade ou grupo de sociedades ou consolide uma determinada
empresa (utilizado o termo em sua definição técnica) com outra ou
outras empresas. O processo de uma operação de fusão e aquisição
pode ser graficamente demonstrado da seguinte forma:

Quadro 1 — Processo de operação de fusão e de aquisição

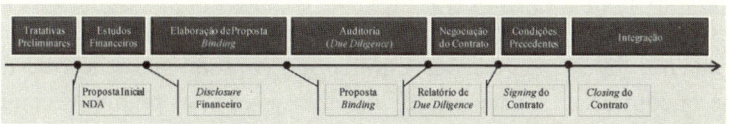

Em síntese, o processo tem início com tratativas entre comprador e vendedor ou entre os representantes das sociedades a serem
consolidadas, com o objetivo de se identificar os interesses dos envolvidos, estabelecer a viabilidade da operação e suas premissas básicas. Nesta fase, normalmente, as informações divulgadas de parte a
parte são aquelas de conhecimento do mercado em geral. Em casos
específicos em que uma sociedade ou grupo são previamente preparados para serem vendidos, consolidados ou para receberem investimentos ou novos sócios, operações de reorganização societária
podem ser levadas a efeito antes mesmo das tratativas preliminares
da operação de fusão e aquisição.

Alinhados os interesses e estabelecidas as premissas iniciais, as
partes envolvidas celebram acordos de confidencialidade (*NDAs
— Non Disclosure Agreements*) que regulam o processo de troca das
informações mais sensíveis. Ainda nesta fase, mas não necessariamente, são celebradas propostas não vinculantes, geralmente na forma de
cartas de intenções ou memorandos de entendimento, por meio dos
quais são formalizadas as premissas básicas acordadas até então.

Segue-se a troca de informações mais detalhadas, normalmente de natureza financeira e gerencial. Com base em tais informações,

celebram-se propostas vinculantes, normalmente já trazendo conteúdo econômico e prevendo exclusividade ao longo da transação.

Celebrada a proposta vinculante, dá-se início ao procedimento de auditoria independente das entidades envolvidas, por meio do qual são analisadas informações econômicas, financeiras, operacionais, contábeis e jurídicas de forma detalhada. Ao longo desta fase — e apenas a partir dela — as partes adquirem conhecimento preciso das sociedades alvo da transação. Ou seja, normalmente, as partes tomam o conhecimento real e preciso do conteúdo da transação após terem apresentado propostas com conteúdo econômico. Por isso, em geral, as propostas vinculantes trazem cláusulas de saída, que permitem interromper as negociações sem maiores consequências no caso de se encontrarem situações não condizentes com as premissas originalmente adotadas.

Confirmado o interesse das partes em prosseguir, passa-se à negociação dos instrumentos jurídicos que formalizarão a transação. O momento de sua celebração é normalmente designado *"signing"*. Tais instrumentos, em geral, constituem contratos preliminares (art. 462, Lei n. 10.406, de 10 de janeiro de 2002 — Código Civil[3]) ou contratos sujeitos a condições suspensivas (arts. 121 e 125 do CC[4]), normalmente designadas "Condições Precedentes".

> Art. 462. O contrato preliminar, exceto quanto à forma, deve conter todos os requisitos essenciais ao contrato a ser celebrado.
>
> Art. 463. Concluído o contrato preliminar, com observância do disposto no artigo antecedente, e desde que dele não conste cláusula de arrependimento, qualquer das partes terá o direito de exigir a celebração do definitivo, assinando prazo à outra para que o efetive (Código Civil).
>
> Art. 121. Considera-se condição a cláusula que, derivando exclusivamente da vontade das partes, subordina o efeito do negócio jurídico a evento futuro e incerto. (...)

---

[3] BRASIL. **Lei n. 10.406, de 10 de janeiro de 2002**. Disponível em: <http://www.planalto.gov.br/ccivil_03/Leis/2002/L10406.htm>. Acesso em: 14 fev. 2011.
[4] Idem.

Art. 125. Subordinando-se a eficácia do negócio jurídico à condição suspensiva, enquanto esta se não verificar, não se terá adquirido o direito, a que ele visa. (Código Civil)

Por meio das condições precedentes as partes obrigam-se a realizar determinados atos e negócios considerados essenciais e determinantes para a conclusão e eficácia plena da transação. Tais condições, em geral, incluem a obtenção de aprovação de contrapartes de contratos celebrados pela sociedade-alvo (autorizações de entidades financiadoras e autoridades governamentais, por exemplo), obtenção das autorizações societárias necessárias para a concretização do negócio e, ainda, a solução ou mitigação de situações de risco identificadas ao longo da fase de auditoria. Não raras vezes as condições precedentes atribuem aos controladores da entidade-alvo a obrigação de realizar uma ou mais operações de reorganização societária como condição para a conclusão da transação de fusão e aquisição.

Satisfeitas as condições precedentes, realizam-se os negócios jurídicos capazes de dar eficácia plena às disposições contratuais (atos societários, alterações de contrato social, celebração de termos de transferência de ações etc.). É neste momento, normalmente designado "Fechamento" ou *Closing*, que se conclui e implementa-se, de fato, a transação de fusão e de aquisição, o que pode ocorrer também, dependendo da estrutura da transação, por meio de uma operação de reorganização societária.

Finalmente, ingressa-se na fase de integração das atividades e operações das empresas participantes da transação. Também nesta fase são comuns as operações de reorganização societária, em especial quando a transação de fusão e aquisição envolve grupos de sociedades.

8.2.2 Aspectos gerais das operações de reorganização societária

As operações de reorganização societária envolvem os institutos jurídicos da transformação, incorporação, fusão ou cisão. *Transformação* é a operação pela qual a sociedade passa, independentemen-

235

te de dissolução e liquidação, de um tipo para outro (art. 220 da Lei n. 6.404, de 15 de dezembro de 1976 — Lei das Sociedades Anônimas — LSA[5]). *Incorporação* é a operação pela qual uma ou mais sociedades são absorvidas por outra, que lhes sucede em todos os direitos e obrigações (art. 227, da LSA)[6]. *Fusão* é a operação pela qual se unem duas ou mais sociedades para formar sociedade nova, que lhes sucederá em todos os direitos e obrigações (art. 228, da LSA)[7]. *Cisão* é a operação pela qual a companhia transfere parcelas do seu patrimônio para uma ou mais sociedades, constituídas para esse fim ou já existentes, extinguindo-se a companhia cindida, se houver versão de todo o seu patrimônio [cisão total], ou dividindo-se o seu capital, se parcial a versão [cisão parcial] (art. 229, da LSA).

As reorganizações societárias de quaisquer pessoas jurídicas são regidas pelo Código Civil, por força do que dispõe o art. 2.033[8] do referido diploma legal. As reorganizações societárias de sociedades anônimas, por sua vez, são regidas pela Lei das Sociedades Anônimas, por força do disposto no seu art. 2.033 e também no art. 1.089 do Código Civil, segundo o qual "a sociedade anônima rege-se por lei especial, aplicando-se-lhe, nos casos omissos, as disposições deste Código".

As operações de reorganização societária são ainda reguladas, no âmbito do Departamento Nacional do Registro de Comércio — DNRC, pela Instrução Normativa n. 88, de 2 de setembro de 2001 (geral), pela Instrução Normativa n. 98, de 23 de dezembro de 2003[9] (sociedades limitadas) e pela Instrução Normativa n. 100, de

---

[5] Brasil. **Lei n. 6.404, de 15 de dezembro de 1976**. Disponível em: <http://www.planalto.gov.br/ccivil_03/Leis/L6404consol.htm>. Acesso em: 12 jan. 2011.

[6] Idem. Art. 1.116 do Código Civil (Lei n. 10.406/2002 — Código Civil — CC). Brasil. **Lei n. 10.406, de 10 de janeiro de 2002**. Disponível em: <http://www.planalto.gov.br/ccivil_03/Leis/2002/L10406.htm>. Acesso em: 12 jan. 2011.

[7] Idem. Art. 1.119 do Código Civil (Lei n. 10.406/2002).

[8] Idem. Art. 2.033 do Código Civil (Lei n. 10.406/2002).

[9] DNRC — Departamento Nacional de Registro de Comércio. **Instrução Nor-**

19 de abril de 2006[10] (sociedades anônimas). As operações de reorganização societária são ainda reguladas, no âmbito da Comissão de Valores Mobiliários — CVM, pela Instrução Normativa n. 319, de 3 de dezembro de 1999[11].

Segue abaixo breve síntese das principais características e dos efeitos legais das operações de reorganização societária:

Quadro 2 — Principais características e efeitos legais das operações de reorganização societária

Características e Efeitos Legais das Operações de Reorganização Societária				
	Transformação	Incorporação	Cisão	Fusão
Personalidade Jurídica	Inalterada	Inalterada na incorporadora Extinta na incorporada	Inalterada na cisão parcial Extinta na cisão total (sociedade cindida)	Extinção das sociedades originais Nascimento de nova sociedade
Regime Jurídico	Alterado	Inalterado	Inalterado	Caso a caso

237

mativa n. 98, de 23 de dezembro de 2003. Disponível em: <http://www.dnrc. gov.br/Legislacao/normativa/in98.htm>. Acesso em: 12 jan. 2011.

[10] DNRC — Departamento Nacional de Registro de Comércio. **Instrução Normativa n. 100, de 19 de abril de 2006**. Disponível em: <http://www.dnrc.gov. br/Legislacao/normativa/in100.htm>. Acesso em: 12 jan. 2011.

[11] CVM — Comissão de Valores Mobiliários. **Instrução Normativa n. 319, de 3 de dezembro de 1999**. Disponível em: <http://www.cvm. gov.br/asp/cvmwww/atos/Atos_Redir.asp?File=\inst\inst319consolid. doc>. Acesso em: 12 jan. 2011.

Características e Efeitos Legais das Operações de Reorganização Societária				
	Transformação	Incorporação	Cisão	Fusão
Sucessão e Solidariedade	N/A	Incorporadora é sucessora necessária Solidariedade não se aplica	Sucessão necessária quanto ao patrimônio cindido Solidariedade, em regra[12]	Sucessão necessária Solidariedade não se aplica
Direito de Retirada	Aplica-se, em regra[13]	Aplica-se, em regra[14]	Não se aplica, em regra[15]	Aplica-se, em regra
Direitos dos Credores	Inalterados	Podem pleitear a anulação da operação	Na cisão parcial, podem opor-se à exclusão da solidariedade	Podem pleitear a anulação da operação

8.2.3 Transformação no contexto de transações de fusão e aquisição

A transformação, por sua natureza, pode preceder a transação de fusão e aquisição ou constituir condição suspensiva da eficácia da transação.

Por não alterar a personalidade jurídica da sociedade transformada nem envolver outras sociedades, os efeitos da transformação são intrínsecos e afetam apenas os sócios. Não afetam credores, não

---

[12] Idem. Art. 233, parágrafo único, da Lei das Sociedades Anônimas (Lei Federal n. 6.404/76).

[13] Idem. Art. 221 da Lei das Sociedades Anônimas (Lei Federal n. 6.404/76). Art. 1.114 do Código Civil (Lei Federal n. 10.406/2002).

[14] Idem. Art. 137, inciso II, da Lei das Sociedades Anônimas (Lei Federal n. 6.404/76). Art. 1.077 do Código Civil (Lei Federal n. 10.406/2002).

[15] Idem. Art. 137, III, da Lei das Sociedades Anônimas (Lei Federal n. 6.404/76).

implicam a transferência ou sucessão de obrigações, ou solidariedade com terceiros. Por isso, é o interesse das partes envolvidas na
transação de fusão e aquisição, em sua relação entre si, que as leva a
utilizar o instituto da transformação.

Por meio da transformação e em razão da mudança do tipo
societário são alteradas "as regras do jogo societário".

De fato, cada tipo societário é regido por normas cogentes que
ditam suas características, direitos e deveres dos sócios. Por exemplo,
em uma sociedade limitada, tais normas permitem a distribuição
desproporcional de dividendos, sujeitam o ingresso de novos sócios
à aprovação de ¾ (três quartos) dos sócios originais e condicionam
as mais relevantes alterações societárias ao *quorum* superqualificado de
75% (setenta e cinco por cento) das quotas representativas do capital
social. Já as normas aplicáveis às sociedades anônimas vedam a distribuição desproporcional de dividendos (dentro, no mínimo, de uma
mesma espécie e classe de ações), autorizam a livre transferência de
ações e condicionam a aprovação de matérias relevantes ao *quorum*
de ½ (metade) mais um das ações com direito a voto.

Ora, tais características e limitações podem ser consideradas
vantagens ou desvantagens, dependendo do caso. Um investidor
minoritário pode considerar adequada a situação em que seus demais
sócios, apesar de majoritários, não têm condições de alterar o *status
quo* societário sem sua aprovação, por não deterem os necessários ¾
(três quartos) de quotas representativas do capital social. Tal situação
demandaria a transformação de uma sociedade anônima em sociedade limitada. Operações envolvendo Fundos de Investimento em
Participações, por outro lado, necessariamente devem ter como alvo
sociedades anônimas, por expressa determinação legal[16]. Neste caso,
a transação (ou sua consumação) deve ser obrigatoriamente prece-
dida da transformação da sociedade alvo em uma sociedade anônima.

239

---

[16] Art. 2º da Instrução Normativa n. 391 da CVM, de 16 de julho de 2003. Disponível em: <http://www.cvm.gov.br/asp/cvmwww/atos/AtosResp_consolid_04.
asp>. Acesso em: 12 jan. 2011.

Note-se que, em grande parte, os efeitos buscados com a transformação podem ser atingidos por meio de contratos parassociais, notadamente acordos de quotistas e acordos de acionistas, com as vantagens de que tais contratos permitem maior flexibilidade de regras e constituem documentos confidenciais, não públicos ou com publicidade restrita (no caso de acordo de acionistas). Além disso, a utilização dos contratos parassociais evita a atualização cadastral da sociedade transformada em alguns órgãos públicos (v.g., na Receita Federal, nas Secretarias das Fazendas Estaduais e Municipais, no FGTS, no INSS, nas agências reguladoras, para a obtenção e/ou manutenção de licenças, de autorizações etc.) e não gera o direito de retirada. Por tais razões, apesar de não serem incomuns, não são muito frequentes as transformações no âmbito de operações de fusões e aquisições.

8.2.4 Incorporação no contexto de transações de fusão e aquisição

A incorporação pode preceder a transação de fusão e aquisição, constituir condição suspensiva da eficácia da transação, ser a forma pela qual a transação se implementa e constituir etapa da fase de integração.

Por implicar a extinção da personalidade jurídica da(s) sociedade(s) incorporada(s), a incorporação pode ser utilizada para preparar um grupo societário para transação de fusão e aquisição, simplificando sua estrutura societária e congregando sócios esparsos:

Quadro 3 — Representação esquemática da operação societária denominada incorporação

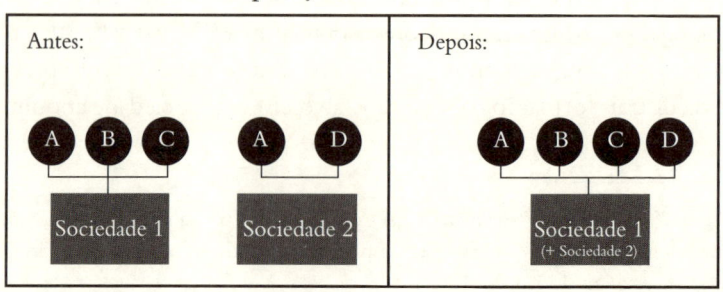

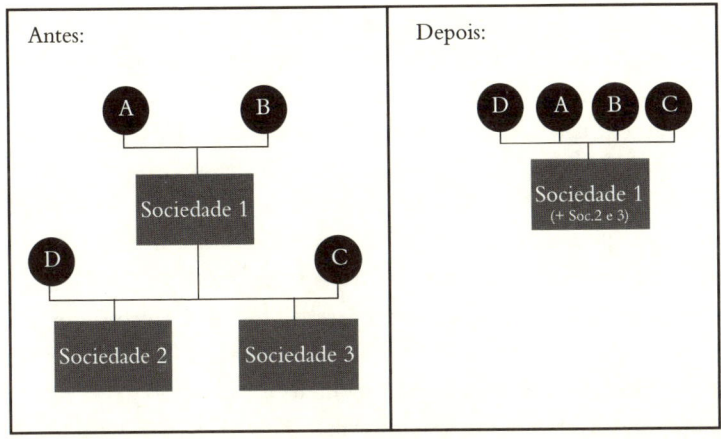

Pelas mesmas razões, incorporações podem ser utilizadas no curso da transação de fusão e aquisição como condição precedente. Podem ainda ser o meio pelo qual a transação é levada a efeito. De fato, grande parte das transações anunciadas ao mercado pela mídia como fusões é juridicamente formatada como incorporações ou incorporações de ações[17].

Os efeitos da incorporação afetam não apenas as sociedades envolvidas na operação, mas também seus sócios e terceiros: (i) a(s) sociedade(s) incorporada(s) é(são) extinta(s); (ii) a sociedade incorporadora sucede a(s) incorporada(s) em todos os seus direitos e obrigações; (iii) novos sócios são admitidos à sociedade incorporadora; (iv) a solvência e situação financeira da sociedade incorpora-

---

[17] Exemplo do exposto é a "fusão" entre Itaú e Unibanco, formatada juridicamente como incorporação de ações da controladora do Unibanco pelo controlador do Itaú. **Ata Sumária da Assembleia Geral Extraordinária**, realizada no dia 28 de novembro de 2008. Disponível em: <http://ww13.itau.com.br/PortalRI/(A(7 BGRYMq33WB6tn0LuW_2CNxqrNAFdBuKfUfBIUV6U0Dt-VMIEBqYNJRB55xNE_wdluGcpjuEFIzHon3qCVCM1NL6pssN-qOojx8X18siGmo1))/UHtml/arq/publicacao/212880/AGE_28.11.08_HOLD_PORT.pdf>. Acesso em: 14 fev. 2011.

dora são alteradas (para melhor ou pior, em razão da sucessão). Além disso, a operação dá aos sócios dissidentes o direito de retirar-se da(s) sociedade(a) incorporada(s), o que também pode afetar sua solvência e situação financeira, em razão da necessidade do pagamento de haveres societários. Finalmente, a operação dá aos credores das sociedades envolvidas o direito de anular a operação, nos 60 (sessenta) dias subsequentes à sua realização, caso demonstrem prejuízo e seu respectivo crédito não seja satisfeito ou garantido.

Portanto, a previsão de incorporação(ões) dentro de um dos grupos econômicos envolvidos na transação de fusão e aquisição como condição precedente de conclusão da transação deve levar em conta seus diversos efeitos potenciais:

(i) a situação financeira da sociedade incorporadora pode ser substancialmente alterada em razão do exercício em massa de direito de retirada na(s) sociedade(s) incorporada(s), razão pela qual os instrumentos jurídicos reguladores da transação de fusão e aquisição, incapazes de prevenir tais efeitos, devem tratar de suas consequências, por exemplo: (a) a forma de cláusula de saída por ocorrência de efeito materialmente adverso; (b) garantir eventualmente o direito de indenização à parte prejudicada; (c) prever a obrigação de satisfação dos pagamentos de haveres (ou indenização à incorporadora) com recursos próprios de uma das partes;

(ii) a necessidade de pagamento de haveres e a extinção de ações decorrentes do exercício do direito de retirada podem alterar o peso do grupo econômico que se sujeitou à incorporação em comparação ao grupo econômico da outra parte da transação de fusão e aquisição. Podem, ainda, alterar a base econômica de fixação do preço da transação de fusão e aquisição. Em ambos os casos, os instrumentos jurídicos reguladores da transação de fusão e aquisição devem regular tais situações, prevendo mecanismos de ajuste de preço ou de redistribuição das participações das partes na(s) sociedade(s) resultantes da transação ou mesmo cláusula de saída;

(iii) a consumação definitiva da incorporação sujeitar-se-á, *de facto*, ao exercício ou não do direito de oposição dos credores, nos

60 (sessenta) dias posteriores à realização da incorporação. Portanto, o fechamento da transação de fusão e aquisição, em princípio, não poderia ocorrer antes do decurso de tal prazo ou antes da solução definitiva das objeções dos credores. Ademais, devem ser regulados os efeitos potenciais decorrentes do exercício do direito de retirada;

(iv) por potencialmente implicar concentração econômica, a incorporação pode configurar, por si só, a necessidade de submissão da operação societária às autoridades de defesa da concorrência;

(v) os novos sócios eventualmente admitidos em decorrência da operação de incorporação deverão idealmente ser partes dos instrumentos jurídicos reguladores da transação de fusão e aquisição para que as obrigações neles estipuladas também os vinculem;

(vi) a extinção da personalidade jurídica da(s) sociedade(s) incorporada(s) implica a necessidade de atualizações cadastrais, criação de filiais, renovação de licenças e autorizações etc. Os instrumentos jurídicos reguladores da transação de fusão e aquisição devem dispor sobre as consequências dos potenciais efeitos decorrentes de tais providências administrativas e operacionais.

243

Os mesmos cuidados devem ser tomados caso a incorporação seja a forma de implementação da transação de fusão e aquisição, sendo certo que, nesta hipótese, ao menos em tese, é mais relevante a análise do risco do exercício de direito de retirada, haja vista a consolidação de grupos econômicos distintos.

8.2.5 Cisão no contexto de transações de fusão e aquisição

A cisão, tal como a incorporação, pode preceder a transação de fusão e aquisição, constituir condição suspensiva da eficácia da transação, ser a forma pela qual a transação se implementa e constituir etapa da fase de integração.

Na fase preparatória, a operação de cisão é comumente utilizada para a separação de ativos envolvidos e não envolvidos na transação de fusão e aquisição e para a mitigação de riscos decorrentes de passivos indesejados. Não raro, a cisão é o instrumento utilizado pelas partes da transação de fusão e aquisição para separar o "joio do trigo". Isto se dá com fundamento no art. 233, parágrafo único, da Lei das Sociedades Anônimas[18], segundo os quais:

> Art. 233. Na cisão com extinção da companhia cindida, as sociedades que absorverem parcelas do seu patrimônio responderão solidariamente pelas obrigações da companhia extinta. A companhia cindida que subsistir e as que absorverem parcelas do seu patrimônio responderão solidariamente pelas obrigações da primeira anteriores à cisão.
>
> Parágrafo único. O ato de cisão parcial poderá estipular que as sociedades que absorverem parcelas do patrimônio da companhia cindida serão responsáveis apenas pelas obrigações que lhes forem transferidas, sem solidariedade entre si ou com a companhia cindida, mas, nesse caso, qualquer credor anterior poderá se opor à estipulação, em relação ao seu crédito, desde que notifique a sociedade no prazo de 90 (noventa) dias a contar da data da publicação dos atos da cisão.

Por força do dispositivo citado, ao menos em tese, a parte detentora de sociedade alvo de operação de fusão e aquisição poderia se livrar de passivos e ativos contaminados com possíveis contingências por meio: (i) da cisão de tal patrimônio, com sua versão para outra sociedade, não envolvida na transação de fusão e aquisição; ou (ii) com a versão de todo o patrimônio "limpo" para nova sociedade, que passaria a ser o alvo da transação de fusão e aquisição. Para tanto, bastaria que os atos societários reguladores da cisão parcial trouxessem previsão expressa de inexistência de solidariedade entre cindida e cindenda.

A estipulação dá aos credores o direito de se opor à inexistência de solidariedade quanto ao seu crédito. Apesar da clareza do dispositivo legal, a estipulação pode não ser eficaz no que diz respeito às obrigações trabalhistas, ambientais e tributárias.

---

[18] BRASIL. **Lei n. 6.404, de 15 de dezembro de 1976**. Disponível em: <http://www.planalto.gov.br/ccivil_03/Leis/L6404consol.htm>. Acesso em: 12 jan. 2011.

Quanto às primeiras, a solidariedade pode permanecer em razão da eventual configuração de grupo econômico-financeiro entre cindida e cindenda, por força do art. 2º, § 2º, da CLT (Decreto-Lei n. 5.452/43[19]). A interpretação do dispositivo legal citado encontra variações na doutrina e na jurisprudência, mas tende a prevalecer, em princípio, a interpretação ampliativa, de modo a afastar a necessidade de relação de subordinação entre as empresas para que se configure o grupo econômico[20].

---

[19] BRASIL. **Decreto-Lei n. 5.452, de 1º de maio de 1943**. Disponível em: <http://www.planalto.gov.br/ccivil/Decreto-Lei/Del5452.htm>. Acesso em: 12 jan. 2011.

[20] Veja-se, exemplificativamente, a doutrina de Délio Maranhão (**Instituições de Direito do Trabalho**. 22. ed. São Paulo: LTr, 2005, v. 1, p. 303): "O legislador não disse tudo o quanto pretendia dizer. Mas a lei deve ser aplicada de acordo com os fins sociais a que se dirige. O parágrafo citado fala em 'empresa principal' e 'empresas subordinadas'. Para que se configure, entretanto, a hipótese nele prevista não é indispensável a existência de uma sociedade controladora (*holding company*). Vimos que a concentração econômica pode assumir os mais variados aspectos. E, desde que ao juiz se depare esse fenômeno, o dever lhe impõe a aplicação daquele dispositivo legal". Similarmente, afirma Sérgio Pinto Martins (**Direito do Trabalho**. 10. ed. São Paulo: Atlas, 2000. p. 168-171): "O Direito do Trabalho vai verificar o grupo de empresas sob outro enfoque que não o do Direito Comercial, no sentido do grupo como empregador. A legislação trabalhista conceitua o grupo de empresas para os efeitos da relação de emprego, como se observa no § 2º do art. 2º da CLT, que tem a seguinte redação: 'Sempre que uma ou mais empresas, tendo, embora, cada uma delas personalidade jurídica própria, estiverem sob direção, controle ou administração de outra, constituindo grupo industrial, comercial ou de qualquer outra atividade econômica, serão, para os efeitos da relação de emprego, solidariamente responsáveis a empresa principal e cada uma das subordinadas'. (...) O grupo de empresas deverá ter atividade industrial, comercial ou outra atividade qualquer, desde que seja econômica. Assim, o requisito básico é o de ter o grupo característica econômica. (...) Não é necessário que entre as empresas haja controle acionário, nem que exista a empresa-mãe, a *holding*. O importante é que existam obrigações entre as empresas, determinadas por lei. (...) A Lei n. 6.404/76 estabelece que o grupo deve ser necessariamente de sociedades, mas no Direito do Trabalho o grupo é mais amplo, pois é

Em relação às obrigações ambientais, a solidariedade é mantida em razão de sua natureza objetiva, isto é, funda-se no princípio do risco inerente à atividade, *que prescinde por completo da culpabilidade do agente; nesse campo, para tornar efetiva a responsabilização, exige-se apenas a ocorrência do dano e a prova do vínculo causal com o desenvolvimento ou mesmo a mera existência de uma atividade humana*[21]. Ademais, têm as obrigações ambientais caráter *propter rem*, isto é, obrigações que acompanham o direito real incidente sobre o bem. Portanto, havendo transferência do domínio incidente sobre a coisa, torna-se o novo *domino* destinatário das obrigações *propter rem* que acompanham a coisa adquirida — ou ainda, que estão incrustadas no direito real. Sendo a obrigação ambiental, em tese, vinculada a um direito real, a transferência da titularidade do direito real acarreta apenas

---

grupo de empresas, dando margem à existência do grupo de fato ou do grupo formado por pessoas físicas. (...)". No âmbito jurisprudencial, confira-se o Recurso Ordinário n. 00014-2005-040-15-00-3 do Tribunal Regional do Trabalho (TRT) da 15ª Região (relatado pela Desembargadora Helena Rosa Mônaco S. L. Coelho): "Pugnam as reclamadas pelo afastamento do grupo econômico e, caso mantido o decreto de origem, requerem o reconhecimento tão somente da responsabilidade subsidiária da segunda ré (Dan-Vigor). A responsabilidade solidária pelo inadimplemento das obrigações trabalhistas *decorre da disposição expressa no artigo 2º, § 2º, consolidado (...). Incontroverso nos autos que a primeira reclamada (Arla Foods) detém 5% do capital social da segunda (Dan-Vigor) — fls. 454 e 494 —, o que evidencia a existência do grupo econômico. (...) Assim, o fato de as empresas possuírem objeto social diverso, porquanto tal condição não constitui óbice ao reconhecimento do grupo econômico. Enquanto a primeira é responsável pelo processo produtivo, a segunda distribui os alimentos e os comercializa*".

[21] MILARÉ, Edis. **Direito do ambiente** — doutrina, jurisprudência, glossário. 3. ed. São Paulo: Revista dos Tribunais, 2004. p. 752. No mesmo sentido, confira-se Paulo Affonso Leme Machado (**Direito ambiental brasileiro**. 16. ed. São Paulo: Malheiros, 2008. p. 345-348).

No mesmo sentido, veja-se, também exemplificativamente, o Recurso Especial n. 604725/PR (relatado pelo Ministro Castro Meira, julgado em 21-6-2005 e publicado em 22-8-2005).

Vide art. 927 do CC.

a extensão da responsabilidade pela obrigação respectiva, mantida a
obrigação do dono original[22].

---

[22] Nesse rumo, confira-se Carlos Alberto de Salles (Propriedade imobiliária e obrigações *propter rem* pela recuperação ambiental do solo degradado. **Revista de
Direito Ambiental**. São Paulo: Revista dos Tribunais, v. 34, p. 9-18, abr.-jun.
2004). Note-se que o fato de a responsabilidade ambiental acompanhar a propriedade do imóvel não exime de responsabilidade o poluidor/predador em caso de
alienação do bem relativamente ao qual incide a obrigação ambiental. Ao contrário,
apenas permite a extensão da responsabilidade àquele que seja proprietário do
imóvel (MACHADO, Paulo Affonso Leme. **Direito ambiental brasileiro**. 16. ed.
São Paulo: Malheiros. 2008. p. 63-65). Convém destacar, nesse particular, a Apelação
Cível do Tribunal de Justiça do Estado de São Paulo (TJ-SP) n. 295.317-5/3-00
(relatada pela Desembargadora Regina Capistrano e julgada em 29-5-2008): "Não
se prestam, ademais, a alterar o rumo tomado pela ação eventuais alegações de que
alguns réus não mais detêm o domínio da gleba e outros não deram causa ao dano
concreto, já recebendo a área em questão na forma em que se encontra. É que a
responsabilidade ambiental é objetiva e, portanto, 'propter rem', seguindo a coisa
por a ela aderir, indicando que são responsáveis o poluidor / degradador e aquele
que agora detém o imóvel. Vale dizer que a alegação de que os proprietários da
terra adquiriram as áreas já desmatadas não é hábil a afastar a propositura de ação
civil pública ambiental, porquanto o dano ao meio ambiente não prescreve, tanto
por reeditar-se dia após dia enquanto perdurarem as práticas agressivas e outras que
impeçam a regeneração da área degradada quanto porque direitos difusos ambientais recebem tratamento diferenciado pela Constituição Federal. Tampouco permite o reconhecimento de prescrição da ação civil pública o fato de os proprietários
alegarem ter adquirido a terra já desmatada, eis que a Constituição Federal e demais
legislação ambiental em vigor determinam ser responsabilidade do Estado e de toda
a população promover a recomposição do meio ambiente agredido. Ademais, sendo a responsabilidade pelo dano ambiental 'propter rem', objetiva e solidária, segue
ela a coisa contra quem quer que a detenha, seja proprietário ou possuidor, tenha
ele recebido o bem em qualquer estado, a este cabendo recompor o meio ambiente. Vale conferir: Ação Civil Pública — Ambiental — Área de preservação permanente — Reserva legal — Desmatamento — Aquisição posterior — Sentença de
procedência — É objetiva a responsabilidade pelo dano ambiental, podendo ser
exigida do adquirente de área já desmatada — Prescinde de regulamento à Lei
7.803/89 a instituição da reserva legal e sua averbação — Precedentes, inclusive de

Finalmente, em relação às obrigações de natureza tributária, subsistiria a solidariedade por força do art. 133 do Código Tributário Nacional[23], que estabelece:

---

tribunal superior — Negado provimento ao recurso'. (Apel. Cível 229.145-5/0, Miguelópolis, 8ª Câmara de Direito Público, rel. Des. Teresa Ramos Marques, j. 30/6/2004, v.u.)". E também a Apelação Cível do Tribunal de Justiça do Estado de São Paulo (TJ-SP) n. 548 537-5/5-00 (relatada pelo Desembargador Torres de Carvalho e julgada em 29-6-2006): "(...) Configurada a degradação ambiental, a responsabilidade do causador do dano é objetiva sujeitando-se às consequências civis e administrativas cabíveis. 'Poluidor', nos termos dos arts. 3º, IV e 14, § 1º da LF n. 6.938/81, não é apenas quem deflagra o processo degradante (causa imediata), mas também quem mantém a atividade econômica ou social que lhe deu origem (causa mediata). Não é essencial definir exatamente quem foi o responsável, se o proprietário ou o arrendatário, pela aração que impediu a regeneração da área. — 2. Dano ambiental. Responsabilidade. É apenado (independentemente da responsabilidade civil ou penal) quem cometeu a infração, com ela concorreu ou dela se beneficiou (LE n. 997/76, art. 8º, redação dada pela LE n. 8.943/94) 'Concorre-se' para a infração por dolo ou culpa. Demonstrado o nexo entre a fonte poluidora e a poluição não há como fugir ao apenamento. — Multa corretamente aplicada. (...) Diz o art. 3º, IV, da LF n. 6.938/81 que poluidor é 'a pessoa física ou jurídica, de direito público ou privado, responsável, direta ou indiretamente, por atividade causadora da degradação ambienta' — a lei se vale de termos amplos e visa, dentro da responsabilidade objetiva que deflui de seus termos, a responsabilizar o causador direto ou indireto do dano, usando o termo 'atividade' no conceito social ou econômico de um conjunto de ações voltado a determinado fim, não se refere unicamente ao ato que deflagrou o dano ambiental. (...)".

[23] BRASIL. **Lei n. 5.172, de 25 de outubro de 1996**. Disponível em: <http://www.planalto.gov.br/ccivil_03/Leis/L5172Compilado.htm>. Acesso em: 12 jan. 2011. A esse respeito, cumpre destacar a doutrina de Ives Gandra da Silva Martins (coord.). **Comentários ao Código Tributário Nacional**. São Paulo: Saraiva. 1998, p. 246-248. v. 2): "O terceiro comando do art. 133 do CTN cuida da forma traslativa da alienação, a qualquer título, do bem por parte do sucedido ao sucessor. O dispositivo fala em aquisição no *caput* e em alienação nos itens I e II, entendendo-se expressões equivalentes, conforme seja vista transferência da óptica do sucessor ou do sucedido. O conceito fundamental da alienação envolve a ideia de transmissão de direito de um determinado patrimônio, que em virtude dela é

Art. 133. A pessoa natural ou jurídica de direito privado que adquirir de outra, por qualquer título, fundo de comércio ou estabelecimento comercial, industrial ou profissional, e continuar a respectiva
exploração, sob a mesma ou outra razão social ou sob firma ou nome
individual, responde pelos tributos, relativos ao fundo ou estabelecimento adquirido, devidos até à data do ato:

---

desfalcado, para outro, que aumenta. Na expressão 'a qualquer título' está contida a
intenção legislativa de abranger qualquer espécie, sem exceção, de transferência."
Veja-se, também, P. R. Tavares Paes (**Comentários ao Código Tributário Nacional**. São Paulo: LEJUS, 1998, p. 318). No plano jurisprudencial, veja-se, por
exemplo, o Agravo de Instrumento do Tribunal Regional Federal (TRF) da 1ª
Região n. 2007.01.00.046995-4/DF (relatado pela Desembargadora Maria do
Carmo Cardoso e julgado em 7-12-2007): "Entre as hipóteses de responsabilidade
por sucessão tributária previstas no Código Tributário Nacional (CTN) encontra-
-se a sucessão disciplinada no art. 133, do CTN, o qual estabelece que para imputá-
-la ao adquirente é necessário que transferido seja, pela empresa que desaparece, o
fundo de comércio ou estabelecimento, comercial, industrial ou profissional, e por
ele seja continuada a respectiva exploração, sob a mesma razão social ou sob firma
ou nome individual. (...) Impende, assim, aplicarem-se as regras previstas no art. 133,
do CTN ao caso concreto, sendo necessário para a configuração da responsabilidade em comento que sejam comprovadas a aquisição do conjunto de bens ou do
estabelecimento comercial, e a continuidade na sua exploração e, ainda, se a pessoa
que transferiu os bens ou o estabelecimento comercial cessou suas atividades ou
prosseguiu com elas, ou iniciou novas atividades no mesmo ou outro ramo, a contar da alienação, no prazo definido em lei". Vale destacar, também, o entendimento
manifestado no Acórdão n. 07-8912 (de 24-11-2006) da Delegacia da Receita
Federal de Julgamento em Florianópolis (1ª Turma): "**(...) A empresa que, a
qualquer título, recebe de outra os bens do ativo fixo e o estoque de
mercadorias e continua a explorar o negócio, ainda que com outra razão
social, presume-se adquirente de fundo de comércio, configurando-se a
sucessão e, portanto, a assunção das responsabilidades em geral, e não
somente as responsabilidades tributárias, antes assumidas pela sucedida**"
(g.n.). BRASIL. Tribunal Regional Federal da 1ª Região. **Agravo de Instrumento n. 2007.01.00.046995-4/DF**. 8ª Turma. Relatora Desembargadora Maria do
Carmo Cardoso. Brasília. J. em 7 de dezembro de 2007. Disponível em <http://
www.trf1.jus.br/Processos/ProcessosTRF/>. Acesso em: 12 jan. 2011.

I — integralmente, se o alienante cessar a exploração do comércio, indústria ou atividade;

II — subsidiariamente com o alienante, se este prosseguir na exploração ou iniciar dentro de seis meses a contar da data da alienação nova atividade no mesmo ou em outro ramo de comércio, indústria ou profissão. (...)

Note-se, ainda, que, nesse caso, tal responsabilidade tributária abrangeria não somente os débitos tributários ordinários, mas também as multas (sejam moratórias, sejam punitivas)[24].

Os efeitos da cisão não dão aos sócios da cindida, necessariamente, o direito de retirada, nascendo tal direito apenas se envolver *(i) mudança do objeto social, salvo quando o patrimônio cindido for vertido para sociedade cuja atividade preponderante coincida com a decorrente do objeto social da sociedade cindida; (ii) redução do dividendo obrigatório; ou (iii) participação em grupo de sociedades*[25].

---

[24] Veja-se o Recurso Especial n. 544.265/CE (relatado pelo Ministro Teori Albino Zavascki e julgado em 16-11-2004): "TRIBUTÁRIO. RESPONSABILIDADE TRIBUTÁRIA. SUCESSÃO. AQUISIÇÃO DE FUNDO DE COMÉRCIO OU DE ESTABELECIMENTO COMERCIAL. ART. 133 CTN. TRANSFERÊNCIA DE MULTA. 1. A responsabilidade tributária dos sucessores de pessoa natural ou jurídica (CTN, art. 133) estende-se às multas devidas pelo sucedido, sejam elas de caráter moratório ou punitivo. Precedentes. 2. Recurso especial provido". No mesmo sentido: Recurso Especial n. 1.017.186/SC (relatado pelo Ministro Castro Meira e julgado em 11/3/2008), Agravo de Instrumento do Tribunal Regional Federal (TRF) da 4ª Região n. 2008.04.00.039945-0/SC (relatado pela Juíza Eloy Bernst Justo e julgado em 06/11/2008)". BRASIL. Superior Tribunal de Justiça. **Recurso Especial n. 544.265/CE**. 1ª Turma. Relator Ministro Teori Albino Zavascki. Brasília. J. em 16 de novembro de 2004. Disponível em: <http://www. stj.jus.br/SCON/jurisprudencia/toc.jsp?tipo_visualizacao=null&processo=54426 5&b=ACOR>. Acesso em: 12 de jan. 2011.

[25] Art. 137, inciso III. (Lei n. 6.404/76 — LSA). Brasil. **Lei n. 6.404, de 15 de dezembro de 1976**. Disponível em: <http://www.planalto.gov.br/ccivil_03/Leis/L6404consol.htm>. Acesso em: 12 jan. 2011.

Com base no exposto, caso a cisão seja prevista dentro de um dos grupos econômicos envolvidos na transação de fusão e aquisição como condição precedente de conclusão da transação ou, se constituir a forma de implementação da transação de fusão e aquisição, as partes devem levar em conta, *mutatis mutandis*, os mesmos aspectos já mencionados quando abordamos a operação de incorporação.

8.2.6 Fusão no contexto de transações de fusão e aquisição

À operação de fusão aplicam-se as mesmas considerações mencionadas acima em relação às operações de incorporação e de cisão, guardadas as particularidades aplicáveis.

Cumpre ressaltar, em relação especificamente às operações de fusão, que a extinção da personalidade jurídica de ambas as sociedades envolvidas restringe o âmbito de sua aplicação no contexto de operações de fusão e aquisição. Isto porque a operação implica a necessidade de obtenção de novos registros perante todas as autoridades públicas pertinentes, bem como a obtenção de novas licenças e autorizações por parte da sociedade criada com a fusão. Por isso, normalmente, a operação ocorre quando as sociedades "alvo" atuam em mercados pouco regulados ou quando se configuram como sociedades de participação pura (*holding companies*). A título ilustrativo, vejam-se os atos societários da fusão entre *Submarino S.A.* e *Americanas.com S.A. Comércio Eletrônico*[26].

8.3 Considerações finais

Conforme o exposto, operações de reorganização societária podem ser implementadas como preparação para uma transação de

---

[26] BMF&BOVESPA. **Fusão entre Submarino S.A. e Americanas.com S.A. Comércio Eletrônico**. Disponível em: <http://www.bmfbovespa.com.br/cias-listadas/empresas-listadas/ResumoInformacoesRelevantes.aspx?codigoCvm=20990&idioma=pt-br>. Acesso em: 13 out. 2010.

fusão e aquisição, se tornarem necessárias no curso de uma transação de fusão e aquisição (normalmente regulada como condição precedente) ou ainda podem configurar a forma pela qual a transação de fusão e aquisição se implementa.

São esses os momentos nos quais as normas jurídicas aplicáveis às operações de reorganização societária — cogentes e específicas — tangenciam as normas contratuais — mais fluidas e flexíveis — e as disposições obrigacionais decorrentes do exercício da autonomia de vontade das partes, estabelecidas nos instrumentos jurídicos que formalizam as transações de fusão e aquisição.

Em razão da força cogente das normas que regulam as operações de reorganização societária, os instrumentos jurídicos que formalizam as transações de fusão e aquisição devem tratar, de forma específica e detalhada, das possíveis consequências advindas da aplicação de tais normas, ainda que para tanto tenham que se afastar dos modelos contratuais normalmente utilizados em transações dessa natureza.

REFERÊNCIAS

DOUTRINA

ARAGÃO, Leandro Santos de; CASTRO, Rodrigo R. Monteiro de (coords.). **Reorganização societária.** São Paulo: Quartier Latin, 2005.

BULGARELLI, Waldirio. **Fusões, incorporações e cisões de sociedades**. 5. ed. São Paulo: Atlas, 2000.

CARVALHOSA, Modesto. **Comentários à Lei das Sociedades Anônimas**. 4. ed. São Paulo: Saraiva, 2003.

CASTRO, Rodrigo R. Monteiro; ARAGÃO, Leandro Santos de (coords.). **Reorganização societária**. São Paulo: Quartier Latin, 2005.

CHAVES, Antônio. Pessoa jurídica: transformações: incorporação, fusão, fracionamento: gestão de negócios: caracterização: efeitos de um eventual excesso de poderes. **Revista dos Tribunais.** São Paulo, v. 93, n. 823, p. 753-66, maio 2004.

MARANHÃO, Délio. **Instituições de Direito do Trabalho.** 22. ed. São Paulo: LTr, 2005. v. 1.

MARTINS, Ives Gandra da Silva (coord.). **Comentários ao Código Tributário Nacional.** São Paulo: Saraiva, 1998. v. 2.

MARTINS, Sérgio Pinto. **Direito do Trabalho.** 10. ed. São Paulo: Atlas, 2000.

MILARÉ, Edis. **Direito do ambiente** — doutrina, jurisprudência, glossário. 3. ed. São Paulo: Revista dos Tribunais, 2004.

MACHADO, Paulo Affonso Leme. **Direito ambiental brasileiro.** 16. ed. São Paulo: Malheiros, 2008.

PAES, P. R. Tavares. **Comentários ao Código Tributário Nacional.** 6. ed. São Paulo: LEJUS, 1998.

SALLES, Carlos Alberto de. Propriedade imobiliária e obrigações *propter rem* pela recuperação ambiental do solo degradado. **Revista de Direito Ambiental**, São Paulo: RT, v. 34, p. 9 e s., abr.-jun. 2004.

LEGISLAÇÃO

BRASIL. **Decreto-Lei n. 5.452, de 1º de maio de 1943.** Disponível em: <http://www.planalto.gov.br/ccivil/Decreto-Lei/Del5452.htm>. Acesso em: 12 jan. 2011.

Brasil. **Lei n. 6.404, de 15 de dezembro de 1976.** Disponível em: <http://www.planalto.gov.br/ccivil_03/Leis/L6404consol.htm>. Acesso em: 14 fev. 2011.

BRASIL. **Lei n. 5.172, de 25 de outubro de 1996.** Disponível em: <http://www.planalto.gov.br/ccivil_03/Leis/L5172Compilado.htm>. Acesso em: 12 jan. 2011.

CVM — Comissão de Valores Mobiliários. **Instrução Normativa n. 319, de 3 de dezembro de 1999**. Disponível em: <http://www.cvm.gov.br/asp/cvmwww/atos/Atos_Redir.asp?File=\inst\inst319consolid.doc>. Acesso em: 12 jan. 2011.

BRASIL. **Lei n. 10.406, de 10 de janeiro de 2002**. Disponível em: <http://www.planalto.gov.br/ccivil_03/Leis/2002/L10406.htm>. Acesso em: 14 fev. 2011.

DNRC — Departamento Nacional de Registro de Comércio. **Instrução Normativa n. 98, de 23 de dezembro de 2003**. Disponível em: <http://www.dnrc.gov.br/Legislacao/normativa/in98.htm>. Acesso em: 12 jan. 2011.

CVM — Comissão de Valores Mobiliários. **Instrução Normativa n. 391, de 16 de julho de 2003**. Disponível em: <http://www.cvm.gov.br/asp/cvmwww/atos/AtosResp_consolid_04.asp>. Acesso em: 12 jan. 2011.

DNRC — Departamento Nacional de Registro de Comércio. **Instrução Normativa n. 100, de 19 de abril de 2006**. Disponível em: <http://www.dnrc.gov.br/Legislacao/normativa/in100.htm>. Acesso em: 12 jan. 2011.

OUTRAS REFERÊNCIAS

ANBIMA — Associação Brasileira das Entidades do Mercado Financeiro e de Capitais. **Boletim de Fusões e Aquisições**. Disponível em: <http://www.anbima.com.br/publicacoes/arqs/bolfa_10-1bi.pdf>. Acesso em 12 out. 2010.

Ata Sumária da Assembleia Geral Extraordinária, realizada no dia 28 de novembro de 2008. Disponível em: <http://ww13.itau.com.br/PortalRI/(A(7BGRYMq33WB6tn0LuW_2CNxqrNAFdBuKfUfBIUV6U0Dt-VMIEBqYNJRB55xNE_wdluGcpjuEFIzHon3qCVCM1NL6pssN-qOojx8X18siGmo1))/

UHtml/arq/publicacao/212880/AGE_28.11.08_HOLD_PORT.
p>. Acesso em: 14 fev. 2011.

BMF&BOVESPA. **Fusão entre Submarino S.A. e Americanas.
com S.A. Comércio Eletrônico**. Disponível em: <http://www.
bmfbovespa.com.br/cias-listadas/empresas-listadas/ResumoInfor-
macoesRelevantes.aspx?codigoCvm=20990&idioma=pt-br>. Acesso em: 13 out. 2010.

BRASIL. Tribunal Regional Federal da 1ª Região. **Agravo de Instrumento n. 2007.01.00.046995-4/DF**. 8ª Turma. Relatora Desembargadora Maria do Carmo Cardoso. Brasília. J. em 7 de dezembro de 2007. Disponível em <http://www.trf1.jus.br/Processos/
ProcessosTRF/>. Acesso em: 12 jan. 2011.

BRASIL. Superior Tribunal de Justiça. **Recurso Especial n.
544.265/CE**. 1ª Turma. Relator Ministro Teori Albino Zavascki.
Brasília. J. em 16 de novembro de 2004. Disponível em: <http://
www.stj.jus.br/SCON/jurisprudencia/toc.jsp?tipo_visualizacao=n
ull&processo=544265&b=ACOR>. Acesso em: 12 de jan. 2011.

KPMG *Corporate Finance* Ltda. **Pesquisas de Fusões e Aquisições
2010** — Espelho das transações realizadas no Brasil. Disponível em:
<http://www.kpmg.com.br/publicacoes/fusoes_aquisicoes/2010/
FA_2otrim_2010_v3.pdf>. Acesso em 12 out. 2010.

9 PESQUISA E SELEÇÃO DE EMPRESAS-ALVO PARA AQUISIÇÕES E TIPOS DE CONSULTORES

Rodrigo Pasin

*Professor de Finanças da Fundação Instituto de Administração/FIA;
mestre em Administração, na área de finanças, pela Faculdade de
Economia e Administração da Universidade de São Paulo/USP; sócio da
V2Finance/Clairfield International.*

Roy Martelanc

*Diretor de Planejamento da Fundação Instituto de Administração/FIA;
coordenador da área de finanças do curso de graduação da Faculdade de
Economia, Administração e Contabilidade da Universidade de São Paulo/
USP; coordenador do curso de capacitação empresarial para pequenas
e médias empresas industriais; coordenador do MBA Banking
da Fundação Instituto de Administração/FIA; professor da Faculdade
de Economia, Administração e Contabilidade da Universidade
de São Paulo/USP, na área de Administração Financeira; mestre
e doutor em Administração pela Faculdade de Economia,
Administração e Contabilidade da Universidade de São Paulo/USP;
conselheiro da V2Finance/Clairfield International.*

Luis Alberto Martins

*Certificado em Level II pelo Chartered Institute for Securities & Investment
de Londres; cursou Introduction to Securities and Investment na University of
Westminster; sócio-fundador da JKCapital.*

9.1 Introdução

Este capítulo tem por objetivo auxiliar as empresas na definição dos critérios de seleção de outras empresas que possam ser consideradas como possíveis alvos de uma aquisição. Para tornar o capítulo com um viés mais prático, os autores deste livro disponibilizaram o resumo de um projeto de consultoria que prestaram a um investidor institucional na identificação da melhor empresa de um dado setor no Brasil, visando à uma fusão/aquisição.

9.2 Utilização de critérios de seleção

As empresas se defrontam, em fusões e aquisições, tipicamente com duas situações. Uma definida sob a perspectiva estratégica de crescimento da empresa e outra quando há uma influência externa, tal como uma proposta de venda ou fusão.

Sob a perspectiva externa, a compradora enxerga haver sinergia entre as duas empresas. Essa sinergia é o ponto-chave para que se realize uma transação, pois representa a fonte de valor adicional que as duas empresas possuem trabalhando de forma integrada.

As sinergias podem ser identificadas de diferentes formas. Na compra, por exemplo, da Del Valle pela Coca-Cola FEMSA[1], os ganhos se deram principalmente pela associação da distribuição das

---

[1] Todos os casos mencionados no presente artigo foram extraídos da experiência profissional dos autores.

duas marcas, além de prover a Coca-Cola de um produto de alto crescimento, substituto das estagnadas bebidas carbonatadas. No caso da fusão Itaú-Unibanco, os principais ganhos se deram pelo corte de custos, além de um benefício fiscal decorrente da operação e um significativo ganho de poder de mercado em um momento em que outros bancos também passavam por um crescimento por aquisições, como a compra do Banco Real pelo Santander e da Nossa Caixa pelo Banco do Brasil. No total, os ganhos de sinergia do Itaú--Unibanco foram estimados pelo mercado em R$ 5 bilhões de reais nos três anos subsequentes à operação, de acordo com as instituições envolvidas. Essa sinergia abre uma margem para a negociação, pois as duas empresas juntas possuem um valor de mercado superior à soma do valor de mercado de cada uma individualmente, e essa diferença de valor é dividida entre os acionistas das duas empresas no processo de negociação.

Sob um ponto de vista interno, a empresa define sua estratégia de crescimento por meio de fusões ou aquisições e, para isso, deve determinar quais serão os critérios de seleção das empresas a serem abordadas.

A importância da adoção de critérios de seleção de empresas--alvo é inversamente proporcional à concentração do setor de atuação, pois quanto maior a quantidade de empresas, tipos de produtos, disparidade geográfica —, provavelmente menos as empresas se conhecem, e quanto menor a quantidade de empresas, maior o grau de conhecimento que um concorrente tem do outro.

O setor sucroalcooleiro, entretanto, é uma exceção. De acordo com a UNICA (União da Indústria de Cana-de-açúcar), existem mais de 400 usinas no Brasil e uma companhia consegue facilmente avaliar a qualidade do processo produtivo da outra devido ao fato de os índices de produtividade serem divulgados em relatórios de associações do setor e devido também à similaridade de suas operações. Este é o caso da aquisição da Usina Mundial pelo Grupo Cosan, em que a empresa ao adquirir um concorrente realizou um crescimento horizontal, aumentando seu poder de mercado e gerando ganhos de escala. Nesse caso, quando existem poucos concorrentes no setor de atuação e estes se conhecem mutuamente, as empresas podem saber quais são as principais características mercadológicas e operacionais das demais, dispensando a adoção de critérios explícitos de seleção de empresas-alvo.

Por outro lado, na aquisição dos ativos da Esso no Brasil, a Cosan não possuía um prévio conhecimento da atividade de distribuição de combustíveis, além de ter disputado essa compra com um importante *player* do setor, a Petrobras. Esse negócio proporcionou à empresa um crescimento vertical, colocando a companhia no último elo que faltava da cadeia entre a plantação da cana-de-açúcar até a distribuição do combustível ao consumidor final. Entretanto, envolveu a entrada da empresa em um campo até então desconhecido que, sem a devida assessoria, poderia comprometer significativamente o valor pago.

261

Em ambos os casos mencionados, a escolha das empresas-alvo deve estar alinhada com a estratégia de crescimento da empresa adquirente. O alvo deve contribuir de alguma forma com o plano de expansão da empresa, com o aprimoramento de suas vantagens estratégicas, com o atendimento de uma demanda mal atendida ou com a redução dos pontos fracos das empresas, maximizando assim o valor da empresa compradora.

Dado que cada empresa tem uma estratégia, não existe uma receita para seleção de empresas-alvo que atenda a todas as empresas de uma forma geral. Cada empresa terá uma maneira diferente de valorizar os atributos que mais deseja em uma empresa que pretenda adquirir.

A título de exemplo, segue uma lista relativamente exaustiva de critérios/características normalmente utilizados:

Tabela 1 — Lista de critérios para definição de empresas-alvo

1. Porte da empresa
2. Nível de preços
3. Produtos e negócios
   - Linha de produtos
   - Grau de diversificação da linha de produtos
   - Estágio dos produtos: Inovadores/maturidade/Declínio
   - Marcas
   - Valor adicionado
   - Capital/trabalho intensivo
4. Localização
5. Mercados
   - Número de concorrentes
   - Participação de mercado dos principais concorrentes
   - Crescimento do mercado
   - Características da competição
6. Medidas de desempenho econômico-financeiro
   - Taxa de crescimento das vendas
   - Taxa de crescimento dos resultados
   - Taxas de rentabilidade operacional etc.
   - Taxa de cobertura dos encargos financeiros
   - Taxas de rentabilidade dos investimentos
   - Índice P/L histórico e previsto (empresas abertas)
7. Balanço
   - Investidores minoritários
   - Capital de giro
   - Ativos dados como garantia
   - Nível de endividamento
8. Fluxos de caixa
9. Gestão
   - Continuidade ou não das pessoas-chave no pós-aquisição
   - Domínio de línguas
   - Qualidade, idade etc.
   - Atitude diante da aquisição

- Necessidade de renovação dos gestores e reforço da gestão
10. Empregados
    - Volume
    - Sindicatos
    - Relações de trabalho na indústria
11. Posição de mercado
    - Liderança, nicho, segmentação, posicionamento etc.
    - Perspectivas de crescimento/maturidade
    - Orientação da empresa para produção/marketing
    - Concorrência baseada no volume/margem
    - Pressão competitiva
    - Natureza do mercado (global, nacional, regional etc.)
12. Clientes
    - Quantidade e qualidade dos clientes
    - Porte dos clientes
    - Grau de concentração das vendas para os principais clientes
    - Grau de dependência da empresa em relação a seus principais clientes
    - Índice de renovação e cancelamento dos contratos
    - Potencial de vendas cruzadas com os possíveis interessados
    - Importância estratégica dos clientes
13. Situação fiscal
    - Possível dedução de prejuízos passados
    - Dívidas em mora
    - Outros.

Fonte: Baseado em: Hill Samuel Bank Limited. **Mergers, Acquisitions and Alternative Corporate Strategies**. London: W. H. Allen & Co., Mercury Books Division, 1992, p. 104.

Apesar de ser recomendada uma lista de critérios abrangente, é natural que, na perspectiva de criar valor para a empresa adquirente, existam características que podem ser consideradas fundamentais, enquanto outras são secundárias ou até terciárias.

Por exemplo, uma empresa com estratégia de internacionalização considerará fundamental a participação de mercado da empresa-alvo. A aquisição da cervejaria argentina Quilmes pela brasileira Ambev deu-se em decorrência da busca da liderança setorial na América Latina. Nesse sentido, a aquisição da líder desse setor na Argentina foi, sobretudo, motivada por questões estratégicas.

9.2.1 Os critérios fundamentais e os secundários

Após a identificação dos pontos fortes, pontos fracos e fatores críticos de sucesso e a definição dos objetivos estratégicos, é possível determinar as características pretendidas das empresas-alvo candidatas à aquisição.

Na determinação dos critérios, algumas empresas adquirentes enfatizam critérios financeiros, como o volume de vendas, resultados, taxas de rentabilidade, entre outros. No entanto, cada vez mais as empresas estão enfatizando os critérios estratégicos, mercadológicos, operacionais e culturais, utilizando os dados financeiros preponderantemente para fins de determinação do valor das empresas.

Os critérios financeiros são os de maior importância para os investidores financeiros (fundos de *private equity* e *venture capital*), enquanto os critérios estratégicos e mercadológicos são os de maior importância para investidores estratégicos, ou seja, empresas do mesmo setor ou de setor correlato.

Assim, estes critérios podem ordenar-se pelo seu grau de importância. Para exemplificar, a seguir estão os típicos critérios fundamentais e secundários:

1) Características fundamentais — são as de caráter estratégico e as principais a serem observadas pela empresa adquirente:

- porte da empresa;
- tipo de produtos e mercados;
- participação de mercado;
- crescimento histórico e projetado;

- posicionamento estratégico e diferenciação;
- carteira de clientes;
- localização; e
- tecnologia e *know-how.*

2) Características secundárias — são normalmente os critérios financeiros e os de menor importância atribuída pela empresa adquirente:

- rentabilidade operacional;
- estrutura de capital;
- existência ou não de dívidas financeiras e contingências;
- perfil dos sócios controladores, acionistas e diretores; e
- estrutura organizacional.

A denominação apresentada acima pode variar, podendo ser características intrínsecas do negócio, características mutáveis, características da empresa e características do setor.

As empresas candidatas serão analisadas por comparação com os critérios de seleção. Por vezes, diante da realidade, há que flexibilizar tais critérios. Por exemplo, uma empresa brasileira que pretenda adquirir empresas em Portugal com uma determinada característica de dimensão e expressão geográfica. Uma pesquisa efetuada concluiu, contudo, que não existiam empresas com as características exigidas. Diante da análise de mercado, a empresa adquirente reformulou a sua estratégia e os seus critérios de seleção. O auxílio de consultores especializados em F&A aliado ao conhecimento do mercado local podem contribuir para que formulações inadequadas como a citada exemplificativamente não ocorram.

O processo de aquisição é um exercício iterativo. Avança e recua em função dos novos dados que surgem sobre as empresas e o mercado. É um processo que exige muita paciência. Quem atua nessa atividade por impulso e emoção pode ter sorte e ganhar dinheiro, mas também pode sair prejudicado.

Oportunidades baratas podem indicar a falta de perspectiva da empresa e/ou contingências ocultas. É preciso analisar cada oportunidade sob a ótica do encaixe da empresa-alvo na estratégia da empresa compradora. Projetar a situação da empresa *do jeito que ela é*, ou seja, analisar o futuro da empresa-alvo a partir da estrutura atual, sem considerar as sinergias e os resultados dos investimentos feitos pelo comprador e discutir a relevância da empresa-alvo na estratégia da compradora costuma gerar valor para o comprador e melhor compreensão dos benefícios da transação.

9.3 A seleção da empresa-alvo e o planejamento estratégico

É importante que a aquisição seja consistente com a estratégia global da empresa adquirente. No entanto, o enquadramento das oportunidades individuais de aquisição na estratégia do comprador pode gerar uma oportunidade de crescimento grande, porém, sem apelo estratégico para o comprador.

Compradores sempre buscam fazer aquisições que gerem aumentos de fluxo de caixa e com preço adequado em face do risco e do custo de capital, de modo a criar valor para o investidor. Em suma, o valor atual líquido da operação tem que se mostrar positivo. Embora do ponto de vista estratégico não seja aconselhável, algumas empresas enveredam por transações mesmo que a empresa adquirida não faça parte dos seus objetivos estratégicos, ou do famoso *core business* porque perspectivam que a aquisição possa ser uma boa oportunidade para criar valor.

Identificar um equilíbrio entre mero oportunismo e acréscimos atrativos nos fluxos de caixa e transações com companhias do mesmo setor ou de setores correlatos não é uma tarefa fácil. Esse equilíbrio é especialmente importante, quando a empresa compradora tiver sido contatada pela empresa vendedora e/ou pelos seus *advisors*, se não houver uma comparação de rentabilidade da aquisição da empresa-alvo com as outras alternativas possíveis.

9.4 Pesquisa de empresas-alvo

Os critérios apontados anteriormente servem para orientar o comprador na pesquisa e seleção de candidatos. A pesquisa de candidatos pode evoluir de forma diversa, dependendo da organização do mercado quanto à informação disponibilizada e da organização do próprio comprador. Os principais métodos de identificação e seleção de empresas-alvos são: oportunidade, investigação e a combinação desses dois métodos.

O método da oportunidade começa por uma varredura no mercado com o intuito de identificar as empresas de um determinado setor abertas à negociação (prospecção). A partir de uma lista de potenciais candidatas, aplicam-se os critérios de seleção já mencionados acima, filtrando-se assim as potenciais empresas-alvo (*screening*), com as quais se iniciará uma abordagem mais direta até se determinar qual empresa será adquirida (seleção).

No método de investigação, a filtragem (*screening*) é realizada antes da prospecção no mercado, ou seja, são definidos os critérios que serão abordados e na fase de seleção são definidos os parâmetros para cada critério para, então, realizar-se uma prospecção no mercado, buscando empresas que atendam aos padrões definidos.

Nos mercados emergentes e países com poucos movimentos de F&A, os dados das empresas não se encontram suficientemente organizados e há baixo nível de informações disponíveis para se aplicar o método de oportunidade, no qual são analisadas todas as empresas de um determinado setor para se identificar as companhias abertas à negociação. Assim como o número de empresas por setor não é extenso o suficiente para se buscar empresas dispostas a serem vendidas dentro de critérios tão específicos, como no método de investigação. Portanto, é aconselhável a aplicação de um método combinado, usando-se um "filtro" nas empresas do setor, a fim de que a análise se restrinja a um universo reduzido de empresas abertas à negociação e a partir dessas empresas seja possível então selecionar a empresa-alvo.

Tabela 2 — Programas de pesquisa de empresas-alvo

MÉTODO BASEADO NA OPURTUNIDADE	MÉTODO BASEADO NA INVESTIGAÇÃO	MÉTODO COMBINADO
1. PROSPECÇÃO	1. "SCREENING"	1. "SCREENING"
2. "SCREENING"	2. SELEÇÃO	2. PROSPECÇÃO
3. SELEÇÃO	3. PROSPECÇÃO	2. SELEÇÃO

Fonte: NEVES, João Carvalho das. **ABC das fusões e aquisições**. Lisboa: IAPMEI, 1999.

9.5 Seleção de empresas na prática — um exemplo do setor de serviços no Brasil

Um investidor latino-americano contratou um dos autores deste livro no ano de 2008 para identificar empresas de um dado setor (podemos apenas divulgar que é do setor de serviços), visando sua aquisição ou uma possível fusão das operações.

Ressalta-se que o investidor incentivou a divulgação que ora é feita, desde que os dados apresentados fossem limitados, a fim de manter o sigilo dessa transação, assim como as informações dos competidores.

O setor em referência contava com oito empresas de relevante importância, sendo que a líder de mercado pertence a um órgão governamental, restando então apenas sete possíveis empresas-alvo. Os contatos realizados com tais empresas indicaram diferentes graus de interesse na possível transação, sendo que três empresários descartaram qualquer possibilidade de negócio.

O investidor elaborou os seguintes questionamentos que, respectivamente, foram respondidos da seguinte forma:

1. Montar a empresa do zero ou adquirir uma empresa em funcionamento? A necessidade de escala na prestação de serviços, a rapidez na concretização dos objetivos, a forte concorrência, a demora para tornar uma marca estabelecida e os altos custos de criação de uma empresa fizeram que o investidor optasse pela estratégia de aquisição.

2. Comprar uma grande empresa ou uma pequena empresa e

investir em seu crescimento? Após abordar sete empresas do setor, a empresa de consultoria constatou que apenas quatro pretendiam ser vendidas ou estariam interessadas em analisar uma proposta de aquisição ou fusão. Para responder a esta questão, a empresa de consultoria elaborou então uma extensa pesquisa de mercado e analisou profundamente as informações financeiras, mercadológicas e operacionais que foram obtidas junto às próprias empresas.

A tabela a seguir sintetiza as principais características e dados de tais empresas, a fim de auxiliar na definição de qual empresa do setor seria a mais adequada para atender aos objetivos de crescimento do cliente:

Tabela 3 — Características das empresas-alvo

Empresas	A	B	C	D
Características Gerais				
Atuação do Grupo Empresarial	Único Negócio	Diversificação Concêntrica	Diversificação Concêntrica	Único Negócio
Acionista Controlador	A	B	C	D
Fundação	1985	1990	1982	1979
Localização	E	F	G	H
Mercados e Clientes				
Número de Clientes Corporativos	330	210	330	330
Principais Clientes	A,B,C	D,E,F	G,H,I	J,K,L
Concentração da Carteira – 5 Maiores Clientes	43%	50%	60%	72%
Parte dos Principais Clientes	Grandes	Grandes	Médios	Médios e Pequenos
Concentração Geográfica	Sudeste	Sul	Centro-Oeste	Sudeste
Participação de Mercado	25,0%	17,0%	5,5%	3,0%
Marcas e Serviços				
Principais Serviços Prestados	A e B	A, B e C	A e C	B e C
Sistemática de Vendas	Vendedores Próprios e parceiros	Vendedores Próprios e parceiros	Vendedores Próprios	Parceiros
Marca Reconhecida	Regionalmente	Nacionalmente	Localmente	Regionalmente
Reconhecimento da Marca	Bom	Ótimo	Regular	Ótimo

Administração Geral				
Qualidade da Alta Administração	Ótima	Regular	Boa	Boa
Funcionários	160	90	50	40
Aspectos Gerais				
Pontos Fortes	Porte e qualidade da administração	Marca	Carteira de Clientes	Marca, crescimento
Pontos Fracos	Regionalização da empresa	Qualidade de alta administração	Localização, Marca e Porte	Porte
Informatização	Alta	Alta	Alta	Média
Indicadores Financeiros				
Receita Líquida – Ano 01	R$ 54	R$ 36.000	R$ 8.000	R$ 4.400
Receita Líquida – Ano 02	R$ 40	R$ 28.000	R$ 5.000	R$ 2.000
Margem Bruta – Ano 01	40,00%	38,00%	43,00%	44,00%
Margem Bruta – Ano 02	42,00%	49,00%	51,00%	52,50%
Margem de EBITDA – Ano 01	4,0%	3,30%	6,0%	7,0%
Margem de EBITDA – Ano 02	2,5%	11,00%	11,50%	12,50%
Margem Líquida – Ano 01	3,00%	2,00%	4,00%	5,00%
Mergem Líquida – Ano 02	1,60%	8,00%	10,00%	11,00%

9.5.1 A análise das características das empresas-alvo

Pela tabela acima, nota-se que a empresa A é de grande porte, B de médio porte e C e D de pequeno porte. Antes de qualquer análise adicional, pelo porte, a empresa A tem uma vantagem inicial sobre a B e estas sobre C e D.

Entretanto, os critérios mais valorizados pelo nosso cliente foram: o reconhecimento da marca como ótima e em escala nacional, bem como a qualidade da administração.

Dados os critérios estabelecidos, as empresas C e D foram consideradas como não atraentes, e a dúvida agora se restringiu a A ou B.

A empresa A, vice-líder de mercado com 15% de participação, tem sua marca reconhecida como boa e regionalmente é uma empresa que tem uma administração tida como ótima. A empresa B, terceira no *ranking* do setor, com 17% de participação de mercado, tem sua marca reconhecida como ótima em escala nacional, porém, uma administração tida apenas como regular. Quando a transação é de entrada em um novo país ou em um novo mercado, a qualidade dos gestores pode pesar mais do que todos os outros fatores e a continuidade destes gestores pode ser vital para a realização de qualquer transação.

As empresas C e D apresentaram um grande crescimento e, devido aos menores investimentos em propaganda e *marketing*, apresentam resultados financeiros, em termos percentuais, melhores. Por apresentarem altas taxas de crescimento, com necessidade elevada de investimentos em capital de giro, ambas as empresas estavam, no momento em que este capítulo foi escrito, negociando participações minoritárias com fundos de *private equity*.

9.5.2 A decisão do investidor

A decisão do cliente foi adquirir a empresa B e substituir sua administração ao longo do terceiro ano. Assim, haveria tempo para uma troca de gestão com menores riscos de perda de valor por conta da entrada abrupta de um novo proprietário. Tal decisão, entretanto, foi tomada somente após a análise dos custos e do tempo para reposicionar a marca da empresa A, que não foram considerados satisfatórios. Para reforçar a decisão pela aquisição da empresa B, os dados financeiros das empresas foram confrontados, e como as margens de EBITDA[2] e de Lucro Líquido no ano 02 da empresa B foram maiores, esta foi a empresa escolhida.

As negociações culminaram na aquisição da empresa B cinco meses após a decisão da aquisição. No ano 03, a participação de

---

[2] *Earnings Before Interests, Taxes, Depreciation e Amortization* — Lucros antes de juros, impostos, depreciação e amortização.

mercado da empresa subiu para 21% e a da vice-líder, a empresa A, caiu para 22%. Este excelente resultado comprovou uma melhor perspectiva de crescimento futuro da empresa B, principalmente em função de um tipo de serviço, ainda não prestado pela empresa A, que foi criado no ano anterior. A existência deste serviço no *mix* da empresa B havia sido um grande diferencial na análise desta empresa.

9.6 Empresas à venda

Muitas vezes não é o investidor quem procura a empresa para saber do interesse de seus sócios em vendê-la. Ocorre, no mais das vezes, que muitos empresários procuram possíveis interessados em adquirir suas empresas. Neste caso, tais empresas devem preparar um memorando de informações destacando suas características e ressaltando seus pontos fortes, de forma a despertar a cobiça por parte do possível comprador e apresentar uma expectativa de valor baseada em uma avaliação independente.

Um bom Memorando de Informações é customizado para cada interessado — sendo elaborado em função do que a empresa vendedora acredita ser vital para cada uma. Obviamente, todas as informações apresentadas precisam ter fundamento e/ou serem comprovadas. Vale ressaltar os pontos positivos, pois "embelezar a noiva" é até esperado, mas não se devem apresentar inverdades ou cometer outras falhas éticas graves. Além disso, um primeiro sinal de má-fé na apresentação dos dados da empresa é suficiente para quebrar a confiança necessária para que a transação se realize.

Tipicamente, um Memorando de Informações (também chamado de *Book*, Dossiê, ou mesmo Sumário Executivo — quando contém uma quantidade menor de informações) deve prover o investidor dos aspectos estratégicos, mercadológicos, organizacionais e financeiros da empresa-alvo. Um memorando ou plano de negócios não precisa responder a todas as perguntas que um possível investidor fará, o documento pode ser incompleto, objetivando colher o *feedback* dos seus leitores, deixar de fora informações críticas à espera da solicitação por parte do respectivo interessado. Se o interessado não fizer perguntas adicionais, provavelmente o interesse na operação é baixo.

Quadro 1 — Sugestão de *checklist* para uma fusão e aquisição de sucesso

---

♦ A empresa adquirente tem características de tal modo únicas para efetuar a aquisição que não existem concorrentes que possam fazer ofertas que tornem o **preço** de aquisição demasiadamente alto?

♦ A fusão ou aquisição é consistente com a **estratégia** da empresa adquirente?

♦ A sociedade adquirente fez a *due diligence* dos negócios da empresa a ser adquirida numa perspectiva de gestão e não apenas a tradicional auditoria financeira e legal?

♦ A sociedade adquirente tem capacidade para "digerir" facilmente a aquisição com a **dimensão** da sociedade-alvo?

♦ Existe **sinergia operacional e de mercado** entre as sociedades?

♦ A empresa adquirente está disposta a **partilhar** capital, mercados e tecnologia com a empresa adquirida?

♦ Existem planos para aumentar a **produtividade dos ativos conjugados das empresas**?

♦ As sociedades adquirentes e alvo têm **culturas compatíveis**?

♦ As empresas juntas partilham a mesma **visão** para a nova empresa? Essa **visão** é realista?

♦ As empresas são capazes de **alinhar em conjunto** as suas capacidades de gestão depois da aquisição?

♦ Os gestores de topo conseguem subordinar o seu ego ao **bem comum** da nova organização?

♦ As sociedades adquirentes e adquirida têm um **programa eficaz de comunicação** para ajudar no processo de integração?

♦ A sociedade adquirente vai esforçar-se por realizar uma **integração rápida e eficaz** na implementação da nova visão para a empresa?

Fonte: Adaptação de LAJOUX, Alexandra Reed. **The Art of M&A Integration**. New York: McGraw-Hill, 1998. p. 11.

9.7 Fontes de informação

Na pesquisa de empresas-alvo, as fontes de informação são diversas. Por exemplo, junto às associações empresariais é possível obter informações gerais sobre a indústria e sobre os seus respectivos associados. Se o comprador tiver definido os seus critérios de pesquisa, pode identificar empresas com características que satisfaçam esses critérios.

Em paralelo, os bancos de investimentos, as empresas de consultoria e auditoria podem ter informações preciosas sobre empresas que possam estar interessadas em associações, vendas etc. Os próprios diretores e gerentes conhecem os principais concorrentes. Os vendedores conhecem os produtos da concorrência, bem como os seus pontos fortes e fracos. Assim, quando se pretende adquirir uma empresa, devem-se diversificar os contatos e analisar as oportunidades sob os diversos pontos de vista. As fontes de informação sobre empresas candidatas a uma aquisição podem e devem ser múltiplas, nomeadamente:

- conhecimentos pessoais e profissionais;
- associações empresariais e profissionais;
- publicações de revistas de associações;
- jornais e revistas de negócios;
- consultores, auditores, contadores, advogados, bancos de investimento e fundos de *private equity*.

Para obtenção e análise de todas as informações necessárias é preciso que o comprador tenha uma organização própria. Pode-se fazê-lo internamente ou utilizar consultores especializados em fusões e aquisições. Esses consultores poderão auxiliar na definição da estratégia de aquisição, na pesquisa das empresas-alvo, no diagnóstico da empresa-alvo, na determinação do valor, no processo de negociação, na procura de financiamento adequado e durante a fase de integração da empresa adquirida.

Muitos empresários são bons vendedores e negociadores, porém dentro de seu ramo. Na grande maioria dos casos, não venderam muitas empresas, sendo que muitos não venderam uma empresa sequer e não conhecem as estratégias e táticas de negociação utilizadas pelos consultores.

Dessa forma, contar com assessores especializados é de suma importância, pois estes conhecem a fundo como negociar uma empresa e, assim como o acionista e/ou empresário, terão interesse em maximizar o valor da empresa, pois grande parte da remuneração pelos serviços prestados advirá do que se convencionou chamar de *success fee*, ou seja, a remuneração de sucesso na forma de percentual que incidirá sobre o valor da empresa negociada.

Um problema na utilização de uma equipe interna no processo de venda da empresa é o fato de que se costumam alocar "executivos-chave" nessa equipe, e tais profissionais acabam perdendo o foco nas atividades centrais da empresa, o que pode levar a uma perda de competitividade em relação aos concorrentes.

9.8 Os tipos de consultores em fusões e aquisições

Existem diversos tipos de consultores atuando nesta área, cada tipo com maior especialização em uma ou mais fases do processo. Os consultores típicos desses processos são:

- Consultores de Fusões e Aquisições — são especializados em consultoria de fusões e aquisições e podem ajudar os empresários e gestores ao longo de todo o processo, desde a definição da estratégia, definição de critérios de seleção, pesquisa de empresas, avaliação, diagnóstico da empresa--alvo, negociação, *due diligence*, fechamento e até no apoio à integração das empresas. Este tipo de consultor tem uma perspectiva muito mais integrada das fusões e aquisições, e pode prestar um serviço muito útil tanto à empresa adquirente quanto à empresa-alvo. Combinado a isso, a existência de um terceiro liderando a negociação constitui um importante elemento catalisador no processo como um todo, particularmente se grandes diferenças existem entre as partes. Neste caso, a interlocução indireta por meio de uma terceira parte independente torna-se um instrumento valioso para preservar a posição das partes e evitar um rompimento das negociações por questões emocionais ou por mal-entendidos. Não existem estatísticas oficiais sobre o número de empresas atuantes neste setor, mas uma estimativa da V2Finance/Clairfield International indicou que no Brasil existem aproximadamente 100 butiques de F&A.

- Butiques de fusões e aquisições com atuação internacional — algumas trabalham com parceiros de negócios estrangeiros, as famosas redes de M&A, para aumentar as chances de realização de uma transação, enquanto outras trabalham em operações com compradores e vendedores locais apenas. Um caso é o da Clairfield, fundada em 2004, para aumentar o leque de opções de compradores e vendedores, que em 2011 tinha 20 butiques associadas ao redor do mundo e fechou mais de 105 transações *crossborder*. A Clairfield no Brasil é representada pela V2Finance e concorre com apenas 5 redes de butiques com atuação internacional presentes no país. As butiques costumam ter um preço sutilmente inferior ao dos bancos de investimento e um atendimento diferenciado.

- Bancos de investimento — conhecem bem as indústrias, possuem departamentos especializados em pesquisas e *corporate finance* e podem fornecer os mesmos serviços dos consultores de F&A. Às vezes, podem fornecer uma solução mais integrada a tais processos, especialmente quando o comprador necessita de financiamento para realizar a operação.

- Corretores de empresa — podem ser corretores de imóveis que vendem propriedades industriais inativas e começam a tentar vender empresas ainda em funcionamento, consultores generalistas que identificam a oportunidade de realizar uma transação ou professores de disciplinas financeiras que prestam consultoria. Alguns corretores nem sequer assinam mandatos com seus clientes e podem expor dados confidenciais para pessoas erradas. Para estes casos é importante que haja um acordo firmado para tratar das responsabilidades de cada um dos consultores e da maneira como a comissão será dividida. É famoso o caso de um corretor de empresas em São Paulo que mantinha acordos informais com diversos parceiros e deixou de honrá-los quando os valores das transações começaram a ficar expressivos. Ou seja, é importante checar as credenciais dos consultores que querem fazer estes serviços, os antecedentes e elaborar contratos específicos para cada transação.

- Advogados — têm contatos com muitas empresas e podem prestar um serviço muito útil na fase da pesquisa e na apresentação de empresas e, posteriormente, na fase da elaboração dos acordos de confidencialidade, na *due diligence* (especialmente na auditoria legal) e na elaboração dos contratos finais do acordo — Acordo de Compra e Venda de Ações. Em grandes transações, algumas bancas de advocacia prestam também serviços visando à aprovação da transação junto aos órgãos de defesa da concorrência.

277

- Empresas de auditoria — também têm muitos contatos com empresas e são muito úteis na *due diligence*. As principais empresas de auditoria também possuem departamentos de *corporate finance*, prestando serviços em todas as fases de uma fusão ou aquisição, exceto para os clientes que são auditados por estas. Empresas bem geridas que querem ser vendidas, antes de entrarem em um processo de negociação com seus interessados, podem fazer um trabalho de pré-*due diligence*, antecipando-se aos problemas futuros e utilizando este trabalho para tomarem atitudes a fim de reduzir as contingências e precaverem-se contra as reduções de preço na fase de negociação.

- Consultores ou executivos não especializados: podem ser executivos, consultores, advogados, auditores, dentre outros. Alguns já podem prestar seus serviços há muito tempo para a empresa e gozar da confiança dos sócios. Executivos e consultores que prestam serviços generalistas a seus clientes podem ser muito bons nesses serviços, mas não se pode esperar a mesma perícia em transações complexas para alguns destes, simplesmente porque não são especializados nisso. Lidar com transações de empresas requer conhecimento que somente é adquirido com a prática nesse tipo de operação. Alguns podem, no fundo, estar correndo apenas atrás de seus próprios interesses, temendo perder a conta ou o emprego.

Identificamos, ao longo dos últimos 15 anos, vários indivíduos que foram escalados para participar de processos de fusões e aquisições e que tinham uma resistência passiva a executar os interesses de seus contratantes; outros que boicotaram abertamente ou veladamente a realização dos planos que lhes foram atribuídos. Outros consultores ou executivos, seja por lealdade e boa vontade, seja por estarem alinhados com seus contratantes pela expectativa de uma premiação financeira ou de outros benefícios, foram buscar apoio especializado para a consecução de transações.

Um proprietário que valoriza a contribuição positiva, por vezes de anos e anos, não se esquece de velhos aliados no momento da venda de sua empresa e pré-combina uma forma de premiar essas pessoas. Além do lado ético da relação, isso evita um desalinhamento explícito ou velado, aumentando as chances de sucesso de uma transação. Em comparação com o que pode ser perdido com uma transação ligeiramente mal valorada ou executada, esse é um custo ínfimo.

9.9 O mandato

Segue adiante uma lista das principais cláusulas existentes em um contrato de compra e venda de empresas e a razão de existir

delas. Obviamente, é uma lista não exaustiva, dado que cada instituição utiliza um modelo de contrato. Entretanto, a leitura deste item
servirá para que os executivos entendam o motivo de tais cláusulas
nos contratos de assessorias em F&A.

9.9.1 Objetivo do contrato de assessoria

Muitos empresários estão expostos a oportunidades de negócios que mudam com o passar do tempo, assim como seus projetos
de vida. Empresas são projetos de vida de muitos, mas quando deixam
de fazer parte dos projetos de seus sócios, pode ser a hora de vendê-
-las. Subitamente, boas oportunidades de continuar no negócio
podem aparecer para quem quer vender e boas oportunidades de
venda total podem aparecer para quem quer ser um investidor. Como
o futuro não pode ser previsto com clareza, bons contratos de assessoria contemplam todas as possibilidades de negociação e não têm
um fim específico como a compra de uma única empresa ou a sua
venda total.

9.9.2 Confidencialidade

Embora consultores profissionais tenham o sigilo e a discrição
como metas a serem observadas, é necessário o compromisso de
confidencialidade entre o assessor e o cliente, e pode ser necessário
entre o cliente e seus alvos ou potenciais investidores. O compromisso ajustado, em tese, poderá ser utilizado como prova em caso de
descumprimento de suas cláusulas por uma das partes. Na prática,
entretanto, isto não ocorre dado que é difícil provar um vazamento
de informação e identificar claramente a origem da quebra da confidencialidade, fazendo que o NDA seja um compromisso moral
entre seus assinantes.

9.9.3 Exclusividade

Uma transação leva, em condições normais, de 6 a 18 meses,
em média normalmente por volta de 12 meses. Por isso, a principal

cláusula de um contrato de assessoria de intermediação de negócios é a de exclusividade.

Nenhum assessor sério aceita um cliente sem ter exclusividade para negociar a empresa e retribuir ao cliente a mesma cláusula, ou seja, não assessorar empresas do mesmo setor/região em projetos com a mesma finalidade. Foi notório em São Paulo o caso da instituição financeira que tinha 7 corretores tentando vendê-la. Anos depois, quando o cliente percebeu o erro de não conferir a exclusividade, cancelou o contrato com os corretores e firmou contrato exclusivo com um assessor profissional, e o negócio foi finalizado. Por questões de confidencialidade, os autores se reservaram o direito de não declarar o nome da empresa envolvida.

Usineiros são famosos por querer conhecer o investidor antes de outorgar o mandato. Empresários que não conhecem as práticas saudáveis de fusões e aquisições agem da mesma forma. Entretanto, em muitos setores, o difícil não é achar o comprador, dado que grande parte dos consultores chega a ter uma lista de candidatos 50% semelhante à de qualquer bom leitor de jornais e magazines. Bons assessores buscam informações em outras fontes e começam a se diferenciar dos corretores. Bancos com unidades de negócios em diversos países e butiques financeiras conseguem acesso a uma quantidade maior de nomes utilizando seus pares no exterior e se diferenciam de assessores focados apenas no mercado interno. O difícil é conseguir a exclusividade de clientes ainda não acostumados à arena competitiva das aquisições. Esta cláusula protege a confidencialidade do processo, concentra os esforços em uma única empresa e propicia ao assessor a possibilidade de selecionar a melhor oferta para o cliente (não a mais rápida) e a empolgação para lutar pela melhor oferta possível.

O assessor, por seu lado, consegue trabalhar com calma, sem o risco de ser frustrado por ter trabalhado anos em um projeto e ver um concorrente fazer o negócio, e assim pode maximizar os resultados para todos.

Corretores de empresas e assessores não especializados tentam se aproveitar do fato de empresários que não conhecem este mercado e acabam comprometendo a credibilidade de empresas sérias, aceitando mandatos não exclusivos para trabalharem por conta de uma assessoria sem remuneração fixa e sem exclusividade, os dois pilares de um contrato sério de compra e venda de empresas.

9.9.4 O valor da comissão e a importância da remuneração fixa

Os assessores de fusões e aquisições cuidarão da *valuation*, da busca de compradores/vendedores, da apresentação da oportunidade aos nomes selecionados e do acompanhamento de todo o processo. Eles normalmente possuem equipes não muito grandes, mesmo os grandes *players*, custos moderados com informações, mas um alto custo com pessoal e um custo de oportunidade maior ainda. Aceitar clientes que não deveriam ter sido aceitos pode significar deixar de fazer este negócio em específico e o outro que foi preterido. É prática usual dos *advisors* receber suas remunerações de duas formas:

1) A fixa ou inicial, que normalmente serve para cobrir os custos fixos do assessor e ganhos modestos, mas serve para o cliente se comprometer com o projeto, para ele colaborar com o rápido e eficiente envio das informações e cobrar o *advisor* sobre o andamento da transação. Algumas poucas assessorias aceitam clientes que não pagam o famoso *retainer*, porque sabem que isso cria duas classes de clientes. Os que pagam terão bons serviços.

2) A comissão de sucesso normalmente varia pouco entre os *players* sérios deste mercado e, para o cliente, nem sempre o assessor mais barato será o melhor. Aspectos como ética, conhecimento do mercado, credenciais no setor ou experiência comprovada de que poderá conduzir a oportunidade para uma transação bem-sucedida estão entre as mais importantes. Utilizar a criatividade para definir a remuneração do assessor pode ser um excelente diferencial que fará um *advisor* ser escolhido, em especial se esta taxa de sucesso deixá-lo

alinhado com o contratante. Um bom exemplo é um contrato de assessoria com um comprador de empresas no qual o aumento da comissão do assessor estava ligado à redução do valor da empresa em relação ao quanto foi pedido inicialmente pelos sócios vendedores. Outro caso também interessante é o de uma empresa que já tinha uma oferta de um interessado e o assessor desenvolveu uma remuneração variável baixa para o valor que foi oferecido e um alto percentual de sucesso para o quanto fosse agregado de valor em relação à oferta inicial.

9.9.5 Rejeição da carta de intenções (cláusula de marola)

Alguns empresários chegam a contratar assessores para ter uma *"valuation* real" de suas empresas extraída das propostas recebidas. Entretanto, um *valuation* por fluxo de caixa (descontado ou por múltiplos) bem elaborado poderia indicar um valor real para a empresa analisada, sem a exposição das partes em um processo negocial. Outros dizem querer fazer uma transação, mas não estão convencidos intimamente disso e não evoluem quando as propostas começam a aparecer.

Por isso, alguns *advisors* experientes incluem em seus contratos uma cláusula segundo a qual, se uma oferta acima de determinado patamar de preço com os nomes que foram aprovados pelo cliente for recebida e negada, a comissão de sucesso ou parte desta deve ser paga pelo cliente como uma espécie de compensação financeira, dado que o assessor fez seu trabalho. Eis o que alguns assessores denominam "cláusula de marola".

9.9.6 Concretização posterior

Muito tempo se leva para preparar uma avaliação, um memorando de informações e para conhecer de fato o cliente e seus possíveis investidores ou alvos.

Como os contratos podem ser elaborados com um prazo fixo ou ser suspensos inexplicadamente pelo cliente, é comum a inserção de uma cláusula que protege o assessor e garante a sua remuneração caso a transação ocorra em determinado período após o contrato ter expirado ou ser suspenso, uma vez que a negociação pode ter ocorrido com a presença do assessor e os pilares de uma transação podem ter sido estabelecidos à época em que o contrato estava vigente.

9.10 Transações futuras com o investidor

Outra cláusula típica em vendas parciais de ações de um capital social é a inclusão do assessor na negociação da venda de outras parcelas subsequentes à transação inicial ou mesmo na venda do capital remanescente para o mesmo investidor, dado que é mais difícil vender a parte do que o todo.

9.11 Arbitragem

A arbitragem também pode ser prevista, pois é muito mais ágil do que a justiça comum e muitas empresas de governança elevada preferem solucionar seus problemas em câmaras de arbitragem do que perante o Poder Judiciário.

9.12 Considerações finais

Este capítulo apresentou as principais formas de se encontrar uma empresa a ser adquirida: a busca direta dos alvos pelo próprio interessado ou o recebimento de uma abordagem externa.

Independentemente da forma, um modelo de *checklist* foi proposto para se analisar as chances de sucesso de uma operação de fusão ou aquisição.

Por fim, apresentamos os principais tipos de consultores de F&A e as cláusulas típicas de um contrato de intermediação com um assessor financeiro e, não menos importante, os casos citados e as experiências profissionais interessantes relatadas neste capítulo.

REFERÊNCIAS

HILL SAMUEL BANK LIMITED. **Mergers, acquisitions and alternative corporate strategies**. London: W. H. Allen & Co., Mercury Books Division, 1992.

LAJOUX, Alexandra Reed. **The art of M&A integration**. New York: McGraw-Hill, 1998.

NEVES, João Carvalho. **ABC das fusões e aquisições.** Lisboa: IAPMEI, 1999.

10 FUSÕES, AQUISIÇÕES, REORGANIZAÇÕES SOCIETÁRIAS E *DUE DILIGENCE*: O CONTROLE DO CADE

Vicente Bagnoli

Professor do Programa de Educação Executiva da Direito GV (GVlaw) e Professor Adjunto da Faculdade de Direito da Universidade Presbiteriana Mackenzie; doutor em Filosofia e Teoria Geral do Direito pela Universidade de São Paulo – USP; mestre em Direito Político e Econômico pela Faculdade de Direito da Universidade Presbiteriana Mackenzie; consultor não governamental da International Competition Network — ICN; sócio de Vicente Bagnoli Advogados.

10.1 Introdução

Tradicionalmente, as empresas que promovem fusões e aquisições (M&A's; *mergers and acquisitions*), como também reorganizações societárias, as *due diligences* e, ainda, a aquisição de participações, cisões e *joint ventures* apresentam motivações econômicas para a efetivação de tais processos.

Dentre as motivações econômicas, podem-se listar algumas. A busca de eficiências, com economias de escala e de escopo, acesso à inovação tecnológica, custo de capital e economias tributárias. Estratégias de consolidação e o preenchimento do espaço de produtos. Aumento da velocidade de crescimento com o acesso a mercados e vantagens de propriedade de ativos únicos. Aumento do poder de mercado com integrações horizontais, verticais e conglomeradas. Busca de poder compensatório que se contraponha ao poder prevalecente de uma dada contraparte. Por fim, outros fatores específicos, tais como a transição de gerações.

Outrossim, deve-se observar que em situações de crise, como no contexto da recente crise econômica mundial, diversas empresas se depararam com a impossibilidade de continuarem no exercício da sua atividade. As soluções encontradas diante da iminente falência da empresa foram a intervenção do Estado com vultosos aportes financeiros ou a sua aquisição, via de regra, por um concorrente, justificando-se pela teoria da *failing firm* ou *failing company defense*.

A empresa que promove uma concentração econômica o faz, portanto, em razão das eficiências econômicas que vislumbra no cenário pós-concentração ou, simplesmente, com o intuito de eliminar a concorrência. De qualquer forma, a concentração, sobretudo entre concorrentes, por si só já é uma limitação à concorrência. Justamente por isso, ganham maior relevância a análise e o controle dessas operações pelas autoridades concorrenciais, que devem verificar se os benefícios decorrentes da concentração serão distribuídos equitativamente entre os seus participantes, de um lado, e os consumidores ou usuários finais, de outro.

A análise do controle efetuado pelo Conselho Administrativo de Defesa Econômica — CADE, em casos de concentração econômica para assegurar a livre concorrência no mercado, é algo que começou a ganhar destaque no Brasil a partir da segunda metade da década de 1990 e a sua análise será pormenorizada nos itens 2 e 3 do presente artigo. No item 2 será tratado o Sistema Brasileiro de Defesa da Concorrência e a Lei de Defesa da Concorrência, tanto a n. 8.884/94, quanto a n. 12.529/2011, enquanto o item 3 é dedicado a uma abordagem prática do controle do CADE, ou seja, dos atos de concentração.

Antes, porém, observa-se que a defesa da concorrência é algo que teve início no final do século XIX.

No começo da aplicação da legislação antitruste, algo que se estendeu por quase meio século após a promulgação do *Sherman Act* em 1890, considerado o marco legal do Direito da Concorrência, os seus idealizadores e os tribunais centravam suas análises nas atividades visivelmente anticompetitivas dos trustes, não recorrendo à teoria econômica. Os economistas, por sua vez, não encaravam os grandes conglomerados como problemas de tal magnitude e viam na regulação direta um meio mais adequado para se lidar com os monopólios, em desprezo à lei.

Com o passar dos anos, os Estados Unidos começam a utilizar a legislação antitruste como um importante instrumento de política econômica, já que a manutenção da concorrência protegeria o interesse público de uma sociedade pautada na livre iniciativa e igualdade de oportunidades.

A primeira interpretação econômica da legislação antitruste merecedora de destaque é a leitura harvardiana de Areeda e Turner que, conjugando elementos pró-eficiência e pró-liberdades, entende que nos mercados competitivos o poder não se concentra nas mãos de apenas alguns; consumidores, fornecedores e novas empresas possuem alternativas e oportunidades reais[1].

A Escola de Harvard, pregando a *workable competition*, aponta que as excessivas concentrações de poder econômico devem ser evitadas, pois podem resultar em disfunções que prejudicam as próprias relações econômicas. Esse entendimento está diretamente relacionado ao problema do número de agentes econômicos em atuação num determinado setor. Busca-se a concorrência como um fim em si mesma, com a manutenção ou aumento do número de participantes no mercado. A tese defendida pela Escola de Harvard pode ser resumida com a seguinte frase: *small is beautiful*.

Na década de 1950 com os estudos do economista Aaron Director, surge a "Escola de Chicago", a maior expressão contrária à então teoria econômica em direito antitruste, que vem demonstrar por que as normas de concorrência são essenciais na orientação do comportamento econômico dos agentes. Para isso, desenvolve-se na Universidade de Chicago a tradição econômica neoclássica, apresentando uma expressão que para seus discípulos é sinônimo de sistema antitruste: "eficiência"[2].

De maneira simplificada, pode-se dizer que "eficiência" para os economistas neoclássicos é a habilidade de produzir a custos menores, não se confundindo com "desenvolvimento tecnológico", já que para eles os ganhos em escala decorrem da produção em massa

---

[1] FORGIONI, Paula A. **Os fundamentos do antitruste**. São Paulo: Revista dos Tribunais, 1998, p. 156.

[2] SALOMÃO FILHO, Calixto. **Direito concorrencial**: as estruturas. São Paulo: Malheiros, 1998, p. 18 e 19.

e, consequentemente, da redução dos preços para os consumidores. A "eficiência" estaria estritamente ligada ao bem-estar do consumidor, pois reduzindo os custos se reduziriam os preços das mercadorias.

Entendem os teóricos neoclássicos, como Bork, Bowman, Mac Gee, Telser e Posner, que é suficiente ao direito antitruste se deter na "eficiência", já que daí se presumem os benefícios da distribuição equitativa com os consumidores, derivada da "racionalidade" monopolista. Assim, as concentrações econômicas não são tidas como um mal per se e que devam ser restringidas ou evitadas[3].

Já a Escola ordoliberal de Freiburg, surgida na Alemanha dos anos 1930, deu força às ideias de Adam Smith, identificando a economia de mercado com o direito, por meio das normas de Direito Concorrencial. Para os estudiosos da Escola ordoliberal, o que garante o funcionamento econômico de uma economia de mercado é, essencialmente, a "garantia da competição", uma vez que não é possível prever todos os efeitos e selecionar os desejados, de maneira a organizar a elaboração da lei e sua posterior aplicação[4].

Seja qual for a Escola que estuda a defesa da concorrência, sabe-se que, em uma economia de mercado, na qual estão envolvidos diversos relacionamentos econômicos (trocas), a concorrência é algo fundamental, uma vez que ela, além de possibilitar maior variedade de produtos e o aprimoramento na qualidade destes, contribui diretamente para a redução de preços, assegurando o bem-estar econômico do consumidor. A concorrência se revela a essência da relação de equilíbrio entre a oferta e a procura.

Pode-se então conceituar que Direito da Concorrência é o ramo do Direito Econômico cujo objeto é o tratamento jurídico da

---

[3] FORGIONI, Paula A. **Os fundamentos do antitruste**. São Paulo: Revista dos Tribunais, 1998, p. 158 e 159.

[4] SALOMÃO FILHO, Calixto. **Direito concorrencial**: as estruturas. São Paulo: Malheiros, 1998, p. 21-23.

política econômica de defesa da concorrência, com normas a assegurar a proteção de interesses individuais e coletivos, em conformidade com a ideologia adotada no ordenamento jurídico.

10.2 O Sistema Brasileiro de Defesa da Concorrência

Sistema Brasileiro de Defesa da Concorrência (SBDC) é como se convencionou designar a atuação dos órgãos do governo competentes para a prevenção e repressão às infrações contra a ordem econômica em todo o território nacional, bem como para a difusão da cultura da defesa da concorrência. O SBDC é integrado pela Secretaria de Acompanhamento Econômico (SEAE) do Ministério da Fazenda, pela Secretaria de Direito Econômico (SDE) do Ministério da Justiça e pelo Conselho Administrativo de Defesa Econômica (CADE), autarquia vinculada ao Ministério da Justiça, que atuam à luz da Lei n. 8.884, de 11 de junho de 1994, a Lei de Defesa da Concorrência.

A SEAE e a SDE são os órgãos encarregados da instrução dos processos, enquanto o CADE é a instância judicante administrativa. As decisões do CADE não comportam revisão no âmbito do Poder Executivo, podendo ser revistas apenas pelo Poder Judiciário. Tais órgãos, cuja atividade principal é a defesa da concorrência, atuam na análise de operações de concentração, a fim de verificar eventual possibilidade de grande concentração nos mercados e exercício de poder econômico, para então decidir se tal operação pode ou não ser aprovada, bem como atuam na análise de condutas praticadas por agentes econômicos e se tal prática implica prejuízo à concorrência, quando então deve ser reprimida.

Nesse sentido, a Lei de Defesa da Concorrência, orientada pelos ditames constitucionais da liberdade de iniciativa, livre concorrência, função social da propriedade, defesa dos consumidores e repressão ao abuso do poder econômico, é aplicada, sem prejuízo de convenções e tratados de que seja signatário o Brasil, às práticas econômicas no todo ou em parte no território nacional ou que nele produzam ou possam produzir efeitos. Ou seja, mesmo que a concentração empresarial ocorra fora do território nacional, mas nele possa produzir efeitos, o CADE é competente para analisar a operação e até mesmo vetá-la no que diz respeito ao Brasil. Quanto à coletividade, é a titular dos bens protegidos pela Lei. Entende-se, assim, que a Lei de Defesa da Concorrência defende a concorrência, ou seja, o mercado e, consequentemente o bem-estar econômico do consumidor. Defendendo-se a concorrência, defende-se a sociedade, a coletividade.

Com o advento da Lei n. 12.529, de 30 de novembro de 2011 — a Nova Lei de Defesa da Concorrência, que entrará em vigor aos 30 de maio de 2012, pelo fato de ter sido republicada em 1º de dezembro de 2011, o Sistema Brasileiro de Defesa da Concorrência — SBDC foi legalmente estruturado. O SBDC passa a ser formado pelo Conselho Administrativo de Defesa Econômica — CADE e pela Secretaria de Acompanhamento Econômico do Ministério da Fazenda — SEAE.

O CADE é entidade judicante com jurisdição em todo o território nacional, vinculada ao Ministério da Justiça, constituído pelos seguintes órgãos: (i) Tribunal Administrativo de Defesa Econômica; (ii) Superintendência-Geral; e (iii) Departamento de Estudos Econômicos. À SEAE compete promover a concorrência em órgãos de governo e perante a sociedade.

A Nova Lei de Defesa da Concorrência também dispõe sobre a prevenção e repressão às infrações contra a ordem econômica, orientada pelos ditames constitucionais de liberdade de iniciativa, livre concorrência, função social da propriedade, defesa dos consumidores e repressão ao abuso do poder econômico.

Pode-se dizer que a Defesa da Concorrência possui dois focos de atuação, nos termos da Lei: repressivo (condutas anticoncorrenciais) e preventivo (estrutural — concentrações econômicas).

O foco repressivo é tratado nos arts. 20 e 21 da Lei (art. 36 da Nova Lei), de modo que as infrações contra a ordem econômica são as condutas adotadas por agentes econômicos contrárias às relações da livre concorrência e capazes de alterar o equilíbrio do mercado. Tem-se, portanto, que infração à ordem econômica é o ato que tenha por objetivo ou efeito concreto, independentemente da intenção do agente, e mesmo que não alcançado, os seguintes efeitos: (i) limitar, falsear ou de qualquer forma prejudicar a livre concorrência ou a livre iniciativa; (ii) dominar mercado relevante de bens ou serviços; (iii) aumentar arbitrariamente os lucros; e (iv) exercer de forma abusiva posição dominante.

No tocante ao foco preventivo da defesa da concorrência, a matéria está disposta basicamente no art. 54 da Lei (art. 88 da Nova Lei), que trata dos atos de concentração, do qual resulta "o controle do CADE", tema que será abordado no último item deste artigo, assim também intitulado.

Contudo, antes de abordar o controle do CADE, faz-se necessário trabalhar alguns conceitos essenciais para a compreensão do tema.

Primeiramente cumpre observar que, seja qual for a forma societária adotada — fusões, aquisições, reorganizações societárias e ainda aquisição de participações e *joint ventures* —, as concentrações econômicas tradicionalmente são classificadas em: (i) concentrações horizontais; (ii) concentrações verticais; e (iii) concentrações conglomeradas.

Entendem-se por concentrações horizontais aquelas que ocorrem entre concorrentes, ou seja, entre agentes que atuam num mesmo mercado relevante. As concentrações verticais se dão entre agentes que atuam nos diferentes estágios de uma cadeia produtiva, frequentemente existindo uma relação comercial de fornecimento de produtos/serviços entre esses agentes. Já as concentrações conglomeradas significam o crescimento de um agente mediante a concentração com outro agente, que não seja seu concorrente (caso contrário, ter-se-ia uma concentração horizontal), tampouco fornecedor ou cliente (em que ocorreria uma concentração vertical).

As concentrações econômicas, portanto, sejam elas verticais, horizontais ou conglomeradas, ocorrem sempre em um mercado. Para tanto e até para analisar os efeitos no mercado da concentração, faz-se necessário definir o mercado relevante da operação.

A expressão mercado relevante é a tradução literal da língua inglesa de *relevant market*, cujo sentido é o de determinar o mercado em questão, o *locus* pertinente à análise concorrencial de determinada conduta ou operação. Delimitar o mercado relevante é fundamental para que se proceda à análise de efeitos competitivos potenciais de operações entre empresas que resultem em concentrações de mercado, ou de efeitos competitivos de condutas adotadas por empresas em condição de impor seus interesses ao mercado, uma vez que é nesse espaço que a autoridade de defesa da concorrência deverá atuar, prevenindo ou reprimindo eventuais abusos concorrenciais.

A análise do mercado relevante engloba duas conceituações distintas, mas inseparáveis: mercado relevante material e mercado relevante geográfico. Entretanto, para a análise concorrencial, pode-se definir objetivamente mercado relevante como a menor área geográfica onde se encontra o menor agregado de produtos ou serviços substitutos.

O mercado relevante material, assim denominado e que incorpora produtos e serviços, compreende todos os produtos e serviços considerados pelos consumidores "substituíveis" entre si em razão de suas características, preços e utilização. As diversas características dos produtos e serviços e o modo como os consumidores percebem a capacidade de utilização desses produtos e serviços concorrem para a determinação do mercado, ou dos mercados, nos quais os produtos são vendidos e os serviços prestados.

O mercado relevante geográfico compreende a área na qual os agentes econômicos ofertam e procuram produtos ou serviços em condições concorrenciais equivalentes de preços, preferências dos consumidores e características dos produtos ou serviços. Isso dependerá da característica do bem procurado, dos custos de transação e em particular do custo de transporte. No caso de esses custos serem baixos em relação ao valor do produto, é possível ingressar em mercados distantes. Por outro lado, sendo o custo de transporte muito elevado, o acesso ao mercado só poderá ser feito por empresas localizadas próximo aos locais de consumo.

Devem-se, ainda, identificar os obstáculos ao ingresso de empresas situadas fora dessa área para ofertarem produtos ou serviços — barreiras à entrada, como também a possibilidade de empresas ingressarem nesse mercado quando da elevação dos preços pela empresa nele já situada.

As barreiras à entrada dizem respeito ao desestímulo ao ingresso dos novos entrantes (concorrentes) no mercado, ou seja, fatores existentes num mercado que colocam um potencial concorrente em desvantagem em relação aos agentes econômicos já estabelecidos, dentre os quais podemos citar: (i) custos fixos elevados; (ii) custos irrecuperáveis ou afundados (*sunk costs*); (iii) barreiras legais ou regulatórias; (iv) recursos de propriedade das empresas instaladas; (v) economias de escala ou de escopo; (vi) grau de integração da cadeia produtiva; (vii) fidelidade dos consumidores às marcas; e (viii) a ameaça de reação dos competidores instalados.

Os conceitos apresentados, ainda que sucintamente, são fundamentais para analisar qualquer ato de concentração e compreender o controle exercido pelo CADE para garantir o funcionamento dos mercados com a defesa da livre concorrência, conforme é apresentado no próximo e conclusivo item deste artigo.

10.3 O controle do CADE

À luz dos princípios constitucionais dispostos nos incisos do art. 170 da Carta Magna, norteadores da ordem econômica, a qual valoriza o trabalho humano e a livre iniciativa, dentre os quais se destaca a propriedade privada, garante-se a liberdade, e o direito, da realização de fusões, aquisições e reorganizações societárias, por exemplo, pelos agentes econômicos no mercado. Mas a própria ordem econômica, cuja finalidade é assegurar a existência digna, conforme preceitos da justiça social, está também pautada em outros princípios, como a função social da propriedade, a defesa do consumidor e a livre concorrência.

A Constituição Federal dispõe ainda no seu § 4º do art. 173 que a lei reprimirá o abuso do poder econômico que vise à dominação dos mercados, à eliminação da concorrência e ao aumento arbitrário dos lucros. Tal determinação constitucional está em conformidade com o princípio da livre concorrência.

Neste sentido, a Lei n. 8.884/94 trata da prevenção aos abusos do poder econômico, por meio do controle de atos e contratos realizado pelo CADE, conforme assim disposto no art. 54:

> Art. 54. Os atos, sob qualquer forma manifestados, que possam limitar ou de qualquer forma prejudicar a livre concorrência, ou resultar na dominação de mercados relevantes de bens ou serviços, deverão ser submetidos à apreciação do CADE.

A leitura do *caput* do art. 54 revela a abrangência dos casos em que se deve submeter uma operação à análise do CADE, pois é ele o órgão competente para aprová-la ou não. Contudo, resta a dúvida em saber em quais situações se deve apresentar uma operação, já que o prejuízo à concorrência ou a dominação de mercado são conceitos subjetivos, que na defesa das partes envolvidas certamente jamais ocorrerão.

Cumpre, entretanto, desde já ressaltar o entendimento de que é o CADE que decidirá se a operação pode limitar ou prejudicar a livre concorrência ou resultar na dominação de mercados relevantes de bens ou serviços, devendo as partes requerentes submetê-lo.

Felizmente, o legislador incluiu no texto legal dois critérios objetivos que auxiliam as partes envolvidas numa operação a saber se deverão submeter o ato ao CADE, assim dispostos no § 3º do art. 54, da Lei n. 8.884/94:

> § 3º Incluem-se nos atos de que trata o *caput* aqueles que visem a qualquer forma de concentração econômica, seja através de fusão

ou incorporação de empresas, constituição de sociedade para exercer o controle de empresas ou qualquer forma de agrupamento societário, que implique participação de empresa ou grupo de empresas resultante em vinte por cento de um mercado relevante, ou em que qualquer dos participantes tenha registrado faturamento bruto anual no último balanço equivalente a R$ 400.000.000,00 (quatrocentos milhões de reais).

A partir dos critérios objetivos do § 3º do art. 54 da Lei de Defesa da Concorrência, tem-se que em qualquer operação em que as partes envolvidas detenham, mesmo que isoladamente (antes do ato), 20% de participação em um mercado relevante, ou uma das partes tenha registrado, por si ou conjuntamente com o grupo econômico a que esteja ligada, faturamento bruto anual de R$ 400 milhões, essa operação deve ser submetida à apreciação do CADE, que decidirá se ela limita ou prejudica a livre concorrência ou resulta na dominação de mercados relevantes de bens ou serviços. Ou seja, os requisitos para se submeter uma operação à análise do CADE estão na verdade no § 3º do art. 54 e não no *caput* desse artigo.

Neste sentido, no Ato de Concentração n. 08012.004707/2007-42, referente à aquisição do negócio Gerber da Novartis Biociência S.A. pela Nestlé Brasil Ltda., escreveu em seu voto (fls. 03) o Conselheiro-Relator, Luis Fernando Rigato Vasconcellos, que "a partir da análise dos autos, verifica-se que a operação está subsumida aos termos do § 3º do art. 54 da Lei 8.884/94, em função da participação acima de 20% no mercado relevante e em função do faturamento".

Contudo, quando da aplicação do critério de faturamento, conforme entendimento sumulado do CADE desde outubro de 2005 (Súmula 1 do CADE), é relevante o faturamento bruto anual registrado exclusivamente no território brasileiro pelas empresas ou grupo de empresas participantes do ato de concentração.

Outro entendimento sumulado pelo CADE para trazer maior segurança jurídica dispõe que a aquisição de participação minoritária sobre capital votante pelo sócio que já detenha participação majoritária não configura ato de notificação obrigatória de que trata o art. 54 da Lei, desde que observadas as circunstâncias determinadas na Súmula 2 do CADE, de agosto de 2007, quais sejam:

> (i) o vendedor não detinha poderes decorrentes de lei, estatuto ou contrato de (i.a) indicar administrador, (i.b) determinar política comercial ou (i.c) vetar qualquer matéria social e (ii) do(s) ato(s) jurídico(s) não constem cláusulas (ii.a) de não concorrência com prazo superior a cinco anos e/ou abrangência territorial superior à de efetiva atuação da sociedade objeto e (ii.b) de que decorra qualquer tipo de poder de controle entre as partes após a operação.

Oportuno transcrever o item 2 do voto (fls. 2) do Conselheiro-Relator, Paulo Furquim de Azevedo, proferido nos autos do Ato de Concentração n. 08012.000321/2006-81, requerentes BGPar S.A. e outras:

> Conforme relatado, a presente operação retrata o aumento da participação da CCR na Rodonorte, no Coparques e na Parques, empresas em que a CCR já detinha o controle integral, tratando-se, portanto, de mera **reestruturação societária**. Como tal, não foi realizado efetivamente um **ato de concentração**, uma vez que não se constata qualquer mudança de controle decorrente da operação em pauta, não havendo que se falar em necessidade de sua subsunção.

> Em consequência, e observando não apenas uma mesma linha de entendimento deste Colegiado em situações análogas anteriores, como também, e principalmente, os termos da legislação de proteção à concorrência, considero que o ato realizado não exige, para a sua eficácia, a aprovação deste Egrégio Plenário, eis que não se inclui entre aqueles que o art. 54 da Lei n. 8.884/94 visa a prevenir.

Com o advento da Lei n. 12.529, de 30 de novembro de 2011 — a Nova Lei de Defesa da Concorrência, nos termos do art. 90, realiza-se um ato de concentração quando: (i) duas ou mais empresas anteriormente independentes se fundem; (ii) uma ou mais empresas adquirem, direta ou indiretamente, por compra ou permuta de ações, quotas, títulos ou valores mobiliários conversíveis em ações, ou ativos, tangíveis ou intangíveis, por via contratual ou por qualquer outro meio ou forma, o controle ou partes de uma ou outras empresas; (iii) uma ou mais empresas incorporam outra ou outras empresas; ou (iv) duas ou mais empresas celebram contrato associativo, consórcio ou *joint venture*.

Ressalta-se que diferentemente do entendimento sumulado pelo CADE (Súmula 3) à luz da Lei n. 8.884/1994, com a Nova Lei de Defesa da Concorrência (parágrafo único do art. 90) não serão considerados atos de concentração os descritos no inciso IV do art. 90, quando destinados às licitações promovidas pela administração pública direta e indireta e aos contratos delas decorrentes.

Quanto à submissão das operações, a Nova Lei dispõe em seu art. 88 que serão submetidos ao CADE pelas partes envolvidas na operação os atos de concentração econômica em que, cumulativamente: (i) pelo menos um dos grupos envolvidos na operação tenha registrado, no último balanço, faturamento bruto anual ou volume de negócios total no País, no ano anterior à operação, equivalente ou superior a R$ 400 milhões; e (ii) pelo menos um outro grupo envolvido na operação tenha registrado, no último balanço, faturamento bruto anual ou volume de negócios total no País, no ano anterior à operação, equivalente ou superior a R$ 30 milhões.

Verifica-se, assim, a inclusão de mais uma "trava", ou seja, além do faturamento de R$ 400 milhões de uma das partes envolvidas na operação, outra parte também envolvida no negócio deverá ter registrado faturamento de R$ 30 milhões. Outrossim, seguindo a tendência mundial das autoridades e das legislações de defesa da concorrência, exclui-se o critério de participação de mercado, restando apenas o critério de faturamento para submissão de operação ao controle do CADE. Espera-se, com essas mudanças, reduzir o número de operações submetidas ao CADE, que alocaria melhor os seus recursos (tempo e pessoal) para analisar operações mais relevantes.

Quanto ao prazo para a submissão das operações para o controle do CADE, nos termos da Lei n. 8.884/94 pode ser feita previamente (controle preventivo) ou, como comumente praticado, em até 15 dias úteis de sua realização (controle posterior). Nos termos do art. 98 da Resolução CADE n. 45, de 28 de março de 2007, considera-se como o momento da realização do ato a data da celebração do primeiro documento vinculativo.

Recentemente o CADE sumulou o seu entendimento quanto ao momento da submissão das operações. As Súmulas 8 e 9, de 2010, dizem, respectivamente, que

> Para fins da contagem do prazo de que trata o § 4º do artigo 54 da Lei 8.884/94, considera-se realizado o ato de concentração na data da celebração do negócio jurídico e não da implementação de condição suspensiva.

> E, para fins da contagem do prazo de que trata o § 4º do artigo 54 da Lei 8.884/94, considera-se realizado o ato de concentração na data de exercício da opção de compra ou de venda e não o do negócio jurídico que a constitui, salvo se dos correspondentes termos negociais decorram direitos e obrigações que, por si sós, sejam capazes de afetar, ainda que apenas potencialmente, a dinâmica concorrencial entre as empresas.

Nos termos da ementa do Ato de Concentração n. 08012.005617/2010-74, requerentes Abu Dabhi Mar L.L.C. e Thyssenkrupp Marine System AG, a operação foi aprovada sem restrições, contudo aplicada multa por intempestividade na submissão ao controle do CADE. Nos termos do Voto-Vogal (fls. 03), do Presidente Artur Badin:

> (...) a presunção prevista no art. 54, § 3º, já incide no momento em que o "Contrato de Compra e Venda" entra no (plano da existência do) mundo jurídico, pois que da sua assinatura já podem (= há a potencialidade) decorrer *efeitos naturalísticos* prejudiciais à concorrência.

Destaca-se ainda que nos atos de concentração realizados com o propósito específico de participação em licitação pública, conforme dispõe a Súmula 3 do CADE, de 2007, o termo inicial da contagem do prazo para submissão da operação à análise da autoridade de defesa da concorrência é a data da celebração do contrato de concessão.

Neste sentido, por exemplo, os termos do voto do Conselheiro-Relator (fls. 03), Luis Fernando Rigato Vasconcellos, no Ato de Concentração n. 08012.000149/2004-01, requerentes: Companhia de Gás do Amapá — GASAP, Petrobras Gás S/A — Gaspetro e CS Participações Ltda.:"O primeiro documento vinculativo da operação foi o Contrato de Concessão, firmado em 1º de dezembro de 2003. O ato foi apresentado perante o SBDC aos 09/01/2004, dentro do prazo legal de 15 dias úteis, o que caracteriza a sua *tempestividade*".

Recorda-se, como já mencionado, que nos termos da Nova Lei de Defesa da Concorrência não serão considerados atos de concentração os descritos no inciso IV do art. 90, quando destinados às licitações promovidas pela administração pública direta e indireta e aos contratos delas decorrentes.

A intempestividade na submissão das operações resulta em pena de aplicação de multa pecuniária, de valor não inferior a aproximadamente R$ 60 mil nem superior a R$ 6 milhões, a ser aplicada pelo CADE, sem prejuízo da abertura de processo administrativo, nos termos do art. 32 da Lei. Nos casos de intempestividade, para o cômputo da multa aplica-se a Resolução n. 44 do CADE, de 2007. A multa é assim calculada: (i) multa-base equivalente a aproximadamente R$ 60 mil, acrescida de R$ 600,00 por dia de atraso, a partir do segundo dia; (ii) a multa-base será considerada em dobro em caso de reincidência; (iii) nos casos em que a média aritmética dos faturamentos brutos dos grupos a que pertencem os requerentes da operação no Brasil, no exercício anterior ao da apresentação da operação, exceder R$ 400 milhões, será acrescido à multa-base o equivalente a 0,005% do faturamento médio dos grupos dos requerentes, respeitado o limite de aproximados R$ 700 mil; (iv) sendo a operação aprovada com restrição, o valor apurado nos termos dos itens i, ii e iii mencionados poderá, observado o disposto no art. 27, I, V e VI da Lei n. 8.884/94, ser majorado em até 50%; e (v) caso a operação não seja aprovada, o valor apurado nos termos dos itens i, ii e iii mencionados, poderá, observado o disposto no art. 27, I, V e VI da Lei n. 8.884/94, ser majorado de 50% até 100%. Caso ocorra a apresentação espontânea da operação à autoridade de defesa da concorrência, a multa calculada nos termos descritos será reduzida em 30% (art. 27, II, da Lei n. 8.884/94). O valor da multa observará os limites estabelecidos pelo art. 54, § 5º, da Lei.

No Ato de Concentração n. 08012.010300/2009-16, referente à aquisição pela Trafigura Beheer B. V. de 30% de participação acionária na Alcotra, a operação foi submetida ao controle do CADE em razão do faturamento. Nos termos do voto do Conselheiro-Relator (fls. 06), Ricardo Machado Ruiz, "(...) conheço da operação e, no mérito, considero que não há riscos concorrenciais. Dessa forma, voto pela aprovação da operação sem restrições, com a aplicação de multa por intempestividade no valor de *R$ 383.561,54*".

Com a Lei n. 12.529/2011 (Nova Lei de Defesa da Concorrência), a partir de 30 de maio de 2012, nos termos do art. 88, §§ 2º, 3º e 4º, adota-se o critério mundial das autoridades e legislações concorrenciais de análise exclusivamente prévia das operações, não mais se admitindo a análise posterior. Assim, o controle dos atos de concentração será prévio e realizado em, no máximo, 240 dias, a contar do protocolo de petição ou de sua emenda. Tais atos não poderão ser consumados antes de apreciados pela autoridade concorrencial, sob pena de nulidade, sendo ainda imposta multa pecuniária, de valor não inferior a R$ 60 mil, nem superior a R$ 60 milhões, sem prejuízo da abertura de processo administrativo. Outrossim, até a decisão final sobre a operação, deverão ser preservadas as condições de concorrência entre as empresas envolvidas.

De qualquer forma, uma vez a operação apresentada para análise do Sistema Brasileiro de Defesa da Concorrência, a tendência, dentro da ordem constitucional vigente de livre iniciativa, propriedade privada e livre concorrência, é o CADE aprovar os atos mencionados no *caput* do art. 54, desde que atendam às determinações previstas nos incisos do § 1º do art. 54, quais sejam:

I — tenham por objetivo, cumulada ou alternativamente:

a) aumentar a produtividade;

b) melhorar a qualidade de bens ou serviço; ou

c) propiciar a eficiência e o desenvolvimento tecnológico ou econômico;

II — os benefícios decorrentes sejam distribuídos equitativamente entre os seus participantes, de um lado, e os consumidores ou usuários finais, de outro;

III — não impliquem eliminação da concorrência de parte substancial de mercado relevante de bens e serviços;

IV — sejam observados os limites estritamente necessários para atingir os objetivos visados.

Deste modo, uma vez verificando que a operação apresenta como objetivo o aumento da produtividade e/ou sua finalidade seja a melhora da qualidade de bens ou serviços e/ou venha proporcionar a eficiência e o desenvolvimento tecnológico ou econômico, tal ato deverá ser aprovado. Contudo, deve existir também uma distribuição equitativa dos benefícios obtidos com a operação entre as partes envolvidas na operação e os consumidores ou usuários finais. Para a operação ser aprovada também não poderá ocorrer a eliminação substancial da concorrência no mercado em análise e deverão ser observados os limites necessários para obter os objetivos do ato. Cumpre enfatizar que as decisões do CADE devem atender a eficiências socioeconômicas e, de forma alguma, se limitar às eficiências econômicas, que, não raramente, trazem benefícios apenas para as requerentes, sem contrapartida para a coletividade.

Nos termos do § 2º do art. 54 da Lei, também se poderá considerar legítimo o ato previsto no *caput* do art. 54, quando necessário por motivo preponderante da economia nacional e do bem comum, desde que não implique prejuízo ao consumidor ou usuário final, e desde que atenda pelo menos a três das condições previstas nos incisos do § 1º do art. 54 do diploma legal em questão.

No mesmo sentido, dispõe a Nova Lei de Defesa da Concorrência em seu art. 88, § 6º, que os atos de concentração poderão ser autorizados, desde que sejam observados os limites estritamente necessários para atingir os seguintes objetivos: (i) cumulada ou alternativamente: (a) aumentar a produtividade ou a competitividade; (b) melhorar a qualidade de bens ou serviços; ou (c) propiciar a eficiência e o desenvolvimento tecnológico ou econômico; e (ii) seja repassada aos consumidores parte relevante dos benefícios decorrentes.

Contudo, caso a operação submetida à análise do CADE não atenda às determinações previstas nos incisos do § 1º do art. 54, a autoridade de defesa da concorrência poderá vetar a operação, como ocorreu no Ato de Concentração n. 08012.001697/2002-89, requerentes Nestlé Brasil Ltda. e Chocolates Garoto S.A., nos termos da ementa da decisão a seguir:

> (...) Eliminação de um dos três grandes *players* dos mercados de coberturas de chocolates e chocolates sob todas as formas. Estudos quantitativos e simulações mostram que operação reduz rivalidade no mercado de chocolates sob todas as formas. Adequação do modelo *price standard* às condições definidas no § 1º do artigo 54 da Lei 8.884/94. Eficiências (reduções reais de custo) em torno de 12% dos custos variáveis de produção e de distribuição são necessárias para compensar dano e impedir aumentos de preço. *Eficiências insuficientes para compensar dano à concorrência e garantir a não redução do bem-estar do consumidor. Não aprovação da operação.* Solução estrutural. Desconstituição do Ato (destacou-se).

Também pela Nova Lei (art. 88, § 5º) serão proibidos os atos de concentração que impliquem eliminação da concorrência em parte substancial de mercado relevante, que possam criar ou reforçar uma posição dominante ou que possam resultar na dominação de mercado relevante de bens ou serviços, ressalvado o disposto no § 6º do art. 88.

Nos termos da legislação atual (Lei n. 8.884/94), a petição submetendo a operação ao SBDC deverá ser protocolizada em três vias na SDE, que imediatamente encaminhará uma via ao CADE, onde será sorteado um Conselheiro-Relator, e outra à SEAE. Além de toda documentação pertinente, como o contrato da operação, procuração, documentos societários e o balanço das empresas, deverão acompanhar a petição as respostas ao Anexo I da Resolução n. 15 do CADE, devidamente preenchido, bem como o comprovante do recolhimento da taxa processual, no valor de R$ 45.000,00 (quarenta e cinco mil reais), repartindo-se o produto de sua arrecadação na base de 1/3 (um terço) para cada um dos órgãos: CADE; SDE/MJ; e SEAE/MF.

Cumpre observar que o fato gerador da taxa processual, prevista na Lei n. 9.781/99, é o protocolo do ato de concentração, sendo devida ainda que a parte venha a desistir do pedido em momento posterior, conforme entendimento do CADE, Súmula 6, de 2009.

O trâmite processual da análise da operação é o seguinte: primeiramente, a SEAE deverá analisar toda a operação, concluir qual o mercado relevante, que poderá ser outro e não o definido pelas requerentes (partes da operação), verificar eventuais efeitos do ato e emitir um parecer econômico recomendando ou não a aprovação da operação, podendo conter sugestões. Finalizado o parecer técnico da SEAE, ele é encaminhado ao DPDE/SDE, que analisará o caso atentando aos aspectos jurídicos. O DPDE emitirá uma nota técnica, que é encaminhada ao Secretário de Direito Econômico, que deverá concluir por acompanhar ou não a nota técnica, no sentido de opinar favoravelmente ou não pela aprovação da operação, podendo ainda sugerir outras providências.

Tanto o parecer da SEAE quanto o Despacho da SDE são encaminhados ao CADE, onde a Procuradoria é a primeira a se manifestar, emitindo um parecer acerca da operação. O Procurador-Geral do CADE poderá ter entendimento diverso do da Procuradoria, podendo então existir duas posições.

O Ministério Público Federal (MPF) pode emitir sua opinião acerca da operação, por meio de Parecer da lavra do Procurador da República do MPF designado para atuar junto ao CADE. Com toda essa documentação o Conselheiro-Relator fará sua análise acerca da operação e poderá votar diferentemente de tudo o que foi sugerido pelos outros órgãos, uma vez que tais pareceres são meramente opinativos, não vinculando a decisão do CADE.

Levada ao Plenário, o CADE julgará a operação e poderá concluir pela sua aprovação integral ou parcial, com compromisso de desempenho ou desconstituição parcial, ou não aprová-la, ou, ainda, entender que ela não se enquadra no art. 54 da Lei.

Todo o trâmite processual dos atos de concentração no Sistema Brasileiro de Defesa da Concorrência pode ser visualizado no organograma a seguir:

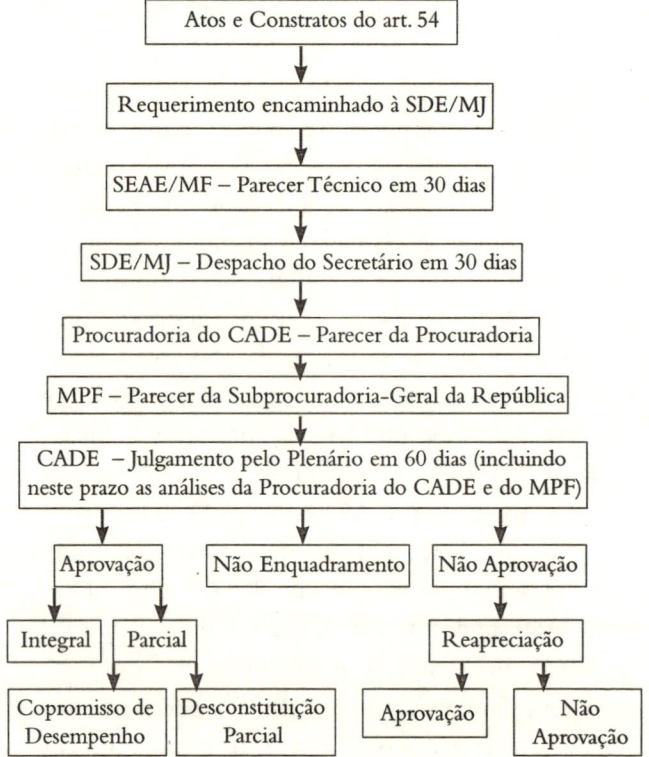

Fonte: BAGNOLI, Vicente. **Introdução ao Direito da Concorrência: Brasil — Globalização — União Europeia — Mercosul — ALCA.** São Paulo: Singular, 2005, p. 174.

Os gráficos a seguir demonstram em números absolutos comparativos de 2009 e 2010, bem como o percentual das decisões do CADE de 2004 a 2010, onde se observa que o controle do CADE tende a aprovar sem restrições a grande maioria das operações, a aprovar com restrições uma minoria e, raramente, vetar uma operação.

Gráfico 1 — Decisões do CADE de 2009 a 2010 sobre atos de concentração

Representações totais relativas a ACs em 2009 e 2010

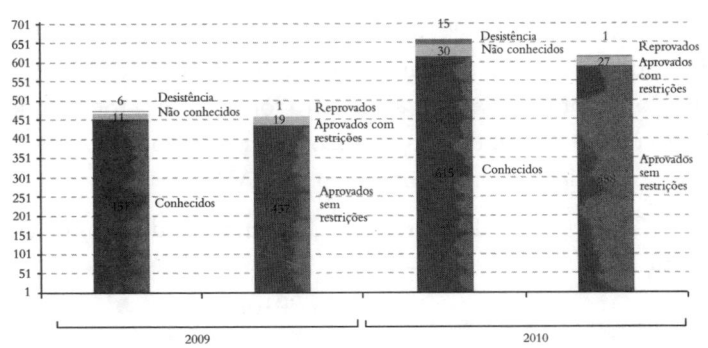

Fonte: www.cade.gov.br

Gráfico 2 — Decisões do CADE de 2004 a 2010 sobre atos de concentração

Decisões em Atos de Concentração (jan./2004 – dez./2010)

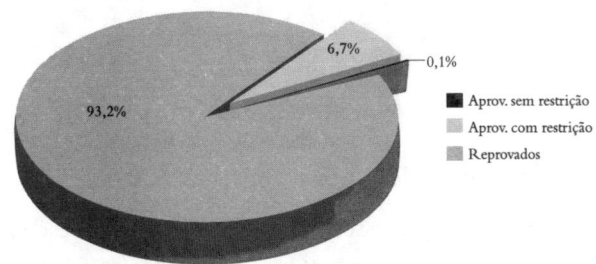

Fonte: www.cade.gov.br

Quanto ao prazo do trâmite de análise dos atos de concentração no SBDC até a decisão final do CADE, o prazo para a SEAE e a SDE manifestarem-se acerca do ato é de 30 dias para cada, enquanto o CADE está autorizado a decidir em até 60 dias, sob pena de a operação ser considerada aprovada por decurso deste prazo. Tais prazos, entretanto, são suspensos toda vez que os órgãos do SBDC solicitam informações complementares ou esclarecimentos. Significa dizer que na prática são análises com prazos superiores a 120 dias.

Verifica-se no gráfico a seguir a média do prazo para um ato de concentração tramitar no SBDC até o seu julgamento pelo CADE. No SBDC em 2010, o tempo médio da instrução (SEAE + SDE) foi de 115 dias, enquanto no CADE o tempo médio de tramitação dos processos até o julgamento foi de 41 dias, totalizando o tempo médio de 156 dias do protocolo da operação para análise do SBDC até a decisão final proferida pelo CADE.

Gráfico 3 — Tempo médio de tramitação dos atos de concentração

(2005 a 2010)

Tempo Médio de Tramitação dos ACs no SBDC (em dias)

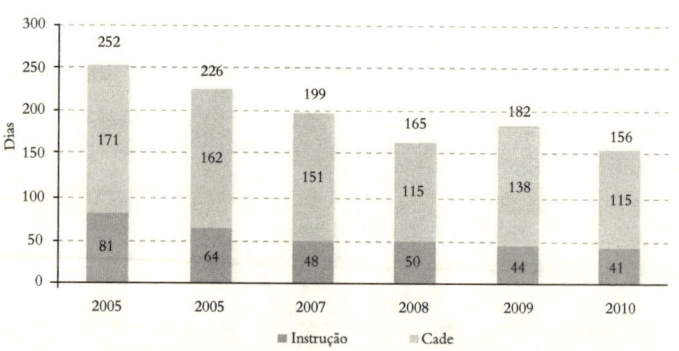

Fonte: www.cade.gov.br

Caso o CADE em seu controle decida pela desconstituição parcial ou integral, conforme dispõe o § 9º do art. 54 da Lei, a autoridade de defesa da concorrência exigirá a cisão de sociedade, venda de ativos, cessação parcial de atividades ou qualquer outra providência que elimine os efeitos prejudiciais à ordem econômica. No caso de adotar compromisso de desempenho, art. 58 da Lei, o Plenário do CADE irá considerar o grau de exposição do setor à competição internacional e as alterações no nível de emprego, dentre outras circunstâncias relevantes e, no caso de descumprimento injustificado do compromisso de desempenho, ocorrerá a revogação da aprovação da operação pelo CADE e a abertura de processo administrativo.

No Ato de Concentração n. 08012.003189/2009-10, referente à aquisição de 100% do capital social da Medley pela Sanofi-Aventis, a operação foi aprovada, mas condicionada à celebração de TCD (Termo de Compromisso de Desempenho) que, dentre outras obrigações, determinou a alienação de ativos de unidades produtivas e a fiscalização pelo CADE, SDE e MPF do cumprimento do TCD, sob pena de revisão da decisão do CADE.

Na hipótese de o CADE em seu controle não aprovar a operação ou aprová-la sob condições, poderá reapreciar sua decisão a pedido das partes, conforme disposto no art. 151 da Resolução n. 45, com fundamento em fato ou documento novo, mas preexistente, conhecido somente após a data do julgamento ou que se encontrava indisponível antes dessa data. O Pedido de Reapreciação deverá ser encaminhado no prazo de 30 dias da publicação do acórdão ao Conselheiro que proferiu o voto condutor deste.

Oportuno observar que a SDE e a SEAE estabeleceram um procedimento de análise simplificado para casos considerados "fáceis/simples" de modo a agilizar a conclusão das análises dos atos de concentração. Trata-se do rito sumário para esses casos, conforme dispõe a Portaria Conjunta SDE/SEAE n. 1, de 2003, em seu art. 2º:

> O Procedimento Sumário será aplicado pela Secretaria de Acompanhamento Econômico do Ministério da Fazenda — Seae e pela Secretaria de Direito Econômico do Ministério da Justiça — SDE nos casos que, em virtude da simplicidade das operações, não sejam potencialmente lesivos à concorrência, a critério das Secretarias.

As regras e a documentação necessária para a notificação de atos de concentração permanecem inalteradas. A seguir, verifica-se que no período de 2005 a 2010, praticamente 75% dos atos de concentração foram julgados pelo rito sumário:

Gráfico 4 — Tipo de Julgamento dos atos de concentração no CADE

(2005 a 2010)

Tipo de Julgamento de ACs no CADE (2005-2010)

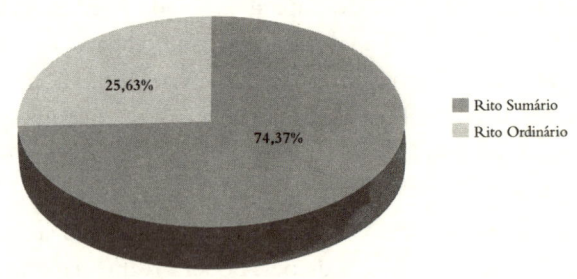

Fonte: www.cade.gov.br

Outras duas medidas apresentadas pelo CADE, no sentido de não ter prejudicado o resultado final da decisão, em especial causado pelo longo prazo decorrido da apresentação da operação até o seu julgamento, foram adotadas em 2002, por meio da Resolução n. 28, e atualmente encontram-se dispostas na Resolução n. 45 do CADE, de 2007, pela qual, nos termos do parágrafo único do art. 99:

> (...) recebido o procedimento, o Relator, se entender necessário, convocará os representantes legais das requerentes para discutir a celebração de APRO [arts. 139 a 141] ou poderá adotar Medida Cautelar [arts. 132 a 138] (inseriram-se colchetes com referência aos respectivos artigos na Resolução n. 45 do CADE).

A Medida Cautelar poderá ser deferida de ofício, pelo Relator ou pelo Plenário, ou em virtude de requerimento escrito e fundamentado da SEAE, SDE, Procuradoria do CADE ou qualquer legítimo interessado no ato de concentração analisado. Ao apreciar a medida cautelar, o Conselheiro-Relator poderá tomar as medidas que julgar adequadas para preservar a reversibilidade do ato de concentração apresentado ao SBDC. Já o Acordo de Preservação da Reversibilidade da Operação (APRO) prevê que, até a decisão que conceder ou indeferir a medida cautelar, este Acordo poderá ser celebrado, pois visa prevenir mudanças irreversíveis ou de difícil reparação que poderiam ocorrer nas estruturas do mercado até o julgamento do mérito do ato de concentração, afastando o risco de ineficácia do processo, quando concluído.

No Ato de Concentração n. 08012.004423/2009-18, referente ao Acordo de Associação que contempla uma sucessão de atos societários em decorrência dos quais a Sadia S.A. será, ao final, por meio de incorporação de ações, subsidiária integral da Brasil Foods S.A. (BR Foods), denominação social a ser adotada pela Perdigão S.A., foi celebrado um APRO entre as requerentes, ora compromissárias, e o CADE. Nos termos do APRO, em linhas gerais:

> (...) as compromissárias comprometem-se a manter autônomas e independentes as estruturas administrativas, produtivas e comerciais relacionadas às atividades desenvolvidas por Perdigão, de um lado, e Sadia, de outro, sendo certo que estas serão mantidas separadas uma da outra, observados os termos deste Acordo.

Cumpre ainda destacar que, mesmo aprovada uma operação pelo CADE, a Lei prevê em seu art. 55 que ela poderá ser revista de ofício ou mediante provocação, caso a decisão tenha sido baseada em informações falsas ou enganosas prestadas pelo interessado, caso ocorra descumprimento das obrigações assumidas ou não sejam alcançados os benefícios observados.

Outro ponto muito comum nas operações submetidas ao controle do CADE é a inclusão de cláusulas contratuais de não concorrência. Nessas hipóteses, o CADE formulou o seu entendimento em 2009 por meio das Súmulas 5 e 4, respectivamente, entendendo que "é lícita a estipulação de cláusula de não concorrência com prazo de até cinco anos da alienação de estabelecimento, desde que vinculada à proteção do fundo de comércio", bem como "é lícita a estipulação de cláusula de não concorrência na vigência de *joint venture*, desde que guarde relação direta com seu objeto e que fique restrita aos mercados de atuação".

Quanto aos acórdãos das decisões proferidas pelo Plenário do CADE, nos termos do art. 147 da Resolução n. 45 do CADE, poderão ser opostos Embargos de Declaração, nos termos dos arts. 535 e seguintes do Código de Processo Civil (Lei n. 5.869/73), no prazo de cinco dias, contados da sua publicação, em petição dirigida ao Relator, na qual deverá ser indicado o ponto obscuro, contraditório ou omisso. Os Embargos de Declaração, em atenção ao art. 150 da mesma Resolução, interrompem o prazo para a interposição da Reapreciação e suspendem a execução do julgado.

Com o advento da Lei n. 12.529, de 30 de novembro de 2011 — a Nova Lei de Defesa da Concorrência, o pedido de aprovação dos atos de concentração econômica nos termos do art. 53 deverá ser endereçado ao CADE e instruído com as informações e documentos indispensáveis à instauração do processo administrativo, definidos em resolução do CADE, além do comprovante de recolhimento da taxa respectiva.

Caso se verifique que a petição não preenche os requisitos exigidos em Lei ou apresenta defeitos e irregularidades capazes de dificultar o julgamento de mérito, a Superintendência-Geral determinará, conforme disposto no § 1º do art. 53, uma única vez, que os requerentes a emendem, sob pena de arquivamento.

Determina o § 2º do art. 53 que após o protocolo da apresentação do ato de concentração, ou de sua emenda, a Superintendência-Geral fará publicar edital, indicando o nome dos requerentes, a natureza da operação e os setores econômicos envolvidos.

Após cumpridas as providências indicadas, a Superintendência-Geral nos termos do art. 54: (i) conhecerá diretamente do pedido, proferindo decisão terminativa, quando o processo dispensar novas diligências ou nos casos de menor potencial ofensivo à concorrência, assim definidos em resolução do CADE; ou (ii) determinará a realização da instrução complementar, especificando as diligências a serem produzidas.

Concluída a instrução complementar, a Superintendência-Geral deverá se manifestar sobre seu satisfatório cumprimento, recebendo-a como adequada ao exame de mérito ou determinando que seja refeita, por estar incompleta. Por meio de decisão fundamentada, a Superintendência-Geral poderá declarar a operação como complexa e determinar a realização de nova instrução complementar, especificando as diligências a serem produzidas, e assim requerer ao Tribunal a prorrogação de prazo para decidir.

Uma vez concluídas as instruções complementares, nos termos do art. 57 a Superintendência-Geral: (i) proferirá decisão aprovando o ato sem restrições; ou (ii) oferecerá impugnação perante o Tribunal, caso entenda que o ato deva ser rejeitado, aprovado com restrições ou que não existam elementos conclusivos quanto aos seus efeitos no mercado.

Exige o parágrafo único do art. 57 que no caso de impugnação do ato perante o Tribunal, deverão ser demonstrados, de forma circunstanciada, o potencial lesivo do ato à concorrência e as razões pelas quais não deve ser aprovado integralmente ou rejeitado.

Junto ao Tribunal, o requerente poderá oferecer, no prazo de 30 dias da data de impugnação da Superintendência-Geral, em petição escrita, dirigida ao Presidente do Tribunal, manifestação expondo as razões de fato e de direito com que se opõe à impugnação do ato de concentração da Superintendência-Geral e juntando todas as provas, estudos e pareceres que corroboram seu pedido, conforme disposto no art. 58. Em até 48 horas da decisão de que trata a impugnação pela Superintendência-Geral, o processo será distribuído, por sorteio, a um Conselheiro-Relator.

Após a manifestação do requerente, dispõe o art. 59 que o Conselheiro-Relator: (i) proferirá decisão determinando a inclusão do processo em pauta para julgamento, caso entenda que se encontre suficientemente instruído; ou (ii) determinará a realização de instrução complementar, podendo, a seu critério, solicitar que a Superintendência-Geral a realize, declarando os pontos controversos e especificando as diligências a serem produzidas.

Tal qual acontecia anteriormente com a celebração do APRO (Acordo de Preservação e Reversibilidade da Operação), nos termos do § 1º do art. 59, "o Conselheiro-Relator poderá autorizar, conforme o caso, precária e liminarmente, a realização do ato de concentração econômica, impondo as condições que visem à preservação da reversibilidade da operação, quando assim recomendarem as condições do caso concreto".

Finda a instrução, o Conselheiro-Relator determinará a inclusão do processo em pauta para julgamento do pedido de aprovação do ato de concentração econômica. Nos termos do art. 60 o Tribunal poderá aprová-lo integralmente, rejeitá-lo ou aprová-lo parcialmente, caso em que determinará as restrições que deverão ser observadas como condição para a validade e eficácia do ato, de forma a mitigar os eventuais efeitos nocivos do ato de concentração sobre os mercados relevantes afetados.

Tais restrições, assim dispostas no § 2º do art. 60, incluem: (i) a venda de ativos ou de um conjunto de ativos que constitua uma atividade empresarial; (ii) a cisão de sociedade; (iii) a alienação de controle societário; (iv) a separação contábil ou jurídica de atividades; (v) o licenciamento compulsório de direitos de propriedade intelectual; e (vi) qualquer outro ato ou providência necessários para a eliminação dos efeitos nocivos à ordem econômica.

Destaca-se que à luz do § 3º do art. 60, "julgado o processo no mérito, o ato não poderá ser novamente apresentado nem revisto no âmbito do Poder Executivo", confirmando que apenas o Poder Judiciário poderá reapreciar as decisões do CADE. Mais ainda, em que pese não ter previsão legal quanto à revisão do mérito e da forma, sabe-se que o Poder Judiciário tende a apreciar apenas os aspectos formais, como, por exemplo, o respeito ao devido processo legal, uma vez que entender que a decisão quanto ao mérito foi tomada por órgão colegiado específico para análise técnica da matéria.

Caso ocorra recusa, omissão, enganosidade, falsidade ou retardamento injustificado, por parte dos requerentes, de informações ou documentos cuja apresentação for determinada pelo CADE, poderá o pedido de aprovação do ato de concentração ser rejeitado por falta de provas, caso em que o requerente somente poderá realizar o ato mediante apresentação de novo pedido.

No prazo de 15 dias contado da publicação da decisão da Superintendência-Geral que aprovar o ato de concentração, diz o art. 65 que: (i) caberá recurso da decisão ao Tribunal, que poderá ser interposto por terceiros interessados ou, em se tratando de mercado regulado, pela respectiva agência reguladora; e (ii) o Tribunal poderá, mediante provocação de um de seus Conselheiros e em decisão fundamentada, avocar o processo para julgamento ficando prevento o Conselheiro que encaminhou a provocação. A interposição do recurso suspende a execução do ato de concentração econômica até decisão final do Tribunal.

Em até 5 dias úteis do recebimento do recurso, o Conselheiro--Relator: (i) conhecerá do recurso e determinará a sua inclusão em pauta para julgamento; (ii) conhecerá do recurso e determinará a realização de instrução complementar, podendo, a seu critério, solicitar que a Superintendência-Geral a realize, declarando os pontos controversos e especificando as diligências a serem produzidas; ou (iii) não conhecerá do recurso, determinando o seu arquivamento.

Já as requerentes da operação poderão se manifestar sobre o recurso interposto, em até 5 dias úteis do conhecimento do recurso no Tribunal ou da data do recebimento do relatório com a conclusão da instrução complementar elaborada pela Superintendência-Geral.

A interposição do recurso a que se refere o *caput* deste artigo ou a decisão de avocar suspende a execução do ato de concentração econômica até decisão final do Tribunal.

Por fim, merece destaque que, talvez, o grande avanço da Lei tenha sido a apresentação prévia das operações, que deverão ser julgadas no máximo em 240 dias e se atendidas as prorrogações previstas em Lei, calcula-se algo em torno de até 330 dias. Dispõe o art. 63 que "os prazos previstos neste Capítulo não se suspendem ou interrompem por qualquer motivo, ressalvado o disposto no § 5º do art. 6º desta Lei, quando for o caso". Ou seja, nas hipóteses de renúncia, morte ou perda de mandato de Conselheiro, ou no caso de encerramento de mandato dos Conselheiros e a composição do Tribunal ficar reduzida a número inferior ao estabelecido em Lei.

Por um lado, a Lei transferiu aos advogados a exigência de apresentarem as informações mais detalhadas possíveis, para atenderem assim às necessidades do CADE e terem as operações apreciadas e julgadas. Tal fato, ressalta-se, é extremamente positivo para o amadurecimento da área da advocacia concorrencial. Por outro lado, o que espera o administrado é um CADE equipado, física e pessoalmente, para dentro do tempo econômico analisar as operações e proferir as decisões.

Nesse sentido, o legislador estabeleceu no Projeto de Lei, art. 64, que "o descumprimento dos prazos previstos nesta Lei implica a aprovação tácita do ato de concentração econômica. Ou seja, tal qual ocorre na legislação atual, estabeleceu-se o decurso de prazo, de modo a dar a segurança jurídica necessária ao administrado de que a administração pública deverá apreciar a sua operação e decidir, sob pena de ela ser aprovada tacitamente.

Ocorre, contudo, que a Lei n. 12.529, de 30 de novembro de 2011, foi aprovada com veto ao art. 64 e, como razão, foi assim justificado: "da forma como redigido, o artigo estabelece a aprovação tácita de atos de concentração como consequência automática do descumprimento de quaisquer dos prazos estabelecidos pela lei, resultando em medida desproporcional e com o potencial de acarretar graves prejuízos à sociedade. Note-se que a legislação já oferece mecanismos menos gravosos e aptos a apurar as responsabilidades pelo eventual desrespeito aos prazos estabelecidos em lei".

Avanços da Nova Lei, portanto, ficam, de certa forma, preju-dicados com o retrocesso em razão da exclusão da aprovação da operação por decurso de prazo, trazendo insegurança jurídica aos administrados. Fato este que exige providências urgentes para dar segurança e transparência ao futuro do CADE.

10.4 Considerações finais

Conforme visto, as empresas que promovem fusões e aquisi-ções (M&A's; *mergers and acquisitions*), como também reorganizações societárias, as *due diligences* e, ainda, a aquisição de participações, cisões e *joint ventures* apresentam motivações econômicas para a efetivação de tais processos. Trata-se do exercício de um direito assegurado constitucionalmente (propriedade privada e livre iniciativa). Porém, essas operações podem limitar ou prejudicar a livre concorrência e com isso afetar o funcionamento dos mercados em detrimento do bem-estar da sociedade.

O Sistema Brasileiro de Defesa da Concorrência (SBDC), como se convencionou designar a atuação dos órgãos do governo competentes para a prevenção e repressão às infrações contra a ordem econômica em todo o território nacional, é definitivamente estru-turado com a Lei n. 12.529, de 30 de novembro de 2011, que pas-sará a valer a partir de 30 de maio de 2012, por meio da atuação do Conselho Administrativo de Defesa Econômica (CADE), enquanto à Secretaria de Acompanhamento Econômico (SEAE) do Ministé-rio da Fazenda caberá a advocacia da concorrência.

O Brasil, portanto, avançou sobremaneira nos últimos anos na defesa da concorrência, e a Nova Lei de Defesa da Concorrência tende a incrementar ainda mais a atuação do CADE, de modo a promover um ambiente concorrencial saudável para a livre com-petição dos agentes econômicos nos mercados e os consequentes ganhos decorrentes à coletividade.

A Nova Lei, como visto, atualiza e fortalece a defesa da con-corrência no País, mas a Lei também apresenta falhas, como comentado. De qualquer forma, é o aprendizado prático que possibilitará ajustes na Lei, muitos a serem feitos pelo próprio CADE por meio de Resoluções e do Regimento Interno.

REFERÊNCIAS

DOUTRINA

AZEVEDO, Paulo Furquim de. **Poder compensatório na defesa da concorrência**. Disponível em: <http://www.cade.gov.br/news/n002/>. Acesso em: 13 maio 2011.

BAGNOLI, Vicente. **Direito e poder econômico:** os limites jurídicos do imperialismo frente aos limites econômicos da soberania. Rio de Janeiro: Elsevier, 2009.

_____. **Direito econômico**. 5. ed. Série Leituras. São Paulo: Atlas, 2011.

_____. **Introdução ao direito da concorrência:** Brasil--globalização–União Europeia–Mercosul–ALCA. São Paulo: Singular, 2005.

FONSECA, João Bosco Leopoldino da. **Lei de proteção da concorrência:** comentários à legislação antitruste. 2. ed. Rio de Janeiro: Forense, 2001.

FORGIONI, Paula A. **Os fundamentos do antitruste**. São Paulo: Revista dos Tribunais, 1998.

HOVENKAMP, Hebert. **Federal antitrust policy:** the law of competition and its practice. St.Paul, Minn.: West Publishing Co., 1994.

MONTI, Giorgio. **EC competition law**. Cambridge: Cambridge, 2007.

SALGADO, Lucia Helena. **A economia política da ação antitruste**. São Paulo: Singular, 1997.

SALOMÃO FILHO, Calixto. **Direito concorrencial:** as estruturas. São Paulo: Malheiros, 1998.

SEMINÁRIO TENDÊNCIAS, FUSÕES E AQUISIÇÕES E DEFESA DA CONCORRÊNCIA: PERSPECTIVAS. ESTRELLA, Frederico. **Motivações econômicas para fusões e aquisições.** São Paulo: 19 ago. 2010.

WHISH, Richard. **Competition law.** 6. ed. Oxford: Oxford, 2009.

LEGISLAÇÃO

BRASIL. **Lei n. 5.869, de 11 de janeiro de 1973.** Disponível em: <http://www.planalto.gov.br/ccivil/leis/L5869.htm>. Acesso em: 28 fev. 2011.

BRASIL. **Constituição Federal (1988).** Disponível em: <http:// www.planalto.gov.br/ccivil_03/constituicao/constitui%C3%A7ao. htm>. Acesso em: 28 fev. 2011.

BRASIL. **Lei n. 8.884, de 11 de junho de 1994.** Disponível em: <http://www.planalto.gov.br/ccivil/leis/L8884.htm>. Acesso em: 28 fev. 2011.

BRASIL. **Lei n. 9.781, de 19 de janeiro de 1999.** Disponível em: <http://www.planalto.gov.br/ccivil/Leis/L9781.htm>. Acesso em: 28 fev. 2011.

BRASIL. **Lei n. 12.529, de 30 de novembro de 2011.** Disponível em: <http://www.planalto.gov.br/CCIVIL_03/_Ato2011-2014/2011/Lei/L12529.htm>. Acesso em: 13 dez. 2011.

BRASIL. **Portaria Conjunta SDE/SEAE n. 1, de 18 de fevereiro de 2003.** Disponível em: <http://www.cade.gov.br/upload/2003portariaConjunta01.pdf>. Acesso em: 28 fev. 2011.

319

BRASIL. **Resolução n. 15, de 19 de agosto de 1998,** do Conselho Administrativo de Defesa Econômica (CADE). Disponível em: <http://www.cade.gov.br/upload/Resolu%C3%A7%C3%A3o%20 n%C2%BA%2015,%20de%2019%20de%20agosto%20de%201998. pdf>. Acesso em: 28 fev. 2011.

BRASIL. **Resolução n. 28, de 24 de julho de 2002,** do Conselho Administrativo de Defesa Econômica (CADE). Disponível em: <http://www.cade.gov.br/upload/Resolu%C3%A7%C3%A3o%20 n%C2%BA%2028,%20de%2024%20de%20julho%20de%202002. pdf>. Acesso em: 28 fev. 2011.

BRASIL. **Resolução n. 44, de 14 de fevereiro de 2007a,** do Conselho Administrativo de Defesa Econômica (CADE). Disponível em: <http://www.cade.gov.br/upload/RESOLU%C3%87%C3% 83O%20N.%C2%BA%2044,%20de%2014%20de%20fevereiro%20 de%202007.pdf>. Acesso em: 28 fev. 2011.

BRASIL. **Resolução n. 45, de 28 de março de 2007b,** do Conselho Administrativo de Defesa Econômica (CADE). Disponível em: <http://www.cade.gov.br/upload/Resolu%C3%A7%C3%A3o%20 n%C2%BA%2045,%20de%2028%20de%20mar%C3%A7o%20 de%202007.pdf>. Acesso em: 28 fev. 2011.

OUTRAS REFERÊNCIAS

BRASIL. **Projeto de Lei n. 3.937, de 7 de julho de 2004**. Disponível em: <http://www.camara.gov.br/internet/sileg/Prop_Detalhe.asp?id=260404>. Acesso em: 28 fev. 2011.

BRASIL. Conselho Administrativo de Defesa Econômica (CADE). **Súmula 1, de 18 de outubro de 2005**. Disponível em: <http:// www.cade.gov.br/Default.aspx?8aaa6db3789696b48db5>. Acesso em: 28 fev. 2011.

BRASIL. Conselho Administrativo de Defesa Econômica (CADE).

Súmula 2, de 27 de agosto de 2007. Disponível em: <http://www.cade.gov.br/Default.aspx?8aaa6db3789696b48db5>. Acesso em: 28 fev. 2011.

BRASIL. Conselho Administrativo de Defesa Econômica (CADE). **Súmula 3, de 21 de setembro de 2007.** Disponível em: <http://www.cade.gov.br/Default.aspx?8aaa6db3789696b48db5>. Acesso em: 28 fev. 2011.

BRASIL. Conselho Administrativo de Defesa Econômica (CADE). **Súmula 4, de 9 de dezembro de 2009.** Disponível em: <http://www.cade.gov.br/Default.aspx?8aaa6db3789696b48db5>. Acesso em: 28 fev. 2011.

BRASIL. Conselho Administrativo de Defesa Econômica (CADE). **Súmula 5, de 9 de dezembro de 2009.** Disponível em: <http://www.cade.gov.br/Default.aspx?8aaa6db3789696b48db5>. Acesso em: 28 fev. 2011.

BRASIL. Conselho Administrativo de Defesa Econômica (CADE). **Súmula 6, de 9 de dezembro de 2009.** Disponível em: <http://www.cade.gov.br/Default.aspx?8aaa6db3789696b48db5>. Acesso em: 28 fev. 2011.

BRASIL. Conselho Administrativo de Defesa da Concorrência (CADE). **Súmula 8, de 5 de novembro de 2010.** Disponível em: <http://www.cade.gov.br/Default.aspx?8aaa6db3789696b48db5>. Acesso em: 28 fev. 2011.

BRASIL. Conselho Administrativo de Defesa Econômica (CADE). **Súmula 9, de 5 de novembro de 2010.** Disponível em: <http://www.cade.gov.br/Default.aspx?8aaa6db3789696b48db5>. Acesso em: 28 fev. 2011.

BRASIL. Conselho Administrativo de Defesa Econômica (CADE). **Ato de Concentração n. 08012.004707/2007-42.** Conselheiro Relator Luis Fernando Rigato Vasconcellos. J. em: 27-6-2007. Disponível em: <http://www.cade.gov.br/Default.aspx?a8889b6caa60 b241d345d069fc>. Acesso em: 28 fev. 2011.

BRASIL. Conselho Administrativo de Defesa Econômica (CADE). **Ato de Concentração n. 08012.001697/2002-89.** Conselheiro Relator Luis Fernando Rigato Vasconcellos. J. em: 27-6-2007. Disponível em: <http://www.cade.gov.br/Default.aspx?a8889b6caa60 b241d345d069fc>. Acesso em: 28 fev. 2011.

BRASIL. Conselho Administrativo de Defesa Econômica (CADE). **Ato de Concentração n. 08012.000321/2006-81.** Conselheiro Relator Paulo Furquim de Azevedo. J. em: 12-4-2006. Disponível em: <http://www.cade.gov.br/Default.aspx?a8889b6caa60b241d3 45d069fc>. Acesso em: 28 fev. 2011.

BRASIL. Conselho Administrativo de Defesa Econômica (CADE). **Ato de Concentração n. 08012.005617/2010-74.** Conselheiro Relator Ricardo Machado Ruiz. J. em: 22-9-2010. Disponível em: <http://www.cade.gov.br/Default.aspx?a8889b6caa60b241d345d0 69fc>. Acesso em: 28 fev. 2011.

BRASIL. Conselho Administrativo de Defesa Econômica (CADE). **Ato de Concentração n. 08012.000149/2004-01.** Conselheiro Relator Luis Fernando Rigato Vasconcellos. J. em: 05-10-2005. Disponível em: <http://www.cade.gov.br/Default.aspx?a8889b6caa60 b241d345d069fc>. Acesso em: 28 fev. 2011.

BRASIL. Conselho Administrativo de Defesa Econômica (CADE). **Ato de concentração n. 08012.010300/2009-16.** Conselheiro Relator Ricardo Machado Ruiz. J. em: 07-4-2010. Disponível em: <http://www.cade.gov.br/Default.aspx?a8889b6caa60b241d345d0 69fc>. Acesso em: 28 fev. 2011.

BRASIL. Conselho Administrativo de Defesa Econômica (CADE). **Ato de concentração n. 08012.001697/2002-89.** Conselheiro Relator Ricardo Villas Bôas Cueva. J. em: 05-10-2004. Disponível em: <http://www.cade.gov.br/Default.aspx?a8889b6caa60b241d3 45d069fc>. Acesso em: 28 fev. 2011.

BRASIL. Conselho Administrativo de Defesa Econômica (CADE). **Ato de Concentração n. 08012.003189/2009-10**. Conselheiro Relator César Costa Alves de Mattos. J. em: 19-5-2010. Disponível em: <http://www.cade.gov.br/Default.aspx?a8889b6caa60b241d3 45d069fc>. Acesso em: 28 fev. 2011.

BRASIL. Conselho Administrativo de Defesa Econômica (CADE). Ato de Concentração n. 08012.004423/2009-18. Conselheiro Relator Carlos Emmanuel Joppert Ragazzo. Disponível em: <http://www.cade.gov.br/Default.aspx?a8889b6caa60b241d345d069fc>. Acesso em: 28 fev. 2011.

Endereços eletrônicos:

<www.cade.gov.br>
<www.tendencias.com.br>

11 *DUE DILIGENCE* TRIBUTÁRIA

José Eduardo Tellini Toledo

Professor do Programa de Educação Executiva da
DIREITO GV (GVlaw); mestre em Direito Tributário pela Pontifícia
Universidade Católica de São Paulo — PUCSP; advogado em São Paulo.

11.1 Introdução

Como largamente divulgado pela imprensa especializada, o Brasil vive, novamente, um grande momento para a realização de fusões e aquisições. Não é por outro motivo que o tema proposto no presente livro torna-se atual e extremamente importante para todos aqueles (empresários, auditores e advogados) que pretendem participar de uma dessas operações.

No presente artigo, procuramos apresentar ao leitor os objetivos e as funções de uma auditoria legal (a chamada *due diligence*) e os procedimentos que devem ser observados durante os trabalhos que serão realizados.

Além disso, serão apresentados modelos de planilhas a serem adotadas e exemplos de relatórios de Prospectos de Distribuição Pública (especificamente em relação à área tributária), obtidos aleatoriamente no site da Comissão de Valores Mobiliários. Destacamos, desde já, que esses exemplos visam apresentar ao leitor os modelos adotados pelas diversas empresas lá mencionadas, não havendo qualquer intenção de se efetuar análise crítica ou observação sobre os modelos adotados, ou as informações lá constantes, mas apenas apresentar a forma como os relatórios foram apresentados.

11.2 Objetivos e funções

Nossa doutrina pátria atribui o surgimento do termo *due diligence* ao *Securities Act of 1933*[1], legislação da *Securities and Exchan-*

---

[1] ESTADOS UNIDOS. **Securities Act of 1933**. Disponível em: <http://www.sec.gov/about/laws/sa33.pdf>. Acesso em: 9 out. 2010.

ge Commission (SEC), agência que regula o mercado de valores mobiliários norte-americano (semelhante à nossa Comissão de Valores Mobiliários), com a instituição de regras acerca da responsabilidade das empresas na prestação das informações no negócio que está sendo realizado (ABLA, 2005, p. 115; ABRAHAM, 2008, p. 14).

Segundo essa doutrina, a finalidade do *Securities Act of 1933* foi a criação de regras acerca da responsabilidade de compradores/ vendedores e da prestação de informações, a fim de evitar omissões de informações prejudiciais ao mercado.

O objetivo da *due diligence* é a realização de um processo minucioso de investigação, análise e revisão de todas as informações e documentos necessários da operação que está sendo realizada, para que se possam avaliar todos os riscos e contingências existentes. É, portanto, na tradução literal, a "devida diligência" (ou "devida dedicação") no trabalho realizado.

Como bem esclarece Marcus Abraham (2008, p. 15):

Sua finalidade (...) é identificar a exata condição em que a operação será realizada, apurando-se vantagens, desvantagens e, principalmente, os riscos negociais para as partes envolvidas, especialmente para a parte interessada na aquisição de empresas (fusões e incorporações), na realização de associações empresariais (*joint ventures*, consórcios ou grupos empresariais e sociedade de propósitos específicos — SPEs) ou na aquisição de bens corpóreos ou incorpóreos empresariais (fundos de comércio, marcas e patentes, créditos etc.).

Em regra, um procedimento de *due diligence* legal compreende: a) estudo completo de todas as atividades operacionais e não operacionais da empresa; b) diagnóstico legal da situação cível, societária, comercial, contratual e do consumidor, tributária, previdenciária, trabalhista, ambiental, de propriedade intelectual, regulatória e dos demais ramos do direito com os quais a empresa interage; c) levantamento do passivo judicial (contencioso processual e administrativo) e; d) emissão de relatório de pontos críticos e recomendações jurídicas, com enfoque para os riscos legais de natureza administrativa, financeira e, inclusive, penal.

Para Arnoldo Wald (2009, p. 53-54):

Mesmo que inexista previsão legal em nosso ordenamento jurídico, é usual, na prática comercial, principalmente em operações de fusão, incorporação e aquisição (*"mergers & acquisitions"*), a realização de um procedimento de coleta de informações e de revisão e análise de documentos, com a função de averiguar a situação jurídica e econômica das sociedades envolvidas no negócio, denominado *due diligence*.

O procedimento de *due diligence* envolve basicamente a coleta de informações necessárias para apurar a atual situação do negócio a ser adquirido, a existência de passivos e contingências e a avaliação do impacto de tais apurações no valor da operação.

Não se trata, contudo, de um procedimento isolado, mas sim de uma das etapas da operação jurídica que está sendo realizada, podendo ser efetuada antes da celebração de determinado contrato (BETANIA BARROS et al., 2003, p. 25), como também após a conclusão do negócio (também denominada *"post closing due diligence"* — WALD et al., 2009, p. 54).

No âmbito do Direito Tributário, objeto do presente capítulo, a *due diligence* tem o objetivo de analisar e avaliar todos os documentos fiscais e contábeis, bem como os processos (administrativos e judiciais) existentes (ativos e passivos), com o fim de apresentar ao interessado a existência de eventuais procedimentos fiscais e contábeis (ou existência de discussões judiciais e administrativas) que, por sua relevância, possam afetar substancialmente a continuidade do negócio.

Costuma-se atribuir às empresas de auditoria (contratadas pelos interessados) as chamadas "auditorias de procedimento" (ou negociais), cuja finalidade é a análise dos procedimentos fiscais e contábeis das empresas. Por sua vez, atribui-se aos escritórios de advocacia as chamadas "auditorias jurídicas" (ou *legal due diligences*), que visam à análise dos processos (judiciais e administrativos) e a apresentação das contingências existentes em decorrência desses processos.

Para que o presente capítulo não se torne exaustivo, optou-se por realizar um corte metodológico e analisar apenas a chamada *legal due diligence*. Não é por outro motivo que seguimos o ensinamento de Paulo de Barros Carvalho (1998, p. 29), no sentido de que qualquer trabalho jurídico de pretensões científicas impõe ao autor uma tomada de posição no que atina aos conceitos fundamentais da matéria em que labora, para que lhe seja possível desenvolver seus estudos dentro de diretrizes seguras e satisfatoriamente coerentes.

11.3 A auditoria jurídica — procedimentos

Como toda e qualquer auditoria jurídica, a busca de informações completas é fundamental para que se possa obter o real panorama jurídico-tributário existente, por meio de solicitações de documentos e informações, que demonstrem os processos (judiciais e administrativos, ativo e passivo) existentes.

Cabe, portanto, ao profissional responsável pela realização da auditoria jurídica cercar-se de todos os cuidados necessários, analisando as situações peculiares de cada operação realizada e obter todas as informações necessárias (de forma precisa e completa), para que possa apresentar o resultado de seu trabalho de forma útil e satisfatória.

Mas não é só.

É de fundamental importância que a equipe envolvida na *due diligence* apresente uma formação sólida, com profundos conhecimentos na área tributária, diante das peculiaridades que poderão surgir na análise dos processos judiciais e administrativos, bem como das mais variadas teses e fatos jurídicos que deram ensejo a lavraturas de autos de infração.

Não existe um procedimento-padrão acerca das informações que serão solicitadas, nem os encargos tributários a que estão sujeitas as pessoas jurídicas. Também não é finalidade deste capítulo esgotar o assunto, já que cada profissional envolvido na auditoria jurídica seguirá o seu procedimento.

O que se pretende, neste momento, é apenas demonstrar os cuidados que devem ser tomados por aqueles que estarão envolvidos na auditoria jurídica na busca completa de todas as informações e documentos para a realização desse trabalho, já que seria pretensioso abordar o procedimento de forma completa (pois sempre dependeremos da empresa que será analisada, do objetivo da auditoria jurídica, das normas vigentes etc.).

O importante é que exista uma investigação completa e exaustiva, com a cooperação das empresas participantes (pelo vendedor, com o fornecimento de informações e documentos, e pelo comprador, com a correta análise dessas informações), dentro do sigilo profissional que envolve esse trabalho.

É de fundamental importância, também, que antes do início do trabalho solicitado, os participantes da auditoria jurídica conheçam a empresa sobre a qual será feito o trabalho e solicitem todos os documentos e informações processuais necessárias para a atividade que será realizada.

De fato, conhecer o ramo da atividade certamente possibilitará uma ideia (e, neste momento, será apenas uma ideia) acerca dos eventuais litígios e teses jurídicas que a empresa pode discutir. Por exemplo: se se estiver diante de uma prestadora de serviços, certamente temas relacionados ao Imposto sobre Serviços de Qualquer Natureza (ISSQN) surgirão no levantamento das informações; se for de uma indústria, possivelmente surgirão temas relacionados ao Imposto sobre Produtos Industrializados IPI), e assim por diante.

Logicamente, existem temas tributários que são aplicáveis a todas as empresas, que devem ser de prévio conhecimento da equipe que estará envolvida no trabalho a ser realizado (por isso, repita-se, é muito importante que a equipe seja composta por profissionais com profundos conhecimentos nesse ramo do Direito).

Regra geral, as solicitações são feitas por meio de um "líder" do projeto, que ficará responsável pela solicitação de documentos e informações perante o cliente, bem como pelo fornecimento das respectivas respostas.

331

Todas as informações, esclarecimentos e solicitação de documentos devem ser feitos de forma escrita, com comprovação de sua entrega ao destinatário. O mesmo deve ocorrer com as respectivas respostas. Com isso, resguarda-se o procedimento adotado pelos profissionais envolvidos na auditoria jurídica e assegura-se que a investigação foi feita de forma completa e com todos os cuidados necessários (ou seja, com a "devida diligência").

Além de conhecer o ramo de atividade da empresa, outra ferramenta importante é a obtenção dos dados referentes ao endereço de sua matriz e das respectivas filiais. A finalidade dessas informações é justamente possibilitar aos profissionais envolvidos no trabalho da auditoria jurídica ter uma dimensão (inicial) do trabalho que será realizado, pois, quanto maior o número de filiais, certamente maior será o número de documentos necessários, para a conclusão dos trabalhos.

Como bem esclarece Leandro Luiz Zancan (2002, p. 439):

> Quanto mais elevado o número de processos administrativos e judiciais lançados pelas autoridades fiscais, maior deve ser a preocupação daquele que está assessorando o futuro adquirente da empresa ou negócio, incumbindo-lhe levar essa preocupação ao conhecimento do interessado nesse negócio. Frequentes autos de infração podem ser indício de um significativo volume e valor de contingências ou passivos.

> Um desfecho desfavorável para os processos em curso pode trazer custos consideráveis ao sucessor do negócio, caso não haja adequada provisão contábil para as possíveis perdas (inclusive quanto a custas judiciais, honorários de peritos, verbas de sucumbência, honorários de assessores contratados, entre outros dispêndios) ou não tenham sido constituídas garantias adequadas de recomposição patrimonial para as possíveis perdas futuras.

Deverão ser conhecidos, também, além do número no Cadastro Nacional das Pessoas Jurídicas (CNPJ), o número de inscrição estadual e inscrição municipal de todos os estabelecimentos (matriz e filiais).

Também caberá aos profissionais envolvidos nessa auditoria jurídica conhecer o seu papel no trabalho que será realizado, sua atuação perante o relatório final (revisão ou elaboração), o idioma em que esse relatório deverá ser elaborado, além da posição de seu cliente no negócio jurídico que está sendo realizado (comprador ou vendedor).

Regra geral, os documentos e informações a serem analisados serão disponibilizados em locais previamente preparados para esse fim (comumente chamados de *data room*), organizados de forma a apresentar aos eventuais interessados o acesso e o conhecimento de seu conteúdo. Atualmente, é muito comum que esses documentos e informações também sejam disponibilizados de forma virtual (os chamados *online data rooms* — que permitem que os documentos sejam revistos no conforto dos próprios escritórios — DIANE FRANKLE et al., 2007, p. 24)[2].

Seja em um ambiente físico, seja em um ambiente virtual, os profissionais envolvidos na auditoria jurídica deverão verificar se todos os documentos e informações necessários para a realização dos trabalhos estarão lá disponibilizados, e solicitar, quando necessário, a sua complementação.

Justamente por haver a necessidade de análise das informações e documentos disponibilizados, além de eventuais esclarecimentos adicionais, é muito importante conhecer os prazos disponibilizados,

---

[2] "Online data rooms allow the reviewing party's due diligence team to review the documents in the comfort of their own offices which generally has the effect of decreasing the cost of the due diligence review (i.e. there is no need to travel to remote locations to carry out the review). However, convenience and potential cost reduction must be balanced against any issues that may result from the broader dissemination of sensitive information". Tradução livre: *Online data room* permite às partes que participam da *due diligence* revisar os documentos em seus próprios escritórios, o que geralmente reduz o custo do trabalho (isto é, não há necessidade de viagens para o trabalho de revisão). Entretanto, conveniência e redução de custos devem ser analisados em relação a problemas que podem existir pela disseminação de informações sigilosas.

não só para a visita ao *data room* (ou ao período de acesso virtual), como também para o término dos trabalhos e elaboração do relatório final, para que a *due diligence* não seja comprometida.

O ideal é que os profissionais envolvidos na auditoria jurídica (no caso, na área tributária) disponibilizem previamente ao respectivo "líder do projeto" a lista de todos os documentos e informações necessários para a realização dos seus trabalhos, ressaltando, desde logo, a possibilidade de solicitação de novos documentos e informações, conforme o que lhes for disponibilizado e em razão das dúvidas que surgirem após a análise do material.

Verifica-se, novamente, que não há como elaborar um "manual" com todos os documentos e informações que devem ser solicitados, já que esse trabalho sempre dependerá da análise detalhada da operação a ser realizada.

Apesar disso, por se tratar de uma auditoria jurídica, que visa à análise dos processos (judiciais e administrativos; ativos e passivos, em andamento ou já arquivados) e à apresentação das contingências existentes em decorrência de tais processos, é fundamental solicitar uma lista de todos esses processos existentes, em andamento e finalizados (principalmente, se ainda for possível o ajuizamento de ação rescisória quanto aos processos já arquivados), acompanhada de um relatório pormenorizado de cada um dos processos (elaborado pelos respectivos advogados responsáveis) e da cópia das principais peças processuais.

Esses processos devem ser referentes à empresa e todas as suas filiais, bem como aos sócios e aos administradores (e respectivos cônjuges, a depender do regime de comunhão do casamento), sempre com o intuito de se identificar uma eventual contingência que possa afetar o negócio que está sendo realizado.

Analisados os processos, sugerimos a elaboração de uma planilha com o resumo de todas as informações obtidas, semelhante à que propomos a seguir[3]:

---

[3] Trata-se apenas de uma sugestão de modelo, cabendo à equipe utilizar o modelo que melhor lhe aprouver.

Modelo 1 — Planilha para resumir as informações obtidas

NOME DO PROJETO (...)

LISTA PRELIMINAR DOS PROCESSOS DISPONIBILIZADOS (co-locar a data)
EMPRESA (...) ou NOME DO SÓCIO, ADMINISTRADOR E/OU CÔNJUGE (...)
CNPJ (...) ou CPF (...)
INSCRIÇÃO ESTADUAL
INSCRIÇÃO MUNICIPAL

Item	Processo	Autor	Réu	Vara	Objeto	Valor da causa	Valor envolvido	Chances de perda	Garantia ou depósito	Provisão	Comentários

Além da análise dos processos judiciais e administrativos, a fim de se comprovar a existência, ou não, de outras contingências não informadas (ou não constantes nos documentos e listagem de processos fornecidos), é fundamental a análise de diversas certidões tributárias (federais, estaduais e municipais).

Apenas com o intuito de facilitar a identificação dessas certidões (e exclusivamente para esse fim), destacamos, de forma exemplificativa, resumida, com nossos comentários e adições, as certidões mencionadas por Fernanda Berendt (2008, p. 213)[4]:

a) certidões atualizadas do INSS (Certidão Negativa de Débito — CND), (i) em nome da empresa (abrangendo todas as suas filiais e do(s) respectivo (s) imóvel(eis) — por isso a importância de se conhecer previamente a existência de filiais e suas localidades, como já citado anteriormente), (ii) em nome das empresas que prestam serviços terceirizados e (iii) o relatório de restrições emitido pelo INSS, em que constem todas as pendências da empresa quando da obtenção da última CND;

b) certidões de quitação de tributos e contribuições (federal, estadual e municipal — mobiliários e imobiliários);

c) certidões de inscrição em dívida ativa da União, Estados, Distrito Federal e Municípios;

d) certidões dos cartórios distribuidores de ações (Justiça Federal e Estadual) das comarcas onde a empresa mantém estabelecimentos (para ações ajuizadas pela empresa, bem como para aquelas ajuizadas contra ela, inclusive execuções fiscais);

e) certidão específica, emitida pela Secretaria da Receita Federal do Brasil (RFB), com informações da situação do sujeito passivo quanto às contribuições sociais previstas nas alíneas *a*, *b* e *c* do parágrafo único do art. 11 da Lei n. 8.212, de 24 de julho de 1991, às contribuições instituídas a título de substituição, e às contribuições

---

[4] Julgamos importante destacar, neste momento, que a citação das mencionadas certidões é feita apenas de forma exemplificativa, pois para uma identificação completa é necessário o conhecimento do negócio jurídico realizado, da atividade exercida pela empresa analisada e de sua respectiva localidade. Sugerimos que a cada novo trabalho a ser realizado sejam verificadas as certidões atualmente existentes, conforme a legislação específica de cada localidade.

devidas, por lei, a terceiros, inclusive às inscritas em dívida ativa do Instituto Nacional do Seguro Social (INSS);

f) certidão conjunta, emitida pela RFB e Procuradoria-Geral da Fazenda Nacional (PGFN), com informações da situação do sujeito passivo quanto aos demais tributos federais e à divida ativa da União, por elas administrados;

g) certidão negativa de débitos relativos às contribuições previdenciárias e às de terceiros;

h) certidão de Fundo de Garantia por Tempo de Serviço — FGTS emitida em nome da empresa e de suas filiais;

i) certidão ou relatório emitido pela Receita Federal do Brasil indicando os processos administrativos relativos a tributos federais em curso e em nome da empresa, ainda não inscritos em dívida ativa;

j) declaração de regularidade de situação do contribuinte individual.

Como tivemos oportunidade de destacar anteriormente, a nosso ver, essas certidões (ainda que a listagem não seja exaustiva) devem contemplar também os sócios e os administradores e respectivos cônjuges, caso seja necessário.

O que se pretende com a análise de todas as certidões e relatórios é a prova de regularidade fiscal da empresa, sócios, administradores e, se for o caso, respectivos cônjuges perante a União, Estados, Distrito Federal e Municípios, além da identificação de eventuais processos (judiciais ou administrativos) e outras pendências, que não tenham sido disponibilizados ou, ainda, identificados na documentação inicialmente fornecida. Por isso, listar todas as certidões necessárias, de forma exaustiva, neste trabalho seria pretensioso.

Destaque-se que todas as certidões e relatórios devem ser recentes e respeitar o prazo de validade durante todo o período da auditoria jurídica que está sendo realizada. Caso isso não ocorra, novas certidões e relatórios devem ser solicitados.

Uma vez identificadas todas as certidões e relatórios válidos, caberá à equipe envolvida no trabalho de *due diligence*, principalmente aqueles que visitarem o *data room* (ou acessarem o *data room* virtual), elaborar uma planilha demonstrativa das certidões recebidas, conforme o CNPJ, inscrição estadual e inscrição municipal de cada estabelecimento (e dos sócios, administradores e respectivos cônjuges), observando a data de validade, a respectiva situação (se foram ou não disponibilizadas) e os seus efeitos (positiva, negativa ou positiva com efeito de negativa).

A título de sugestão, apresentamos um modelo onde deverão constar essas informações[5]:

Modelo 2 — Planilha para reunir os dados fiscais

LISTA PRELIMINAR DAS CERTIDÕES DISPONIBILIZADAS EM (colocar a data)
EMPRESA (...) ou NOME DO SÓCIO, ADMINISTRADOR E/OU CÔNJUGE (...)
CNPJ (...) ou CPF (...)
Inscrição Estadual
Inscrição Municipal

Certidão	Situação (disponibilizada) (não disponibilizada)	Efeitos (positiva) (negativa) (positiva com efeitos de negativa)	Validade	Informações do cliente	Informações do nosso escritório

Como tivemos oportunidade de mencionar (e agora já é possível verificar), toda *due diligence* é realizada com base na docu-

---

[5] Assim como a planilha anterior, trata-se apenas de uma sugestão de modelo.

mentação fornecida pelo estabelecimento vendedor. Não é por outro motivo que quanto maior e mais completa for a solicitação de informações e documentos, maior será a certeza sobre o trabalho realizado.

Além disso, com a correta solicitação de informações e documentos, maior será a chance de que não ocorra qualquer omissão de informações (eis, novamente, a importância de que todas as informações e documentos sejam sempre solicitados por escrito, assim como as respectivas respostas).

Isso, contudo, não exclui a responsabilidade daqueles que estão analisando as informações e os documentos recebidos. Em que pese o fato de que as informações e documentos sejam fornecidos pelo vendedor, certamente caberá aos profissionais envolvidos no trabalho de *due diligence* analisá-los com a "devida diligência" e "zelo razoável", não só para verificar se estão completos, mas também confirmar a sua exatidão.

A fim de ilustrar a relevância desses cuidados, citamos um exemplo trazido por Maristela Sabbag Abla (2005, p. 118 e 119):

> Um caso americano clássico com relação ao padrão apropriado de responsabilidade das partes envolvidas em um processo de *due diligence* é o Escott v. BarChris Construction Corporation, 283 F.Supp. 643 (S.D.N.Y. 1968). Trata-se de um caso de emissão de debêntures pela BarChris Construction Corporation, quando foram divulgadas algumas declarações falsas acerca das suas condições financeiras. Os réus acabaram alegando as defesas de *due diligence* compreendendo a condução de investigação razoável e observância ao zelo razoável. De acordo com o entendimento da Corte americana neste caso específico, *due diligence* varia de acordo com dois fatores: (1) acesso à informação interna da empresa por parte da pessoa que prestou a declaração; e (2) a posição desta pessoa perante a empresa, quer seja na qualidade de funcionário interno ou de um terceiro contratado. A Corte americana considerou solidariamente responsáveis os advogados, o representante da empresa e a pessoa responsável pela

elaboração das declarações falsas. Segundo entendimento deste tribunal, tais pessoas ocupavam uma posição especial e deveriam ter investigado indícios de que alguma coisa estava errada.

A corte declarou ainda que é impossível definir uma regra rígida que seja apropriada para cada caso, na qual contenha a extensão exata que esta investigação e verificação deva ser conduzida. É uma questão de grau, uma questão de julgamento de cada caso concreto. Naquele caso, os advogados não fizeram praticamente nenhuma tentativa para verificar as declarações da administração.

Resta claro, portanto, que o trabalho daqueles que terão acesso aos documentos e informações não poderá estar limitado à mera compilação ou resumo do que foi analisado, cabendo sempre uma verificação criteriosa e crítica.

Dessa forma, após a análise dos documentos recebidos (certidões e cópia dos processos judiciais e/ou administrativos), caberá à equipe elaborar os questionamentos pertinentes, visando identificar informações que não foram fornecidas, além de esclarecer dúvidas sobre as informações existentes nas certidões e processos disponibilizados.

Findo esse trabalho, deverá ser elaborado (ou revisado, conforme o caso) um sumário, cuja finalidade é apresentar de forma objetiva as eventuais contingências judiciais e administrativas.

Não existe, também, um "modelo-padrão" desse sumário. Todavia, é importante que nele constem todas as informações necessárias, por exemplo: identificação das empresas; relação dos documentos analisados e disponibilizados e aqueles não disponibilizados; a premissa da veracidade das informações fornecidas; análise das chances de perda; eventuais parcelamentos de débitos tributários; relação dos processos judiciais e administrativos, com uma breve descrição da fase processual e as chances de perda etc.

No *site* da Comissão de Valores Mobiliários (www.cvm.gov.br), no campo "registro de ofertas públicas", é possível identificar diversos exemplos de sumários relativos à área tributária.

A título exemplificativo (e devido ao tamanho do respectivo

arquivo), no anexo ao presente capítulo citamos apenas a parte referente à área tributária — tema do presente capítulo — de alguns dos seguintes Prospectos de Distribuição Pública (escolhidos aleatoriamente) do período compreendido entre 1º-1-2010 e 11-10-2010[6].

11.4 Considerações finais

Como é possível verificar, apesar de não existir um "roteiro padrão", ou *checklist* acerca dos procedimentos que são necessários para a realização de um trabalho de auditoria jurídica na área tributária, o sucesso do trabalho dependerá da obtenção de todos os documentos, informações, processos (judiciais e administrativos) e certidões fiscais (Federais, Estaduais, do Distrito Federal e Municipais), que permitam o pleno conhecimento da situação da empresa aos respectivos interessados no negócio a ser realizado.

REFERÊNCIAS

DOUTRINA

ABLA, Maristela Sabbag. Sucessão empresarial — declarações e garantias — o papel da *legal due diligence*. In: CASTRO, Rodrigo R. Monteiro de; ARAGÃO, Leandro Santos de (coord.). **Reorganização societária**. São Paulo: Quartier Latin, 2005.

ABRAHAM, Marcus (coord.). **Manual de auditoria jurídica — legal due diligence**: uma visão multidisciplinar no Direito Empresarial Brasileiro. São Paulo: Quartier Latin, 2008.

---

[6] Comissão de Valores Mobiliários. Disponível em: <http://www.cvm.gov.br>. Acesso em 11 out. 2010. Alguns prospectos citados foram arquivados em sua versão preliminar e estão sujeitos a alterações e correções. Recomendamos ao leitor, em sendo o caso, a verificação da redação final.

BARROS, Betania Tanure de; SOUZA, Heloiza Helena Rocha Faria de; STEUER, Ruth. Gestão nos processos de fusões e aquisições. In: **Fusões e aquisições no Brasil — entendendo as razões dos sucessos e fracassos.** São Paulo: Atlas, 2003.

BERENDT, Fernanda et al. *Due Diligence* no Direito Tributário: manual para auditoria jurídica e contábil na área tributária. *In*: ABRAHAM, Marcus (coord.). **Manual de auditoria jurídica — legal due diligence: uma visão multidisciplinar no Direito Empresarial Brasileiro.** São Paulo: Quartier Latin, 2008.

CARVALHO. Paulo de Barros. **Teoria da norma tributária.** 3. ed. São Paulo: Max Limonad, 1998.

FRANKLE, Diane Holt; LANDSMAN, Stephen A.; GREENE, Jeffrey J. **The mergers & acquisitons handbook — a pratical guide to negotiated transactions.** Bowne, 2007.

WALD, Arnoldo; MORAES, Luiza Rangel de; WAISBERG, Ivo. Fusões, incorporações e aquisições — aspectos societários, contratuais e regulatórios. *In*: WARDE JR. (coord.). **Fusão, cisão, incorporação e temas correlatos.** São Paulo: Quartier Latin, 2009.

ZANCAN, Leandro Luiz. Aspectos tributários em operações de *mergers & acquisitons*. *In*: SADDI, Jairo. **Fusões e aquisições:** aspectos jurídicos e econômicos. São Paulo: IOB, 2002.

LEGISLAÇÃO

ESTADOS UNIDOS. **Securities act of 1933**. Disponível em: <http://www.sec.gov/about/laws/sa33.pdf>. Acesso em: 9 out. 2010.

OUTRAS REFERÊNCIAS

BRASIL. Comissão de Valores Mobiliários (CVM). Disponível em: <http://www.cvm.gov.br>. Acesso em 11 out. 2010.

ANEXOS[7]

Prospecto 1: ALIANSCE SHOPPING CENTERS
PROCEDIMENTOS JUDICIAIS E ADMINISTRATIVOS
Na maior parte de nossos *Shopping Centers* temos condomínios edilícios instituídos, que são responsáveis pelo pagamento dos valores relacionados a contingências de qualquer natureza relativas aos *Shopping Centers*.

Especificamente em relação ao Via Parque *Shopping*, nossa participação é detida por um fundo de investimento imobiliário que é o responsável pelas contingências existentes no referido *shopping*. Em ambas as hipóteses para efetuar o pagamento destas contingências é necessário fazer uma chamada de recursos de todos os condôminos/quotistas do condomínio/fundo. Para mais informações sobre os riscos relativos a este tipo de estrutura patrimonial, favor ver Seção "Fatores de Risco — Riscos Relacionados à Companhia" na p. 86 deste Prospecto.

No curso normal de nossos negócios, somos parte em processos judiciais e/ou administrativos decorrentes das atividades exercidas por nossos *Shopping Centers*. Resumimos no quadro abaixo o saldo das provisões para contingências judiciais e/ou administrativas por nós constituídas

Em 31 de dezembro de 2008(1) Em 30 de setembro de 2009(1)

	Em 31 de dezembro de 2008(1)	Em 30 de setembro de 2009(1)
Trabalhista	45	84
Tributário e Previdenciário	8.202	8.614

---

[7] Prospectos de Distribuição Pública (escolhidos aleatoriamente) no período compreendido entre 1º-1-2010 e 11-10-2010. Todos disponíveis em: <http://www.cvm.gov.br>. Acesso em: 11 out. 2010. Clicar em: "Prospectos Definitivos", "Consulta por data", "IPE", preencher como categoria "Prospecto de Distribuição Pública" e, como data, o intervalo acima mencionado. Depois, é só clicar no nome da empresa desejada e fazer o *download* do Prospecto em questão.

Cível 38		47
Total Consolidado(2) 8.285		8.745

_____

(1) em milhares de reais.

(2) o total consolidado indicado é arredondado.

AÇÕES FISCAIS

Via Parque Shopping

Possuímos participação no FIIVPS, que detém o Via Parque *Shopping*. Entendemos ser o fundo responsável pelo pagamento de contingências de qualquer natureza, caso venham a materializar-se. Assim, apesar do nosso entendimento de não sermos os responsáveis por tais ações, acreditamos ser apropriado prover informações sobre as contingências existentes no Via Parque *Shopping*.

Em 30 de setembro de 2009, o Via Parque *Shopping* era parte em 37 processos de natureza tributária e previdenciária com risco de perda possível, envolvendo o valor aproximado de R$ 5.500 mil.

O Via Parque *Shopping* é parte em processos tributários relacionados à cobrança de débitos referentes a contribuições previdenciárias cujos prognósticos de perda são possíveis. Na data deste Prospecto, existiam execuções fiscais propostas pelo Instituto Nacional do Seguro Social — INSS no valor aproximado de R$ 3.800 mil. A Execução Fiscal n. 2002.51.01.513635-3, no valor de R$ 1.141 mil (em 30 de setembro de 2009), tem como objeto a cobrança de contribuições sociais incidentes sobre valores pagos a título de vale-transporte, o suposto não recolhimento do Seguro Acidente de Trabalho — SAT e o não recolhimento das contribuições destinadas ao INCRA, SENAC, SESC, SEBRAE e salário educação. A Execução Fiscal n. 2005.51.01.514742-0, no valor de R$ 1,31 mil (em 30 de setembro de 2009), tem como objeto a cobrança das NFLDs ns. 35.202.793-2, 35.216.278-3 e 35.216.338-3, lavradas em razão do não recolhimento das contribuições previdenciárias supostamente incidentes sobre o pagamento do auxílio transporte, bem como do pagamento realizado a autônomos. Em relação aos referidos processos executivos, foram opostos embargos à execução fiscal pelo Via Parque *Shopping*, que aguardam julgamento.

Adicionalmente o Via Parque *Shopping* é parte em Execuções Fiscais e possui alguns débitos junto à Fazenda Municipal do Rio de Janeiro relativos ao IPTU. Os débitos do IPTU já inscritos na dívida pública do município do Rio de Janeiro somam o montante de R$ 3.000 mil em 30 de setembro de 2009, sendo que há um montante de aproximadamente R$ 2.900 mil depositado judicialmente garantindo este passivo, cujo prognóstico de perda é provável.

Por fim, o Via Parque *Shopping* ajuizou ação ordinária em 8 de outubro de 2003 em face da Fazenda do Estado do Rio de Janeiro e da Light Serviços de Eletricidades S.A. pleiteando o reconhecimento do seu direito ao recolhimento do ICMS apenas sobre a energia elétrica efetivamente consumida e não sobre o valor do contrato de demanda reservada de potência, bem como pleiteando a restituição dos pagamentos feitos a maior, devidamente atualizados. Estima-se em aproximadamente R$ 3.000 mil o montante a ser recuperado pelo Via Parque. A chance de êxito nesta ação é considerada como provável. A sentença de primeira instância foi procedente, tendo sido reconhecido o direito do Via Parque ao ressarcimento dos valores pagos indevidamente nos últimos cinco anos. As partes recorreram, sendo que o Via Parque pleiteia a reforma da sentença para que seja determinada a restituição do ICMS pago indevidamente nos últimos 10 anos. Atualmente, estão pendentes de julgamento um Recurso Extraordinário apresentado pela Fazenda do Estado do Rio de Janeiro pleiteando a reforma da sentença que determinou a incidência do ICMS somente sobre a energia elétrica consumida, bem como um Agravo Regimental em Recurso Especial apresentado pelo Via Parque pleiteando a reforma da sentença para que seja reconhecido o direito à restituição do ICMS pago indevidamente nos últimos 10 anos. Entendemos que o prognóstico de perda para o Via Parque *Shopping* é remoto.

Caso haja decisão desfavorável em qualquer das ações acima, o administrador do FIIVPS deverá solicitar aos quotistas aporte adicional de recursos a fim de fazer frente ao pagamento das condenações. Caso entendamos não ser conveniente realizar novo aporte de recursos no FIIVPS, poderemos ter nossa participação no fundo e, consequentemente, no Via Parque *Shopping*, diluída. Na hipótese de qualquer outro quotista do FIIVPS deixar de realizar o aporte solicitado pelo administrador, e nós decidirmos pela conveniência do aporte, existe a possibilidade de fazermos um aporte de recursos superior ao correspondente à nossa participação no FIIVPS. Adicionalmente, não podemos garantir que os outros quotistas do FIIVPS aportarão novos recursos no fundo. Caso não aportem, o FIIVPS poderia ter que alienar ativos para fazer frente ao pagamento dos valores devidos, o que geraria uma perda patrimonial aos quotistas, incluindo nossa Companhia. A diluição de nossa participação no FIIVPS, a decisão de realizar aporte superior ao valor equivalente à nossa participação no fundo ou a perda patrimonial gerada pela eventual venda de ativos pelo FIIVPS poderão resultar em um efeito adverso sobre nossos resultados.

Carioca Shopping

O Carioca *Shopping* possui uma pendência na prefeitura referente ao IPTU desde 2003. Tal litígio teve início com a cobrança indevida de IPTU de algumas unidades autônomas, já contribuintes de IPTU, que estavam inseridas no projeto. Em razão disso os condôminos do *shopping* ingressaram com diversos pedidos administrativos de revisão de metragem e impugnação do valor venal do imóvel. O débito lançado pela prefeitura monta em aproximadamente R$ 14.600 mil em 30 de setembro de 2009.

Junto com os outros condôminos, ingressamos com procedimento administrativo e, de acordo com a opinião de nossos consultores legais, acreditamos como prováveis as chances de o débito ser diminuído para aproximadamente R$ 10.500 mil o que, considerando a nossa participação no empreendimento de 40%, acarretaria um risco de perda de R$ 4.100 mil que está devidamente provisionado em nosso balanço.

Bangu Shopping

O Bangu *Shopping* possui pendências perante a Prefeitura do Município do Rio de Janeiro referentes a débitos de IPTU, relativos aos períodos de 1997 a 2008. O Bangu *Shopping* apresentou pedido de reconhecimento de isenção de IPTU para o ano de 1997, com fundamento no art. 61 do Código Tributário do Município do Rio de Janeiro, que concede o benefício para imóveis de interesse histórico e cultural, assim reconhecido pelo Órgão Municipal competente, tendo em vista o tombamento da Fábrica de Tecidos Bangu, empreendimento que funcionava no endereço do *Shopping*. Em 1997, foi instaurado processo administrativo para reconhecimento de tal isenção, todavia referido processo foi extinto sem julgamento do mérito, em 19 de abril de 2006, em razão do extravio dos autos nas dependências da Municipalidade. Em 1º de dezembro de 2006, o Bangu *Shopping* apresentou novo pedido de reconhecimento da isenção perante a Secretaria Municipal de Fazenda, visando à declaração do benefício desde 1997. Atualmente, o pedido de isenção encontra-se pendente de julgamento e entendemos que o prognóstico de perda para o Bangu *Shopping* é possível.

Paralelamente, em decorrência da ausência do reconhecimento de isenção, os débitos de IPTU relativos aos períodos de 1997 a 2000 são objeto de 4 (quatro) execuções fiscais ajuizadas pela Fazenda do Município do Rio de Janeiro e perfaziam o valor total aproximado de R$ 5.800 mil em setembro de 2009. Os débitos de IPTU relativos aos anos de 2001 a 2008, no montante de R$ 5.634 mil (setembro de 2009), são objeto de cobrança administrativa, sendo que sua exigibilidade está suspensa em decorrência de impugnações apresentadas pelo *Shopping*. Acreditamos que a João Fortes Engenharia S.A., acionista de quem adquirimos a participação no *Shopping*, é responsável pelas contingências decorrentes do pedido de imunidade do IPTU referentes aos exercícios anteriores ao ano

347

de 2006 em valor histórico de R$ 9.000 mil em 30 de junho de 2006 e classificamos o nosso prognóstico de perda como possível.

Prospecto 2: *AMPLA ENERGIA E SERVIÇOS S.A.*

Pendências Judiciais e Administrativas Fiscais

Em 30 de setembro de 2009, a Companhia era parte em diversos procedimentos administrativos e judiciais de natureza tributária. Em tal data havia uma provisão referente a assuntos fiscais, incluindo processos administrativos e judiciais, no valor de R$ 50,8 milhões.

Os procedimentos administrativos e processos judiciais de natureza fiscal de maior relevância referem-se às seguintes matérias:

Imposto de Renda — remessas ao exterior

No dia 1º de julho de 2005, a SRF lavrou contra a Companhia auto de infração em razão de ter entendido que houve perda do benefício fiscal de redução a zero da alíquota do imposto de renda na fonte — IRF incidente sobre os juros e demais rendimentos remetidos ao exterior, em decorrência de *Fixed Rate Notes* emitidos pela Ampla em 1998. Em 2ª instância, a Ampla obteve decisão favorável, em que se declarou a insubsistência do Auto. Desta decisão ainda cabe recurso. Conforme parecer dos advogados externos, a probabilidade de perda na esfera administrativa é possível, motivo pelo qual a Administração decidiu por não contabilizar provisão. O valor envolvido neste processo, atualizado em 30 de setembro de 2009, é de R$ 696,0 milhões.

COFINS sobre energia elétrica — Ação Rescisória

Em agosto de 1996, a Ampla obteve êxito em Mandado de Segurança que questionava a incidência da COFINS sobre as operações de energia elétrica, tendo como argumento a imunidade tributária definida no § 3º do art. 155 da Constituição Federal de 1988. Devido a esta decisão, a Companhia ficou autorizada a não efetuar o recolhimento da COFINS durante o período de agosto de

1996 a dezembro de 2001. Com o advento da Emenda Constitucional n. 33, de 11 de dezembro de 2001, que modificou o texto do dispositivo constitucional citado, a Ampla passou a recolher em abril de 2002 os valores dessa contribuição, de acordo com o que dispunha a Lei n. 9.718, de 27 de novembro de 1998 e, a partir de fevereiro de 2004, pela alíquota de 7,6%, segundo as normas da Lei n. 10.833/03. Em 8 de abril de 1997, a União Federal propôs uma ação rescisória em face da Companhia com o fim de anular a decisão proferida pelo Tribunal Regional Federal da 2ª Região, em 27 de julho de 1996, no referido Mandado de Segurança. A Companhia obteve sucessivos êxitos no sentido da inadmissibilidade da ação rescisória e aguarda julgamento de recurso apresentado pela União Federal. Os advogados externos entendem que a probabilidade de perda é possível, motivo pelo qual a Administração decidiu por não constituir provisão. O valor envolvido neste processo, atualizado em 30 de setembro de 2009, é de R$ 398,3 milhões.

COFINS — Auto de Infração período pós-imunidade

A SRF lavrou um Auto de Infração para cobrar débitos de Cofins decorrentes de supostos pagamentos a menor no período de dezembro/2001 a junho/2002. A Ampla impugnou o Auto, o qual foi julgado procedente em primeira instância administrativa. A Companhia apresentou recurso voluntário, que foi julgado parcialmente procedente: procedente para afastar a incidência da Cofins sobre receitas financeiras e improcedente quanto à observância da noventena. A Fazenda e a Companhia apresentaram recurso à Câmara Superior de Recursos Fiscais, que aguardam julgamento. Os advogados externos entendem que a probabilidade de perda é possível, motivo pelo qual a Administração decidiu por não constituir provisão. O valor envolvido neste processo, atualizado em 30 de setembro de 2009, é de R$ 155,9 milhões.

ICMS — Prazo de Recolhimento

Em 26 de setembro de 2005, a Companhia foi autuada pela Secretaria de Receita do Estado do Rio de Janeiro em razão de recolhimento espontâneo, fora do prazo legal estipulado pelo Decreto n. 31.632, de 1º de agosto de 2002, de ICMS e do adicional de ICMS destinado ao Fundo Estadual de Combate à Pobreza sem o pagamento dos acréscimos legais. Em decisão de 1ª instância os autos foram julgados procedentes pela Junta de Revisão Fiscal. A Ampla apresentou recurso, o qual aguarda julgamento. Os advogados externos entendem que a probabilidade de perda é possível, motivo pelo qual a Administração decidiu por não constituir provisão. O valor envolvido neste processo, atualizado em 30 de setembro de 2009, é de R$ 150,2 milhões.

PIS — Auto de Infração

A SRF lavrou Auto de Infração objetivando a cobrança de débitos de PIS sob o argumento de que a Ampla não recolheu corretamente os valores devidos nos meses de janeiro/2002 até junho/2002. Em primeira instância o auto de infração foi julgado procedente. O recurso apresentado pela Ampla ao Conselho de Contribuintes foi acolhido para afastar a incidência do PIS sobre receitas financeiras. Contra essa decisão a Fazenda apresentou recurso especial à Câmara Superior de Recursos Fiscais, que aguarda julgamento. Os advogados externos entendem que a probabilidade de perda é possível, motivo pelo qual a Administração decidiu por não constituir provisão. O valor envolvido neste processo, atualizado em 30 de setembro de 2009, é de R$ 12,9 milhões.

ICMS — Não incidência sobre determinadas operações

Em 9 de abril de 2007 a Ampla ajuizou ação anulatória de débitos de ICMS levando-se em conta a não incidência do tributo sobre determinadas operações de venda (demanda contratada). A Companhia aguarda decisão de primeira instância judicial. Os advogados externos entendem que a probabilidade de perda é possível, motivo pelo qual a Administração decidiu por não constituir provisão. O valor envolvido neste processo, atualizado em 30 de setembro de 2009, é de R$ 3,4 milhões.

ICMS — Crédito oriundo da aquisição de bens destinados ao ativo permanente

A Ampla recebeu 3 autos de infração lavrados para cobrar débitos relativos aos períodos de dezembro/1996 a novembro/1998, novembro/1998 a março/1999 e julho/1997 a outubro/1998, nos valores atualizados em setembro de 2009 de R$ 8,6 milhões, R$ 1,3 milhão e R$ 16,7 milhões, sob o argumento de que a Companhia não comprovou os valores de créditos de ICMS oriundos da aquisição de bens destinados ao ativo permanente. Para os 3 autos de infração a Companhia aguarda decisão de segunda instância administrativa. Adicionalmente, a Ampla ajuizou ação anulatória de débito de ICMS oriundo de auto de infração relativo ao período de nov./98 a mar./99 lavrado sob o argumento de que a Companhia não comprovou os valores de créditos de ICMS oriundos da aquisição de bens destinados ao ativo permanente, no valor atualizado em setembro de 2009 de R$ 11,8 milhões. A Companhia aguarda decisão de primeira instância judicial. Os advogados externos entendem que a probabilidade de perda dos autos e do processo é possível, motivo pelo qual a Administração decidiu por não constituir provisão.

ICMS — Compensação de créditos sem comprovação documental

A Secretaria de Fazenda do Estado do Rio de Janeiro lavrou um auto de infração sob o argumento de que a Ampla se creditou indevidamente de valores de ICMS (exercício de 1998) sem comprovação documental. A Companhia aguarda decisão do Conselho de Contribuintes. Os advogados externos entendem que a probabilidade de perda é possível, motivo pelo qual a Administração decidiu por não constituir provisão. O valor envolvido neste processo, atualizado em 30 de setembro de 2009, é de R$ 12,1 milhões.

ICMS — Saída de bens para reparação

A Ampla ajuizou 2 Ações Anulatórias de débitos de ICMS nos valores atualizados em setembro de 2009 de R$ 8,8 milhões e de R$ 9,6 milhões, cobrados sobre as saídas de bens para reparação sem incidência do tributo, não tendo havido a comprovação do retorno ao estabelecimento de origem no prazo legal de 180 dias, no período de fevereiro/1998 a agosto/2000. A Companhia aguarda decisão de primeira instância judicial nos 2 processos. Os advogados externos entendem que a probabilidade de perda é possível, motivo pelo qual a Administração decidiu por não constituir provisão.

ICMS — Aquisição de bens acompanhados de documentação fiscal supostamente inidônea

Em 18 de abril de 2001, a Secretaria de Fazenda do Estado do Rio de Janeiro lavrou um auto de infração no valor atualizado em setembro de 2009 de R$ 1,3 milhão para cobrar débitos de ICMS relativos ao período de 10 de janeiro de 1999 a 10 de novembro de 2000, decorrentes de aquisição de bens acompanhados de documentação fiscal supostamente inidônea. A Companhia aguarda decisão do Recurso apresentado ao Conselho de Contribuintes. Os advogados externos entendem que a probabilidade de perda é possível, motivo pelo qual a Administração decidiu por não constituir provisão.

ICMS — Comparação entre informes gerenciais e livros fiscais

A Companhia impetrou Mandado de Segurança questionando a legalidade da possibilidade de o Secretário de Fazenda avocar decisão unânime do Conselho de Contribuintes que havia julgado improcedente 2 autos de infração. Os débitos são decorrentes de suposto pagamento a menor, de acordo com a comparação entre os informes gerenciais e os livros fiscais. A Ampla obteve decisões favoráveis nas instâncias inferiores e aguarda decisão em recurso do Estado ao Supremo Tribunal Federal — STF. Os advogados externos entendem que a probabilidade de perda é possível, motivo pelo qual a Administração decidiu por não constituir provisão. O valor envolvido neste processo, atualizado em 30 de setembro de 2009, é de R$ 3,6 milhões.

Taxa de uso de solo

A Ampla possui 3 processos que objetivam a cobrança de Taxa de Uso de Solo pela permanência de instalações fixas em vias e espaços públicos, relativos ao período de 2002 a 2009, os quais perfazem o montante atualizado em setembro de 2009 de R$ 43,1 milhões. No processo referente ao ano de 2002, a Companhia aguarda decisão de primeira instância administrativa acerca do auto de infração. Com relação aos processos relativos aos anos de 2003 a 2009, a Companhia está discutindo as cobranças na esfera judicial em um Mandado de Segurança e em uma Execução Fiscal. Os advogados externos entendem que a probabilidade de perda é possível, motivo pelo qual a Administração decidiu por não constituir provisão.

ISS

No dia 30 de maio de 2003, o Município de Cabo Frio lavrou contra a companhia auto de infração visando à cobrança de débito fiscal no valor atualizado em setembro de 2009 de R$ 8,2 milhões, relativo ao período de janeiro de 1997 a maio de 2002. A Ampla apresentou Impugnação ao Auto de Infração e aguarda decisão. Os advogados externos entendem que a probabilidade de perda é possível, motivo pelo qual a Administração decidiu por não constituir provisão.

COFINS e PIS — Compensações não homologadas

A Ampla recebeu em 24 de novembro de 2008 termos de intimação fiscal da não homologação de 2 pedidos de compensação de débitos de COFINS e PIS nos valores de R$ 2,5 milhões e R$ 6,5 milhões do período de apuração de novembro de 2003, com créditos decorrentes do pagamento a maior de COFINS do período de outubro de 2002. Em 23 de dezembro de 2008 foram apresentadas manifestações de inconformidade e aguardam-se as decisões.

COFINS — Compensação não homologada

A Ampla recebeu em 29 de abril de 2009 termo de intimação fiscal da não homologação de pedido de compensação de débito de COFINS no valor de R$ 5,9 milhões do período de apuração de setembro de 2002, com crédito decorrente do pagamento a maior de IRPJ do período de janeiro de 2005. Em 29 de maio de 2009 foi apresentada manifestação de inconformidade e aguarda-se decisão.

PIS/COFINS/IRPJ/CSLL — Compensação não homologada

A Ampla recebeu em 2 de julho de 2009 termo de intimação fiscal da não homologação de pedido de compensação de débito de PIS/COFINS/IRPJ/CSLL no valor de R$ 29,8 milhões do período de apuração de abril de 2006, maio de 2006, julho de 2005, agosto de 2005, janeiro de 2006 e fevereiro de 2006, com crédito decorrente do pagamento a maior de IR do período de outubro de 2002. Em 31 de julho de 2009 foi apresentada manifestação de inconformidade e aguarda-se decisão.

COFINS e PIS — Repasse na tarifa

Com a criação do regime da não cumulatividade para o PIS (Lei n. 10.637, de 29 de dezembro de 2002) e para a COFINS (Lei n. 10.833/2003), as alíquotas efetivas de tais tributos passaram a variar conforme os créditos e débitos relacionados ao período. A Ampla passou a calcular e recolher tais tributos de acordo com a nova sistemática, tendo sido devidamente autorizada pela ANEEL (Resolução Homologatória da ANEEL n. 298, de 13 de março de 2006) a incluir na fatura de energia elétrica a ser paga pelo consumidor, a exemplo do ICMS, as despesas do PIS/PASEP e da COFINS efetivamente incorridas pela concessionária no exercício da atividade de distribuição de energia elétrica. Entretanto, a Companhia, juntamente com as demais empresas do setor, vem sendo questionada em ações individuais ingressadas por consumidores acerca de tal procedimento. Os advogados externos entendem que a probabilidade de perda é possível, motivo pelo qual a Administração decidiu por não constituir provisão. Em 30 de setembro de 2009 o valor estimado dos processos era de R$ 2,0 milhões.

ICMS — Incidência sobre Furto de Energia

Em 2 de junho de 2009, a Companhia foi autuada pela Secretaria de Receita do Estado do Rio de Janeiro por deixar de recolher o ICMS e o adicional de ICMS destinado ao Fundo Estadual de Combate à Pobreza incidente sobre as perdas comerciais (furto de energia). A Ampla apresentou impugnação ao auto e aguarda seu julgamento. Os advogados externos entendem que a probabilidade de perda é remota, motivo pelo qual a Administração decidiu por não constituir provisão. O valor envolvido neste processo, atualizado em 30 de setembro de 2009, é de R$ 320,6 milhões.

ICMS — Crédito oriundo da aquisição de bens destinados ao ativo permanente

A Ampla ajuizou Ação Anulatória de débitos de ICMS decorrentes da não comprovação da aquisição de bens destinados ao ativo permanente no período de janeiro/1999 a janeiro/2001, no valor atualizado em setembro de 2009 de R$ 4,8 milhões. Os advogados externos entenderam que a probabilidade de perda é provável, motivo pelo qual a Administração decidiu por constituir provisão. A Companhia obteve decisão desfavorável e aguarda conversão em renda dos valores depositados à Fazenda Estadual.

ICMS — Pagamento a menor

O Estado de Rio de Janeiro ajuizou Execução Fiscal para cobrar débito tributário decorrente de suposto pagamento a menor no período de fevereiro/1999 a setembro/2000, no valor atualizado em setembro de 2009 de R$ 6,9 milhões. A Ampla apresentou defesa (embargos execução) e aguarda decisão de primeira instância judicial. Os advogados externos entendem que a probabilidade de perda é provável, motivo pelo qual a Administração decidiu por constituir provisão.

Contribuição Previdenciária

O INSS ajuizou, em 24 de setembro de 1998, execução fiscal em face da Companhia, para cobrança dos créditos decorrentes da não retenção da contribuição previdenciária, incidente à alíquota de 11%, sobre a prestação de serviços por terceiros. A Companhia opôs embargos à execução fiscal questionando a referida execução fiscal. Concomitantemente, a Companhia ajuizou ação anulatória de débito fiscal com o objetivo de anular o crédito tributário objeto da execução fiscal. A execução fiscal e os embargos à execução fiscal se encontram suspensos, aguardando a decisão final a ser proferida nos autos da ação anulatória de débito fiscal. A ação anulatória ainda se encontra pendente de julgamento em primeira instância. Na execução fiscal foi requerida a substituição dos bens oferecidos em penhora por carta de fiança, sendo deferido. Expedidos ofícios para levantamento das penhoras sobre os imóveis de propriedade da Companhia. O valor envolvido na execução fiscal ajuizada em 1998 atinge a soma de R$ 3,2 milhões. Além disso, em 13 de março de 2002, a Companhia ajuizou mais uma ação anulatória de débito fiscal, objetivando anular outro débito previdenciário decorrente da não retenção da contribuição previdenciária, incidente à alíquota de 11%, sobre a prestação de serviços por terceiros (o qual ainda não foi objeto de execução fiscal). Em primeira instância, foi proferida sentença julgando improcedente o pedido da Companhia, tendo sido reformada em sede de Recurso de Apelação, e os autos baixados para a produção de prova pericial, estando no aguardo da realização da perícia, o processo encontra-se garantido (através de fiança) no valor de R$ 11,3 milhões. A Companhia considera que a possibilidade de perda dessas ações é possível. O INSS ajuizou, em 24 de setembro de 1998, execução fiscal em face da Companhia, para cobrança dos créditos tributários alegadamente decorrentes de a Companhia supostamente: (i) ter efetuado contratação irregular de empregados temporários, e (ii) ter deixado de recolher a contribuição previdenciária sobre o 13º salário pago aos empregados denominados "patrulheiros". A Companhia opôs embargos à execução fiscal, questionando a referida execução fiscal. Concomitantemente, a Companhia ajuizou ação anulatória de débito fiscal, através da qual pretende anular o crédito tributário objeto da execução fiscal. A execução fiscal está suspensa, aguardando o julgamento dos embargos à execução fiscal opostos pela Companhia, que se encontra suspenso aguardando o julgamento da ação anulatória de débito fiscal proposta pela Companhia, tendo sido julgada improcedente, pendendo de julgamento o recurso distribuído à 3ª Turma Especializada do TRF.

A Companhia considera que a possibilidade de perda dessa ação é possível. O valor envolvido nessas ações é de aproximadamente R$ 11,3 milhões. O processo encontra-se garantido.

SAT

O INSS lavrou 2 Notificações Fiscais de Lançamento de Débito pelo suposto recolhimento a menor de contribuição previdenciária relativa ao Seguro Acidente do Trabalho (SAT). A Companhia fez o recolhimento considerando grau de risco menor, com alíquota de 1%, por considerar que a análise deve ser feita através de levantamento de empregados lotados em cada prédio e não de uma maneira geral. O INSS entende que devido ao risco da atividade, deveriam ser recolhidos 3% sobre o total da folha de pagamento. O processo encontra-se na segunda instância administrativa para análise do recurso da Companhia contra a decisão de primeira instância, que foi favorável ao INSS. Em 2008 recebemos notificação da execução fiscal proposta pela PGN, tendo sido incluídos no polo os diretores e ex-diretores da empresa, requeremos a exclusão dos diretores e ex-diretores o que foi deferido. Foram opostos Embargos à Execução estando no aguardo do julgamento. A Companhia considera que a possibilidade de perda dessa ação é possível. O valor envolvido nessa ação é de aproximadamente R$ 21,2 milhões. Em 2005, a Companhia ingressou com ação ordinária contra o INSS, questionando a cobrança da contribuição previdenciária do SAT pela alíquota de 3%, argumentando que a jurisprudência pacificou o entendimento no sentido de que a alíquota para recolhimento da contribuição destinada ao custeio da aposentadoria especial e dos benefícios decorrentes de acidentes do trabalho deve observar o grau de risco das atividades desenvolvidas em cada estabelecimento da empresa. Proferida decisão julgando parcialmente procedente o pedido da AMPLA, estando no aguardo de Recurso da PGN. A Companhia considera que a possibilidade de perda deste processo é possível. Valor relacionado à execução fiscal acima informada.

Prospecto 3: AUTOVIAS

Processos de Natureza Fiscal

Em 31 de dezembro de 2009, a Companhia não figurava em processos tributários passíveis de imputação e de dispêndios de valores e provisionamentos.

12 A AQUISIÇÃO DE ATIVOS EM PROCESSOS DE RECUPERAÇÃO JUDICIAL

Cristiano Zanin Martins

Advogado em São Paulo, Rio de Janeiro e Brasília. Sócio do escritório Teixeira, Martins & Advogados.

12.1 Introdução

Inicialmente, cabe ressaltar que o legislador brasileiro, ao elaborar a nova Lei de Falências e Recuperação Judicial (LRE) — Lei n. 11.101, de 9 de fevereiro de 2005[1] —, adequou o direito pátrio aos modernos parâmetros adotados pelas grandes nações, viabilizando a superação de crises no campo empresarial, substituindo o ultrapassado sistema Falimentar e Concordatário anteriormente utilizado, revogando o Decreto-Lei n. 7.661, de 21 de junho de 1945[2].

O novo modelo, que hoje conta com 6 (seis) anos de vigência, modernizou um sistema que só vinha causando conflitos entre credores, devedores e o próprio Poder Judiciário, no qual todos acabavam perdendo.

Ao comentar a Nova Lei, Rubens Aprobato Machado afirma, com propriedade, que:

> (...) a falência (...) e a concordata, ainda que timidamente permitissem a busca da recuperação da empresa, no decorrer da longa vigência do Decreto-Lei 7.661/45 e ante as mutações havidas na economia mundial, inclusive com a sua globalização, bem assim nas

[1] BRASIL. **Lei n. 11.101, de 9 de fevereiro de 2005**. Disponível em: <http://www.planalto.gov.br/ccivil_03/_ato2004-2006/2005/lei/l11101.htm>. Acesso em: 10 mar. 2011.

[2] BRASIL. **Decreto-Lei n. 7.661, de 21 de junho de 1945**. Disponível em: <http://www.planalto.gov.br/ccivil/Decreto-Lei/Del7661.htm>. Acesso em: 10 mar. 2011.

periódicas e inconstantes variações da economia brasileira, se mostram não só defasadas, como também se converteram em verdadeiros instrumentos da própria extinção da atividade empresarial. Raramente, uma empresa em concordata conseguia sobreviver e, mais raramente ainda, uma empresa falida era capaz de desenvolver a continuidade de seus negócios. Foram institutos que deixavam as empresas sem qualquer perspectiva de sobrevida[3].

O mérito da mudança advinda da Lei de Falências e de Recuperação de Empresas (LRE) vem, em grande parte, do princípio insculpido em seu art. 47[4], que preceitua a superação da crise econômico-financeira, com a manutenção não só da fonte produtora, mas também do emprego dos trabalhadores e interesses dos credores, preservando a empresa e, dessa forma, estimulando a atividade econômica.

Sobre o tema, Nelson Eizirik afirma, corretamente, que o aludido art. 47

> (...) tem por escopo: (i) propiciar à empresa, ante crises econômico--financeiras, meios adequados a se soerguer e prosseguir como unidade dinâmica e produtiva; (ii) beneficiar seus trabalhadores, quem lhe fornece capital, seus credores, seus consumidores, seus fornecedores e a coletividade local; (iii) reservar a falência para empresa inviável; (iv) punir o dirigente fraudulento[5].

---

[3] MACHADO, Rubens Aprobatto. **Comentários à Nova Lei de Falências e Recuperação de Empresas.** São Paulo: Quarter Latin, 2005, p. 22.

[4] "Art. 47. A recuperação judicial tem por objetivo viabilizar a superação da situação de crise econômico-financeira do devedor, a fim de permitir a manutenção da fonte produtora, do emprego dos trabalhadores e dos interesses dos credores, promovendo, assim, a preservação da empresa, sua função social e o estímulo à atividade econômica."

[5] EIZIRIK, Nelson. Interpretação dos arts. 60 e 145 da LRE. *In*: ADAMEK, Marcelo Vieira Von (coord.). **Temas de direito societário e empresarial contemporâneos.** São Paulo: Malheiros, 2011, p. 638.

Contudo, é preciso enfatizar que a recuperação judicial não é um instituto destinado a todas as sociedades empresárias em crise econômico-financeira. É uma solução legal aplicável apenas às sociedades empresárias que cumpram determinados requisitos legais da LRE[6] e que sejam economicamente viáveis. Caso contrário, tratando--se de crise duradoura, que já tenha afetado sua linha produtiva (cessação de todas suas atividades), interrompendo-a por plena insolvência, o remédio, apesar de amargo, será a decretação da falência.

Ou seja, as sociedades empresárias que estejam em crise econômico-financeira, mas que se demonstrem capazes de apresentar uma sólida e efetiva recuperação, apontando novas perspectivas diante de suas atividades empresariais, poderão valer-se do instituto da recuperação judicial para a manutenção e realização de suas atividades. Do contrário, a falência continua sendo caminho inexorável.

Por outro lado, as inovações trazidas pela LRE também oferecem ao credor mais segurança no recebimento de seu crédito,

---

[6] Art. 2º Esta Lei não se aplica a:

I – empresa pública e sociedade de economia mista;

II – instituição financeira pública ou privada, cooperativa de crédito, consórcio, entidade de previdência complementar, sociedade operadora de plano de assistência à saúde, sociedade seguradora, sociedade de capitalização e outras entidades legalmente equiparadas às anteriores.

Art. 48. Poderá requerer recuperação judicial o devedor que, no momento do pedido, exerça regularmente suas atividades há mais de 2 (dois) anos e que atenda aos seguintes requisitos, cumulativamente: I – não ser falido e, se o foi, estejam declaradas extintas, por sentença transitada em julgado, as responsabilidades daí decorrentes; II – não ter, há menos de 5 (cinco) anos, obtido concessão de recuperação judicial; III – não ter, há menos de 8 (oito) anos, obtido concessão de recuperação judicial com base no plano especial de que trata a Seção V deste Capítulo; IV – não ter sido condenado ou não ter, como administrador ou sócio controlador, pessoa condenada por qualquer dos crimes previstos nesta Lei. Parágrafo único. A recuperação judicial também poderá ser requerida pelo cônjuge sobrevivente, herdeiros do devedor, inventariante ou sócio remanescente.

observando o que foi estabelecido no Plano de Recuperação Judicial. Os recursos necessários poderão advir, dentre outras opções — conforme o rol previsto no art. 50 da LRE[7], de caráter exemplificativo —, da venda de filiais, de Unidades Produtivas Isoladas — UPIs e, ainda, de ativos não operacionais, conforme deliberação realizada pelos próprios credores através de órgãos previstos no processo de recuperação judicial.

Essas formas de recuperação judicial, por seu turno, oferecem boas oportunidades de aquisição, por terceiros, de unidades produtivas, ativos não operacionais e direitos. Isto porque, a LRE estabeleceu um sistema de proteção relevante e inédito em favor do adquirente desses ativos, o qual, ainda, vem sendo confirmado e até mesmo aprimorado pela jurisprudência, como será exposto a seguir.

---

[7] Art. 50. Constituem meios de recuperação judicial, observada a legislação pertinente a cada caso, dentre outros: I – concessão de prazos e condições especiais para pagamento das obrigações vencidas ou vincendas; II – cisão, incorporação, fusão ou transformação de sociedade, constituição de subsidiária integral, ou cessão de cotas ou ações, respeitados os direitos dos sócios, nos termos da legislação vigente; III – alteração do controle societário; IV – substituição total ou parcial dos administradores do devedor ou modificação de seus órgãos administrativos; V – concessão aos credores de direito de eleição em separado de administradores e de poder de veto em relação às matérias que o plano especificar; VI — aumento de capital social; VII – trespasse ou arrendamento de estabelecimento, inclusive à sociedade constituída pelos próprios empregados; VIII – redução salarial, compensação de horários e redução da jornada, mediante acordo ou convenção coletiva; IX – dação em pagamento ou novação de dívidas do passivo, com ou sem constituição de garantia própria ou de terceiro; X – constituição de sociedade de credores; XI — venda parcial dos bens; XII – equalização de encargos financeiros relativos a débitos de qualquer natureza, tendo como termo inicial a data da distribuição do pedido de recuperação judicial, aplicando-se inclusive aos contratos de crédito rural, sem prejuízo do disposto em legislação específica; XIII — usufruto da empresa; XIV – administração compartilhada; XV – emissão de valores mobiliários; XVI – constituição de sociedade de propósito específico para adjudicar, em pagamento dos créditos, os ativos do devedor.

12.2 Da venda e aquisição de ativos patrimoniais da empresa recuperanda ou falida (filiais, Unidades de Produção Isoladas e outros ativos)

Diante de todas as inovações trazidas pela LRE, certamente as mais relevantes são aquelas previstas no art. 60, parágrafo único[8], e no art. 141, II[9], as quais expressamente desoneram o adquirente de todos e quaisquer ônus e obrigações do devedor na aquisição de ativos de empresas em recuperação judicial ou sob o regime de falimentar.

No sistema anterior, não havia a proteção — ou "blindagem", como preferem alguns — agora expressa na LRE, de forma que a declaração da sucessão era muito provável principalmente em relação às obrigações trabalhistas e tributárias do devedor originário, inviabilizando a manutenção de unidade produtiva também nas mãos de terceiros. Com efeito, se o devedor originário não tinha condições de manter o negócio em virtude de problemas econômico-financeiros, o adquirente da unidade produtiva, a partir do momento em que fosse declarado sucessor daquele, dificilmente conseguiria manter a atividade empresarial.

A proteção contida na LRE, nesse contexto, tem por objetivo efetivamente manter a unidade produtiva e, ainda, atribuir maior

365

---

[8] Art. 60. Se o plano de recuperação judicial aprovado envolver alienação judicial de filiais ou de unidades produtivas isoladas do devedor, o juiz ordenará a sua realização, observado o disposto no art. 142 desta Lei. *Parágrafo único. O objeto da alienação estará livre de qualquer ônus e não haverá sucessão do arrematante nas obrigações do devedor, inclusive as de natureza tributária, observado o disposto no § 1º do art. 141 desta Lei.*

[9] Art. 141. Na alienação conjunta ou separada de ativos, inclusive da empresa ou de suas filiais, promovida sob qualquer das modalidades de que trata este artigo: (...) II — *o objeto da alienação estará livre de qualquer ônus e não haverá sucessão do arrematante nas obrigações do devedor, inclusive as de natureza tributária, as derivadas da legislação do trabalho e as decorrentes de acidentes de trabalho.*

valor aos ativos vendidos no curso de processos de recuperação judicial e de falência.

Tratando sobre a proteção trazida pela Nova Lei, Alexandre Husni afirma, de forma incensurável, que

> (...) visto o fato de forma econômica, a entidade produtiva mais valor terá na medida em que se desligue dos ônus que recaiam sobre si, independentemente da sua natureza. Via de consequência, a procura será maior tanto quanto garanta o Poder Judiciário a inexistência de sucessão. Pago o preço justo de mercado, quem efetivamente sairá ganhando com o fato será o credor de natureza trabalhista e acidentário que são os primeiros na ordem de preferências estabelecidas pelo legislador[10].

Na mesma toada, Sérgio Campinho afirma que a

> (...) alienação judicial (...) tem por escopo justamente a obtenção de recursos para o cumprimento de obrigações contidas no plano, frustrando-se o intento caso o arrematante herde os débitos trabalhistas do devedor, porquanto perderá atrativo e cairá de preço o bem a ser alienado[11].

Dessa forma, ante a necessidade de mudanças, o legislador, acertadamente, incluiu na Lei em comento o art. 60 e seu parágrafo único, bem como o art. 141, II, que expressamente colocam um fim na sucessão das obrigações do devedor nas alienações realizadas no âmbito de processo de recuperação judicial ou de falência. Tal fato permite, com segurança, a transferência de filial ou de unidade produtiva a um novo empresário ou investidor, obtendo assim recursos que poderão ser utilizados para o pagamento das obrigações do

---

[10] HUSNI, Alexandre. Comentários aos arts. 139 ao 153. *In*: DE LUCCA, Newton; SIMÃO FILHO, Adalberto (coord.). **Comentários à Nova Lei de Recuperação de Empresas e de Falências.** São Paulo: Quarter Latin, 2005. p. 437-538.

[11] CAMPINHO, Sérgio. **Falência e recuperação de empresa**: o novo regime de insolvência empresarial. Rio de Janeiro: Renovar, 2006, p. 173.

devedor, inclusive as trabalhistas e tributárias[12].

A venda pela empresa recuperanda dessas filiais e unidades produtivas permite a manutenção de empregos e, em tese, o adimplemento dos tributos vincendos e a geração de riqueza para todos os participantes dessa atividade.

12.2.1 Não ocorrência de sucessão das obrigações trabalhistas

A venda de ativos indiscutivelmente é uma forma bastante usual para permitir o soerguimento de uma atividade empresarial em crise, inclusive no âmbito de processos judiciais destinados a essa finalidade, como era a concordata, que agora cedeu espaço para a recuperação judicial.

A despeito disso, com o passar dos anos, a aquisição de ativos em situações desse jaez estava se tornando cada vez menos atrativa em

---

[12] O art. 60, parágrafo único, da LRE estabelece que "O objeto da alienação estará livre de qualquer ônus e não haverá sucessão do arrematante nas obrigações do devedor, inclusive as de natureza tributária, observado o disposto no § 1º do art. 141 desta Lei". Por sua vez, o art. 141, inciso II, estabelece que "o objeto da alienação estará livre de qualquer ônus e não haverá sucessão do arrematante nas obrigações do devedor, inclusive as de natureza tributária, as derivadas da legislação do trabalho e as decorrentes de acidentes de trabalho". Como se vê, enquanto o segundo dispositivo legal faz expressa referência à ausência de sucessão em relação às obrigações "derivadas da legislação do trabalho", o primeiro não contém disposição análoga. Diante disso, muitos operadores do direito e juristas sustentaram que a proteção conferida por um e outro dispositivo legal – o art. 60, aplicável à recuperação judicial e o art. 141, à falência – seria distinta. Com o devido respeito, embora as redações sejam diversas, a lei pretendeu afastar em qualquer das hipóteses a sucessão, inclusive no âmbito trabalhista e tributário. Tanto é verdade que o próprio art. 60 estabelece como regra geral que "não haverá sucessão do arrematante nas obrigações do devedor". Isso é o que basta para afastar qualquer espécie de sucessão, sendo desnecessário que o texto legal mencione as obrigações de natureza tributária. Essa, aliás, é a interpretação que veio a prevalecer, conforme será demonstrado nos tópicos seguintes.

virtude de decisões proferidas principalmente no âmbito da Justiça do Trabalho, atribuindo ao adquirente a responsabilidade pelos passivos trabalhistas do vendedor mediante a declaração da chamada "sucessão". Essas decisões muitas vezes desconsideravam as circunstâncias da aquisição, aplicando indiscriminadamente e sem a melhor técnica os arts. 10[13] e 448[14] da Consolidação das Leis Trabalhistas (CLT).

A LRE estabeleceu expressamente em seu art. 141, II, a ausência de responsabilidade do adquirente de ativos no âmbito do processo falimentar em relação às obrigações trabalhistas do vendedor, desde que observados os requisitos previstos no mesmo diploma.

Por outro lado, o art. 60, parágrafo único, da LRE não faz referência expressa à ausência de sucessão das obrigações trabalhistas na venda de ativos do processo de recuperação judicial.

Realmente, embora tanto o art. 60, parágrafo único, da LRE como o art. 141, II, do mesmo diploma legal estabeleçam que o "objeto da alienação estará livre de qualquer ônus e não haverá sucessão do arrematante nas obrigações do devedor", somente o segundo dispositivo legal faz expressa menção, na sequência, à ausência de sucessão nas obrigações trabalhistas.

A falta de uniformidade dos dispositivos legais acima levou alguns juristas e operadores do direito a defender que a ausência de sucessão trabalhista ocorreria apenas no âmbito da aquisição de ativos no processo falimentar, como já afirmado acima[15].

---

[13] Art. 10. Qualquer alteração na estrutura jurídica da empresa não afetará os direitos adquiridos por seus empregados.

[14] Art. 448. A mudança na propriedade ou na estrutura jurídica da empresa não afetará os contratos de trabalho dos respectivos empregados.

[15] Nesse sentido, por exemplo, é o artigo publicado por MUNIZ, Murilo César Buck. Realização do ativo na recuperação judicial ou na falência: consequências relativas aos contratos de trabalho. *In:* MANNRICH, Nelson (coord.). **Revista de Direito do Trabalho**. Ano n. 34, jul./set. 2008, v. 131.

Essa discussão esteve muito presente nos primeiros processos de recuperação judicial de maior expressão, como foi o caso da "Recuperação Judicial da Varig"[16], que serviu de base para a consolidação de diversos entendimentos a respeito da nova legislação.

Todavia, após o julgamento de inúmeros incidentes e recursos pelos mais diversos órgãos judiciários, prevaleceu o entendimento — que consideramos o mais acertado — de que a ausência de sucessão trabalhista também se aplica à hipótese de venda de ativos no âmbito dos processos de recuperação judicial, desde que observado o procedimento previsto na LRE[17]. Esse, como será tratado a seguir, é o entendimento já firmado, inclusive, pelos Tribunais Superiores.

12.2.2 Não ocorrência de sucessão tributária

A LRE não deixa dúvidas de que o adquirente de filiais ou unidades produtivas no âmbito do processo de recuperação judicial e de ativos no âmbito do processo falimentar não responde pelas obrigações tributárias do devedor.

369

---

[16] RIO DE JANEIRO. Tribunal de Justiça do Estado do Rio de Janeiro. **Recuperação Judicial n. 2005.001.072887-7**. 1ª Vara Empresarial. Disponível em: <http://srv85.tjrj.jus.br/consultaProcessoWebV2/consultaProc.do?v=2&FLAGNOME=&back=1&tipoConsulta=publica&numProcesso=2005.001.072887-7>. Acesso em: 10 mar. 2011.

[17] A despeito da divergência do texto legal, entendemos que o legislador não pretendeu atribuir tratamento diferenciado à recuperação judicial e à falência em relação à ausência de sucessão trabalhista do adquirente de ativos. De fato, tanto o art. 60, parágrafo único, como o art. 141, II, são claros ao estabelecer que objeto da alienação estará livre de qualquer ônus e não haverá sucessão do arrematante nas obrigações do devedor. Pouco importa que no primeiro dispositivo o legislador tenha se referido, na sequência, apenas às obrigações tributárias, e, no segundo, às obrigações trabalhistas e tributárias. O texto legal, em verdade, revela uma intenção do legislador em reforçar a ausência de sucessão e não a intenção de excluir determinadas matérias do âmbito da proteção legal.

De fato, em relação ao aspecto fiscal, tanto o art. 60, parágrafo único, como o art. 141, II, da LRE fazem expressa referência à ausência de sucessão tributária nas situações acima referidas.

O legislador, ao elaborar a LRE, teve o zelo de formular também a Lei Complementar n. 118/2005[18], que reforça a ausência de sucessão tributária nas hipóteses ora analisadas (art. 133, I e II, do CTN — Lei n. 5.172/66)[19].

---

[18] BRASIL. **Lei Complementar n. 118, de 9 de fevereiro de 2005**. Disponível em: <http://www.planalto.gov.br/ccivil_03/Leis/LCP/Lcp118.htm>. Acesso em: 10 mar. 2011.

[19] BRASIL. **Decreto-Lei n. 7.661, de 21 de junho de 1945**. Disponível em: <http://www.planalto.gov.br/ccivil_03/Leis/L5172.htm>. Acesso em: 10 mar. 2011.

Art. 133. A pessoa natural ou jurídica de direito privado que adquirir de outra, por qualquer título, fundo de comércio ou estabelecimento comercial, industrial ou profissional, e continuar a respectiva exploração, sob a mesma ou outra razão social ou sob firma ou nome individual, responde pelos tributos, relativos ao fundo ou estabelecimento adquirido, devidos até à data do ato: I — integralmente, se o alienante cessar a exploração do comércio, indústria ou atividade; II — subsidiariamente com o alienante, se este prosseguir na exploração ou iniciar dentro de seis meses a contar da data da alienação, nova atividade no mesmo ou em outro ramo de comércio, indústria ou profissão. § 1º O disposto no caput deste artigo não se aplica na hipótese de alienação judicial: (Parágrafo incluído pela LC n. 118, de 2005) I – em processo de falência; (Inciso incluído pela Cp n.118, de 2005) II – de filial ou unidade produtiva isolada, em processo de recuperação judicial.(Inciso incluído pela LC n.118, de 2005) § 2º Não se aplica o disposto no § 1º deste artigo quando o adquirente for: (Parágrafo incluído pela LC n.118, de 2005) I – sócio da sociedade falida ou em recuperação judicial, ou sociedade controlada pelo devedor falido ou em recuperação judicial; (Inciso incluído pela LC n. 118, de 2005) II – parente, em linha reta ou colateral até o 4º (quarto) grau, consanguíneo ou afim, do devedor falido ou em recuperação judicial ou de qualquer de seus sócios; ou (Inciso incluído pela LC n. 118, de 2005) III – identificado como agente do falido ou do devedor em recuperação judicial com o objetivo de fraudar a sucessão tributária. (Inciso incluído pela LC n.118, de 2005). § 3º Em processo da falência, o produto da alienação judicial de empresa, filial ou unidade produtiva isolada permanecerá em conta de depósito à disposição

O produto da alienação de ativos de empresas que enfrentam processo de falência ou de recuperação judicial deverá ser colocado à disposição dos respectivos juízos, o qual será utilizado para liquidar ou amortizar créditos extraconcursais e as demais categorias hierárquicas de créditos (art. 133, § 3º, do CTN).

12.3 Segurança conferida pela jurisprudência

A aquisição de ativos no âmbito de processos de recuperação judicial ou de falência vem aumentando de forma considerável desde o início da vigência da LRE.

O interesse na aquisição desses ativos deve-se, como já exposto acima, à proteção conferida pela LRE em favor dos adquirentes. Mas também os precedentes jurisprudenciais estão desempenhando, como não poderia deixar de ser, um papel sobremaneira relevante para agregar atratividade aos ativos em questão.

Foram muito importantes, nesse prisma, os primeiros precedentes do Superior Tribunal de Justiça sobre a matéria, que reconheceram a competência exclusiva do Juízo onde está sendo processada a recuperação judicial ou a falência para decidir sobre a alienação e a forma de alienação das empresas submetidas ao regime da LRE.

Realmente, após diversas decisões liminares, o acórdão paradigma sobre a matéria foi estabelecido quando do julgamento do Conflito de Competência n. 61.272-RJ, da relatoria do Min. Ari Pargendler, no qual foi proferido acórdão assim ementado:

CONFLITO DE COMPETÊNCIA. 1. CONFLITO E RECURSO. A regra mais elementar em matéria de competência recursal é a de que as decisões de um juiz de 1º grau só podem ser reformadas pelo tribunal a que está vinculado; o conflito de competência não

___

do juízo de falência pelo prazo de 1 (um) ano, contado da data de alienação, somente podendo ser utilizado para o pagamento de créditos extraconcursais ou de créditos que preferem ao tributário. (Parágrafo incluído pela LC n.118, de 2005) pode ser provocado com a finalidade de produzir, "per saltum", o efeito que só o recurso próprio alcançaria, porque a jurisdição sobre o mérito é prestada por instâncias (ordinárias: juiz e tribunal; extraordinárias: Superior Tribunal de Justiça e Supremo Tribunal Federal). 2. LEI DE RECUPERAÇÃO JUDICIAL (Lei n. 11.101, de 2005). A Lei n. 11.101, de 2005, não teria operacionalidade alguma se sua aplicação pudesse ser partilhada por juízes de direito e juízes do trabalho; competência constitucional (CF, art. 114, incs. I a VIII) e competência legal (CF, art. 114, inc. IX) da Justiça do Trabalho. Conflito conhecido e provido para declarar competente o MM. Juiz de Direito da 1ª Vara Empresarial do Rio de Janeiro[20].

Com esse julgamento, o Superior Tribunal de Justiça conferiu plena operacionalidade ao art. 60, parágrafo único, e ao art. 141, II, da LRE, pois, como já dito, estabeleceu que apenas o juízo onde está sendo processada a recuperação judicial ou a falência pode decidir sobre a alienação do patrimônio da empresa envolvida e, ainda, sobre a forma de alienação desse patrimônio. Note que se outra fosse a orientação, mesmo sendo realizada no âmbito da recuperação judicial ou da falência a venda de um ativo sem qualquer sucessão nas obrigações do devedor, outro órgão judiciário poderia vir a aplicar entendimento diverso, frustrando a proteção legal[21]. Mas da forma

---

[20] BRASIL. Superior Tribunal de Justiça. **Conflito de Competência n. 61.272/ RJ**. 2ª Seção. Relator Ministro Ari Pargendler. J. em: 24-4-2007. Disponível em: < https://ww2.stj.jus.br/revistaeletronica/Abre_Documento.asp?sSeq=687749&sR eg=200600773837&sData=20070625&formato=PDF >. Acesso em: 10 mar. 2011.

[21] Essa situação já ocorreu diversas vezes na prática. Por exemplo, no Processo de Recuperação Judicial da Varig, que deu origem ao precedente ora comentado, mesmo após o Juízo da 1ª Vara Empresarial do Rio de Janeiro ter homologado a venda de unidade produtiva isolada sem qualquer espécie de sucessão, inclusive de obrigações trabalhistas, diversos órgãos da Justiça do Trabalho vieram a proferir decisões em sentido contrário atribuindo ao adquirente dessa unidade produtiva isolada a responsabilidade pelas obrigações trabalhistas do devedor originário. Por isto foram suscitados diversos conflitos de competência no âmbito do Superior Tribunal de Justiça para o fim de reconhecer que os órgãos da Justiça do Trabalho

como foi pacificada a matéria, esse risco ficou superado.

Esse entendimento também foi confirmado pelo Supremo Tribunal Federal no julgamento do RE 583.955/RJ[22], da relatoria do Ministro Ricardo Lewandowski, no qual foi proferido acórdão assim ementado:

I — A questão central debatida no presente recurso consiste em saber qual o juízo competente para processar e julgar a execução dos créditos trabalhistas no caso de empresa em fase de recuperação judicial.

II — Na vigência do Decreto-lei 7.661/1945 consolidou-se o entendimento de que a competência para executar os créditos ora discutidos é da Justiça Estadual Comum, sendo essa também a regra adotada pela Lei 11.101/05.

III — O inc. IX do art. 114 da Constituição Federal apenas outorgou ao legislador ordinário a faculdade de submeter à competência da Justiça Laboral outras controvérsias, além daquelas taxativamente estabelecidas nos incisos anteriores, desde que decorrentes da relação de trabalho.

IV — O texto constitucional não o obrigou a fazê-lo, deixando ao seu alvedrio a avaliação das hipóteses em que se afigure conveniente o julgamento pela Justiça do Trabalho, à luz das peculiaridades das situações que pretende regrar.

V — A opção do legislador infraconstitucional foi manter o regime anterior de execução dos créditos trabalhistas pelo juízo universal da falência, sem prejuízo da competência da Justiça Laboral quanto ao julgamento do processo de conhecimento.

não poderiam decidir sobre a alienação e forma de alienação de ativos decididos no âmbito da 1ªVara Empresarial do Rio de Janeiro, sendo certo que esse entendimento acabou sendo confirmado por aquela Corte Superior.

[22] BRASIL. Supremo Tribunal Federal. **Recurso Extraordinário n. 583.955/RJ**. Tribunal Pleno. Relator Ministro Ricardo Lewandowski. J. em: 28-5-2009. Disponível em: < http://www.stf.jus.br/portal/inteiroTeor/obterInteiroTeor.asp?id=601787 >. Acesso em: 10 mar. 2011.

VI — Recurso extraordinário conhecido e improvido.

Importante ressaltar que o recurso mencionado acima foi julgado no sistema da repercussão geral, de forma que o entendimento firmado pelo Supremo Tribunal Federal naquela oportunidade foi amplamente divulgado, como prevê o art. 329 do Regimento Interno daquela Corte[23], motivando, inclusive, a revisão do posicionamento de alguns órgãos judiciários, principalmente da Justiça do Trabalho, em relação à matéria[24].

---

[23] BRASIL. **Regimento Interno do Supremo Tribunal Federal**. Disponível em: <http://www.stf.jus.br/arquivo/cms/legislacaoRegimentoInterno/anexo/RISTF_Dezembro_2010.pdf>. Acesso em: 10 mar. 2011. Art. 329. A Presidência do Tribunal promoverá ampla e específica divulgação do teor das decisões sobre repercussão geral, bem como formação e atualização de banco eletrônico de dados a respeito.

[24] "AGRAVO DE INSTRUMENTO EM RECURSO DE REVISTA. EMPRESA EM RECUPERAÇÃO JUDICIAL. SUCESSÃO TRABALHISTA. OFENSA AO ART. 60, PARÁGRAFO ÚNICO, DA LEI N. 11.101/05. PROVIMENTO. Em face da configuração de ofensa ao art. 60, parágrafo único, da Lei n. 11.101/05, dá-se provimento ao agravo de instrumento para determinar o processamento do recurso de revista. Agravo de instrumento conhecido e provido. B) RECURSO DE REVISTA. UNIDADE PRODUTIVA VARIG. S.A. VIAÇÃO AÉREA RIO-GRANDENSE. EMPRESA EM RECUPERAÇÃO JUDICIAL . SUCESSÃO TRABALHISTA. ART. 60, PARÁGRAFO ÚNICO, DA LEI N. 11.101/05. 1. Na forma preconizada no art. 60, parágrafo único, da Lei n. 11.101/05, na recuperação judicial, o objeto da alienação estará livre de qualquer ônus e não haverá sucessão do arrematante nas obrigações do devedor. 2. Por outro lado, o Supremo Tribunal Federal, na ADI n. 3.934/DF (Rel. Min. Ricardo Lewandowski, DJ de 6/11/2009), interpretando a exegese do dispositivo legal supramencionado, concluiu que a alienação de empresa em processo de recuperação judicial não acarreta a sucessão pela arrematante. 3. *In casu*, o Regional admite que houve arrematação da Unidade Produtiva Varig por meio da alienação judicial realizada na recuperação judicial da primeira reclamada. Entretanto, concluiu que a legislação alusiva a falências e recuperação judicial de empresas não pode prejudicar os direitos trabalhistas dos seus empregados, bem como que a recuperação de empresas tem tratamento diverso da falência, não afastando a responsabilização pelo passivo trabalhista. 4. Nesse contex-

Afora isto, também é importante registrar que o Supremo Tribunal Federal confirmou a constitucionalidade do art. 60, parágrafo único, e do art. 141, II — dentre outros —, da LRE ao julgar improcedente, por maioria dos votos, a ADI 3934/DF[25].

Na oportunidade, o Ministro Ricardo Lewandowski, relator da citada ADI, exarou em seu voto:

> (...) que o escopo do referido diploma normativo restringe-se a estabelecer normas para a recuperação judicial e a falência das empresas, além de proteger os direitos de seus credores. (...) a rigor, um dos principais objetivos da Lei 11.101/2005 consiste justamente em preservar o maior número possível de empregos nas adversidades enfrentadas pelas empresas, evitando ao máximo as dispensas imotivadas, de cujos efeitos os trabalhadores estarão protegidos, nos termos do art. 10, II, do Ato das Disposições Constitucionais Transitórias, de aplicabilidade imediata, segundo entende esta Corte (...) os arts. 60, parágrafo único, e 141, II, do texto legal em comento mostram-se constitucionalmente hígidos no aspecto em que estabelecem a inocorrência de sucessão dos créditos trabalhistas, particularmente porque o legislador ordinário, ao concebê-los, optou por dar concreção a determinados valores constitucionais, a saber, a

---

to, nos termos do art. 60, parágrafo único, da Lei n. 11.101/05 e em conformidade com a decisão do Supremo Tribunal Federal, a alienação de empresa em processo de recuperação judicial não acarreta a sucessão da recorrente, de modo que, ausente sucessão trabalhista, a demandada não pode figurar no polo passivo da demanda, na medida em que o objeto da alienação estará livre de qualquer ônus. Precedentes. Recurso de Revista parcialmente conhecido e provido (BRASIL. Tribunal Superior do Trabalho. **Recurso de Revista n. 160040-67.2008.5.09.0658**. 8ª Turma. Relatora Ministra Dora Maria da Costa. Disponível em: <http://ext02.tst.jus.br/pls/ap01/ap_red100.resumo?num_int=806645&ano_int=2009&qtd_acesso=10152265>. Acesso em: 10 mar. 2011).

[25] BRASIL. Supremo Tribunal Federal. **Ação Direta de Inconstitucionalidade n. 3934/DF**. Tribunal Pleno. Relator Ministro Ricardo Lewandowski. J. em: 27-5-2009. Disponível em: <http://www.stf.jus.br/portal/inteiroTeor/obterInteiroTeor.asp?id=605415>. Acesso em: 10 mar. 2011.

livre-iniciativa e a função social da propriedade — de cujas manifestações a empresa é uma das mais conspícuas — em detrimento de outros, com igual densidade axiológica, eis que os reputou mais adequados ao tratamento da matéria.

Assim, pode-se afirmar que atualmente: (i) está confirmada pelo Supremo Tribunal Federal a constitucionalidade dos dispositivos da LRE que afastam a ocorrência de "sucessão" em prol do adquirente de ativos no âmbito de processo de recuperação judicial e de falência e; (ii) foi definido pela mesma Corte, após confirmar precedente emblemático do Superior Tribunal de Justiça, a operacionalidade dessa proteção legal ao definir como sendo de competência exclusiva do juízo onde tramita o processo de recuperação judicial ou de falência a venda de ativos e, ainda, a forma dessa venda.

12.4 Das cautelas na aquisição de ativos

A despeito de a LRE trazer expressamente um sistema de proteção legal em favor do adquirente de ativos no âmbito de processos de recuperação judicial e de falências, isto não exime os interessados de tomar diversas cautelas antes de efetivar a aquisição. Para que efetivamente não ocorra a sucessão nas dívidas e, ainda, para que a venda não tenha consequências jurídicas não pretendidas, o adquirente deve estar atento para uma série de fatores.

Realmente, em primeiro lugar, em se tratando de ativo à venda pertencente a empresa em recuperação judicial, deverá essa alienação, como regra[26], estar prevista no Plano de Recuperação

---

[26] Em regra, é importante ressaltar que a alienação de filiais ou unidades produtivas isoladas deve constar do plano de recuperação judicial da devedora, uma vez que é defeso ao devedor alienar ou onerar bens ou direitos de seus ativos permanentes, nos termos do art. 66 da Lei n. 11.101/2005. Tal fato se dá diante da necessidade de proteção aos credores, restringindo a atuação dos administradores da empresa devedora. Contudo, em casos esparsos, pode vir a ocorrer a alienação de bens, quando seja reconhecida pelo Juiz competente a utilidade da alienação, depois de

Judicial (PRJ). Isto porque, somente com a aprovação dos credores a empresa recuperanda pode dispor de seus ativos. Sem essa aprovação, ela está terminantemente proibida de se desfazer de seus ativos[27], e caso isso ocorra os participantes do negócio poderão responder até mesmo na esfera criminal[28].

---

ouvido o Comitê de Credores. Fábio Ulhôa Coelho, nesse exato sentido, leciona o seguinte: "A utilidade do ato é presumida em termos absolutos se previsto no plano de recuperação judicial aprovado em juízo. Nesse caso, o bem pode ser vendido ou onerado, independentemente de qualquer outra formalidade ou anuência. Mas, se não constarem do plano de recuperação homologado ou aprovado pelo juiz, a utilidade do ato para recuperação judicial deve ser apreciada pelos órgãos desta. Assim, a alienação ou oneração só poderá ser praticada mediante prévia autorização do juiz, ouvido o Comitê" (**Comentários à Nova Lei de Falências e de Recuperação de Empresas**. São Paulo: Saraiva, p. 179). Com isso, a exceção em comento fica por conta do termo utilizado pelo legislador, qual seja, evidente utilidade. Pela definição do referido termo, Eduardo Secchi Munhoz exara entendimento de que "A expressão deve ser interpretada em consonância com o interesse público que preside o processo de recuperação, ou seja, o juiz deverá autorizar a prática sempre que contribua para a reorganização da empresa viável, mantendo-se a fonte produtiva importante para o desenvolvimento econômico do País (art. 47); deve, por outro lado, indeferi-la, quando verificar que tais atos não contribuirão para a recuperação da empresa, comprometendo o direito dos credores anteriores ao pedido. Portanto, verifica-se que o ato de alienação fora do plano de recuperação se submete ao crivo do Judiciário e de seus credores, os quais, quando não representados por um Comitê, serão representados pelo Administrador Judicial nomeado, nos termos do artigo 28 da LRE" (**Comentários à Lei de Recuperação de Empresas e Falência**: Lei 11.101/2005 — Artigo por artigo. SOUZA JÚNIOR, Francisco Satiro de; MORAES PITOMBO, Antônio Sérgio A. de. 2. ed. São Paulo: Revista dos Tribunais, 2007).

[27] Art. 66. Após a distribuição do pedido de recuperação judicial, o devedor não poderá alienar ou onerar bens ou direitos de seu ativo permanente, salvo evidente utilidade reconhecida pelo juiz, depois de ouvido o Comitê, com exceção daqueles previamente relacionados no plano de recuperação judicial.

[28] *Art. 174. Adquirir, receber, usar, ilicitamente, bem que sabe pertencer à massa falida ou influir para que terceiro, de boa-fé, o adquira, receba ou use: Pena — reclusão, de 2 (dois) a 4 (quatro) anos, e multa.*

Vale consignar que o adquirente deve, além de verificar se a alienação do ativo está prevista no PRJ, também se informar se o próprio não é objeto de recurso, a fim de evitar problemas futuros com eventual reforma da decisão que o homologou.

Outrossim, cabe ao adquirente atentar quanto à forma de alienação aprovada no PRJ, a qual deverá obedecer ao disposto no art. 142 da Lei n. 11.101/2005, respeitando uma das formas ali presentes, quais sejam:

(a) leilão, por lances orais;

(b) propostas fechadas;

(c) por pregão.

Adicionalmente, para assegurar a incidência da proteção legal, o adquirente de ativos de empresa em recuperação judicial ou falida não pode ser:

(i) sócio do devedor ou sociedade por ele controlada;

(ii) parente, em linha reta ou colateral, até o 4º grau, consanguíneo ou afim, do devedor ou do sócio do devedor;

(iii) identificado como agente do devedor com o objetivo de fraudar a lei.

12.4.1 Das cautelas na aquisição — Retificação ou aditamento ao Plano de Recuperação Judicial já aprovado e homologado

Cabe ressaltar, ainda, que é necessário muito cuidado por parte do adquirente quando a alienação de um ativo de seu interesse estiver prevista em uma nova versão do PRJ. Tal cautela se deve pelo simples fato de que, em tese, o PRJ aprovado originariamente não poderá ser alterado quanto a sua forma de pagamento, em detrimento de seus credores.

Nesse diapasão, havendo eventual modificação do plano que altere a forma de seu cumprimento em detrimento dos credores, mesmo que aprovado e homologado pelo juízo competente, este permitirá ao credor insatisfeito o direito de exigir o cumprimento da obrigação anteriormente firmada, por força do princípio do *pacta sunt servanda*[29]. Da mesma forma, pode o credor insatisfeito até mesmo requerer a quebra da empresa em recuperação, pelo não cumprimento do plano já aprovado, nos termos do art. 61, § 1º, da Lei n. 11.101/2005[30].

Ainda, com o não cumprimento do PRJ aprovado originariamente, pode o próprio juízo, **de ofício**, decretar a falência da Recuperanda, fundado no art. 73, IV, da Lei Falimentar[31], desde que

---

[29] "Agravo. Recuperação judicial. Alteração do plano de recuperação após o decurso do biênio da supervisão judicial previsto no art. 61. Oposição de credor, pretendendo receber seu crédito na forma e condições do plano anteriormente aprovado e homologado. Plano de recuperação tem natureza contratual. Inviabilidade de alteração das condições de pagamento previstas em plano anteriormente aprovado em face de credor dissidente. Agravo provido para reconhecer que a modificação do plano aprovada e homologada após o biênio da supervisão judicial não afeta os direitos do agravante, ordenando-se ainda a reserva de numerário para pagamento do credor, de acordo com julgamento de recurso anterior. Aplicação do princípio do 'pacta sunt servanda'" (SÃO PAULO. Tribunal de Justiça do Estado de São Paulo. **Agravo de Instrumento n. 0313634-442010.8.26.0000**. Câmara reservada à falência e recuperação. Relator Desembargador Lino Machado. Disponível em: <https://esaj.tjsp.jus.br/cpo/sg/show.do?processo.foro=990&processo.codigo=RI000J1LU0000>. Acesso em: 10 mar. 2011 (destacamos)).

[30] Art. 61. Proferida a decisão prevista no art. 58 desta Lei, o devedor permanecerá em recuperação judicial até que se cumpram todas as obrigações previstas no plano que se vencerem até 2 (dois) anos depois da concessão da recuperação judicial. § 1º Durante o período estabelecido no *caput* deste artigo, o descumprimento de qualquer obrigação prevista no plano acarretará a convolação da recuperação em falência, nos termos do art. 73 desta Lei. § 2º Decretada a falência, os credores terão reconstituídos seus direitos e garantias nas condições originalmente contratadas, deduzidos os valores eventualmente pagos e ressalvados os atos validamente praticados no âmbito da recuperação judicial.

[31] Art. 73. O juiz decretará a falência durante o processo de recuperação judicial: I – por deliberação da assembleia geral de credores, na forma do art. 42 desta Lei; II – pela não apresentação, pelo devedor, do plano de recuperação no prazo do art. 53 desta Lei; III – quando houver sido rejeitado o plano de recuperação, nos termos

tal fato ocorra durante o período de 2 (dois) anos de fiscalização judicial da Recuperação (art. 61 da Lei).

12.5 Considerações finais

Diante de todo exposto, conclui-se que o legislador teve por objetivo conferir às sociedades empresárias, que passam por momentânea crise econômico-financeira, a oportunidade de soerguimento, consagrando no ordenamento jurídico o princípio da preservação da empresa.

A LRE, por outro lado, ao prever a ausência de sucessão na venda de ativos no âmbito do processo de recuperação judicial e de falência, propicia boas oportunidades de negócios para empresários e investidores. Essa proteção jurídica, além de estar expressa no texto legal, ainda foi confirmada e aprimorada pelo Poder Judiciário, através de relevantes precedentes dos Tribunais Superiores.

Porém, o adquirente precisa estar atento a alguns requisitos legais para usufruir do benefício legal, merecendo destaque as seguintes recomendações:

- O ativo do interesse do adquirente deve constar de plano de recuperação judicial devidamente aprovado pela Assembleia de Credores, como um bem a ser alienado. Em casos excepcionais, a alienação de determinados bens ocorrerá sem que seja apresentada no Plano, mas passará pelo crivo do Judiciário e de seus credores, os quais, se não estiverem organizados, serão representados pelo Administrador Judicial nomeado.

---

do § 4º do art. 56 desta Lei; IV – por descumprimento de qualquer obrigação assumida no plano de recuperação, na forma do § 1º do art. 61 desta Lei. Parágrafo único. O disposto neste artigo não impede a decretação da falência por inadimplemento de obrigação não sujeita à recuperação judicial, nos termos dos incisos I ou II do *caput* do art. 94 desta Lei, ou por prática de ato previsto no inciso III do *caput* do art. 94 desta Lei.

- O plano de recuperação judicial não pode ser modificado em detrimento de alguns credores para prever a venda de ativos.

- O plano de recuperação judicial deve ser homologado e essa decisão que o homologa está sujeita a recurso, sendo conveniente que a aquisição do ativo ocorra após a finalização do julgamento do eventual recurso interposto.

- A venda do ativo deverá observar a forma prevista no plano de recuperação judicial ou determinada pelo juízo onde está sendo processada a recuperação judicial, podendo ocorrer mediante (i) leilão, por lances orais; (ii) propostas fechadas ou (iii) por pregão.

- O adquirente não deverá suceder o devedor em suas obrigações, inclusive no âmbito trabalhista e fiscal, exceto se for: (i) sócio do devedor ou sociedade por ele controlada; (ii) parente, em linha reta ou colateral, até o 4º grau, consanguíneo ou afim, do devedor ou do sócio do devedor; e (iii) identificado como agente do devedor com o objetivo de fraudar a lei.

REFERÊNCIAS

DOUTRINA

BARRETO FILHO, Oscar. **Teoria do estabelecimento comercial**. São Paulo: Saraiva, 1988.

CAMPINHO, Sérgio. **Falência e recuperação de empresa:** o novo regime de insolvência empresarial. Rio de Janeiro: Renovar, 2006.

COELHO, Fabio Ulhôa. **Comentários à Nova Lei de Falências e de Recuperação de Empresas.** São Paulo: Saraiva, 2011.

_____. **Curso de Direito Comercial**. São Paulo: Saraiva, v. 1.

CARVALHO DE MENDONÇA, J. X. Atualizado por Ricardo Rodrigues Gama. **Tratado de direito comercial brasileiro.** Campinas: Russel, 2000, v. 3, tomo I.

CONSELHO REGIONAL DE CONTABILIDADE DA BAHIA (CRCBA). Boletim Eletrônico. Disponível em: <http://www.crcba.org.br/boletim>. Acesso em: 25 fev. 2011.

EIZIRIK, Nelson. Interpretação dos arts. 60 e 145 da LRE. In: ADAMEK, Marcelo Vieira Von (coord.). **Temas de direito societário e empresarial contemporâneos**. São Paulo: Malheiros, 2011.

HUSNI, Alexandre. Comentários aos arts. 139 ao 153. In: DE LUCCA, Newton; SIMÃO FILHO, Adalberto (coords.). **Comentários à Nova Lei de Recuperação de Empresas e de Falências**. São Paulo: Quartier Latin, 2005.

IMHOF, Cristiano. **Lei de Falências e de Recuperação de Empresas e sua interpretação jurisprudencial — anotada artigo por artigo.** Florianópolis: Condito Editorial, 2009.

MACHADO, Rubens Aprobatto. **Comentários à Nova Lei de Falências e Recuperação de Empresas**. São Paulo: Quartier Latin, 2005.

MAMEDE, Gladston. **Direito empresarial brasileiro:** falência e recuperação de empresas. São Paulo: Atlas, 2006, v. 4.

MOREIRA, Alberto Camiña. Comentários à nova lei de falência e recuperação de empresas: Lei n. 11.101/05. In: LIMA, Osmar Brina Corrêa (coord.). **Comentários à Nova Lei de Falência e Recuperação de Empresas:** Lei n. 11.101, de 9 de fevereiro de 2005. Rio de Janeiro: Forense, 2009.

MUNHOZ, Eduardo Secchi. Do procedimento de recuperação judicial. In: SOUZA JUNIOR, Francisco Satiro de; PITOMBO,

Antonio Sérgio A. de Moraes (orgs.). **Comentários à Lei de Recuperação de Empresas e Falência**. 2. ed. São Paulo: Revista dos Tribunais, 2007. p. 270-319.

MUNIZ, Murilo César Buck. Realização do ativo na recuperação judicial ou na falência: consequências relativas aos contratos de trabalho. *In:* MANNRICH, Nelson (coord.). **Revista de Direito do Trabalho**. Ano n. 34, jul./set. 2008, v. 131.

LEGISLAÇÃO

BRASIL. **Decreto-Lei n. 7.661, de 21 de junho de 1945**. Disponível em: <http://www.planalto.gov.br/ccivil_03/Leis/L5172.htm>. Acesso em: 10 mar. 2011.

BRASIL. **Lei n. 5.172, de 25 de outubro de 1966**. Disponível em: <http://www.planalto.gov.br/ccivil_03/_ato2004-2006/2005/lei/l11101.htm>. Acesso em: 10 mar. 2011.

BRASIL. **Lei Complementar n. 118, de 9 de fevereiro de 2005**. Disponível em: <http://www.planalto.gov.br/ccivil_03/Leis/LCP/Lcp118.htm>. Acesso em: 10 mar. 2011.

BRASIL. **Lei n. 11.101, de 9 de fevereiro de 2005**. Disponível em: <http://www.planalto.gov.br/ccivil_03/_ato2004-2006/2005/lei/l11101.htm>. Acesso em: 10 mar. 2011.

BRASIL. **Regimento Interno do Supremo Tribunal Federal**. Disponível em: <http://www.stf.jus.br/arquivo/cms/legislacaoRegimentoInterno/anexo/RISTF_Dezembro_2010.pdf >. Acesso em: 10 mar. 2011.

JURISPRUDÊNCIA

BRASIL. Superior Tribunal de Justiça. **Conflito de Competência n. 61.272/RJ**. 2ª Seção. Relator Ministro Ari Pargendler. J. em: 24-4-2007. Disponível em: <https://ww2.stj.jus.br/revistaeletronica/

Abre_Documento.asp?sSeq=687749&sReg=200600773837&sData=20070625&formato=PDF>. Acesso em: 10 mar. 2011.

BRASIL. Supremo Tribunal Federal. **Recurso Extraordinário n. 583.955/RJ**. Tribunal Pleno. Relator Ministro Ricardo Lewandowski. J. em: 28-5-2009. Disponível em: <http://www.stf.jus.br/portal/inteiroTeor/obterInteiroTeor.asp?id=601787>. Acesso em: 10 mar. 2011.

BRASIL. Supremo Tribunal Federal. **Ação Direta de Inconstitucionalidade n. 3934/DF**. Tribunal Pleno. Relator Ministro Ricardo Lewandowski. J. em: 27-5-2009. Disponível em: <http://www.stf.jus.br/portal/inteiroTeor/obterInteiroTeor.asp?id=605415>. Acesso em: 10 mar. 2011.

BRASIL. Tribunal Superior do Trabalho. **Recurso de Revista n. 160040-67.2008.5.09.0658**. 8ª Turma. Relatora Ministra Dora Maria da Costa. Disponível em: <http://ext02.tst.jus.br/pls/ap01/ap_red100.resumo?num_int=806645&ano_int=2009&qtd_acesso=10152265>. Acesso em: 10 mar. 2011.

RIO DE JANEIRO. Tribunal de Justiça do Estado do Rio de Janeiro. **Recuperação Judicial n. 2005.001.072887-7**. 1ª Vara Empresarial. Disponível em: <http://srv85.tjrj.jus.br/consultaProcessoWebV2/consultaProc.do?v=2&FLAGNOME=&back=1&tipoConsulta=publica&numProcesso=2005.001.072887-7>. Acesso em: 10 mar. 2011.

SÃO PAULO. Tribunal de Justiça do Estado de São Paulo. **Agravo de Instrumento n. 0313634-442010.8.26.0000**. Câmara reservada à falência e recuperação. Relator Desembargador Lino Machado Disponível em: <https://esaj.tjsp.jus.br/cpo/sg/show.do?processo.foro=990&processo.codigo=RI000J1LU0000>. Acesso em: 10 mar. 2011.